2020

辽宁省人口普查年鉴

（下册）

LIAONING POPULATION CENSUS YEARBOOK 2020

(BOOK 3)

辽宁省第七次全国人口普查领导小组办公室
辽　　宁　　省　　统　　计　　局　编

Compiled by
Office of the Leading Group of Liaoning Province for the Seventh National Population Census
Liaoning Provincial Bureau of Statistics

图书在版编目（CIP）数据

辽宁省人口普查年鉴. 2020. 下册 / 辽宁省第七次全国人口普查领导小组办公室, 辽宁省统计局编. -- 北京：中国统计出版社, 2022.9
ISBN 978-7-5037-9651-7

Ⅰ. ①辽… Ⅱ. ①辽… ②辽… Ⅲ. ①人口普查－统计资料－辽宁－2020－年鉴 Ⅳ. ①C924.253.1-54

中国版本图书馆 CIP 数据核字(2022)第 118927 号

辽宁省人口普查年鉴-2020（下册）
Liaoning Population Census Yearbook 2020 (Book 3)

作　　者/辽宁省第七次全国人口普查领导小组办公室　辽宁省统计局
责任编辑/佘竞雄
封面设计/李雪燕
出版发行/中国统计出版社有限公司
通信地址/北京市丰台区西三环南路甲 6 号　邮政编码/100073
发行电话/邮购（010）63376909　书店（010）68783171
网　　址/http://www.zgtjcbs.com/
印　　刷/河北鑫兆源印刷有限公司
经　　销/新华书店
开　　本/880mm×1230mm　1/16
字　　数/672 千字
印　　张 21.5
版　　别/2022 年 9 月第 1 版
版　　次/2022 年 9 月第 1 次印刷
定　　价/880.00 元（全三册附光盘）

目　　录

下　册

第二部分　长表数据资料（续）

第六卷　生育

第七卷　迁移和户口登记地

第八卷　老年人口

第三部分 附 录

第二部分　长表数据资料

第六卷　生育

6-1 各地区分性别、孩次的出生人口
(2019.11.1-2020.10.31)

单位：人

地　区	出生人数				第一孩			
	合计	男	女	性别比(女=100)	小计	男	女	性别比(女=100)
辽宁	**22523**	**11650**	**10873**	**107.15**	**14786**	**7758**	**7028**	**110.39**
沈阳市	5595	2917	2678	108.92	3963	2109	1854	113.75
大连市	4518	2395	2123	112.81	3077	1651	1426	115.78
鞍山市	1558	819	739	110.83	1020	552	468	117.95
抚顺市	613	303	310	97.74	408	210	198	106.06
本溪市	539	278	261	106.51	389	196	193	101.55
丹东市	1063	573	490	116.94	702	386	316	122.15
锦州市	1229	633	596	106.21	789	396	393	100.76
营口市	1119	541	578	93.60	707	349	358	97.49
阜新市	751	370	381	97.11	479	228	251	90.84
辽阳市	649	328	321	102.18	432	212	220	96.36
盘锦市	928	462	466	99.14	609	304	305	99.67
铁岭市	789	394	395	99.75	497	263	234	112.39
朝阳市	1758	903	855	105.61	901	479	422	113.51
葫芦岛市	1344	691	653	105.82	756	388	368	105.43
辽宁省沈抚新区管委会	70	43	27	159.26	57	35	22	159.09

6-1 续表 1

单位：人

地　区	第二孩				第三孩			
	小计	男	女	性别比(女=100)	小计	男	女	性别比(女=100)
辽宁	**7236**	**3593**	**3643**	**98.63**	**439**	**265**	**174**	**152.30**
沈阳市	1555	760	795	95.60	69	43	26	165.38
大连市	1355	697	658	105.93	78	41	37	110.81
鞍山市	505	247	258	95.74	26	16	10	160.00
抚顺市	190	85	105	80.95	13	6	7	85.71
本溪市	139	74	65	113.85	11	8	3	266.67
丹东市	340	172	168	102.38	16	12	4	300.00
锦州市	425	228	197	115.74	14	9	5	180.00
营口市	393	181	212	85.38	15	9	6	150.00
阜新市	253	134	119	112.61	15	7	8	87.50
辽阳市	201	105	96	109.38	16	11	5	220.00
盘锦市	306	151	155	97.42	10	5	5	100.00
铁岭市	268	119	149	79.87	20	11	9	122.22
朝阳市	756	360	396	90.91	89	58	31	187.10
葫芦岛市	537	272	265	102.64	47	29	18	161.11
辽宁省沈抚新区管委会	13	8	5	160.00				

6-1　续表 2

单位：人

地　　区	第　四　孩				第五孩及以上			
	小计	男	女	性别比（女=100）	小计	男	女	性别比（女=100）
辽宁	**54**	**30**	**24**	**125.00**	**8**	**4**	**4**	**100.00**
沈阳市	6	4	2	200.00	2	1	1	100.00
大连市	7	5	2	250.00	1	1		
鞍山市	6	3	3	100.00	1	1		
抚顺市	2	2						
本溪市								
丹东市	5	3	2	150.00				
锦州市	1		1					
营口市	4	2	2	100.00				
阜新市	4	1	3	33.33				
辽阳市								
盘锦市	3	2	1	200.00				
铁岭市	2	1	1	100.00	2		2	
朝阳市	11	6	5	120.00	1		1	
葫芦岛市	3	1	2	50.00	1	1		
辽宁省沈抚新区管委会								

6-1a　各地区分性别、孩次的出生人口
(2019.11.1-2020.10.31)(城市)

单位：人

地　　区	出生人数				第　一　孩			
	合计	男	女	性别比（女=100）	小计	男	女	性别比（女=100）
辽宁	**16011**	**8335**	**7676**	**108.59**	**11166**	**5869**	**5297**	**110.80**
沈阳市	4954	2585	2369	109.12	3566	1897	1669	113.66
大连市	4071	2172	1899	114.38	2820	1524	1296	117.59
鞍山市	963	506	457	110.72	687	374	313	119.49
抚顺市	402	204	198	103.03	288	152	136	111.76
本溪市	307	159	148	107.43	236	118	118	100.00
丹东市	650	355	295	120.34	455	245	210	116.67
锦州市	688	356	332	107.23	463	226	237	95.36
营口市	808	400	408	98.04	536	266	270	98.52
阜新市	376	184	192	95.83	268	129	139	92.81
辽阳市	450	220	230	95.65	319	147	172	85.47
盘锦市	691	350	341	102.64	469	240	229	104.80
铁岭市	279	138	141	97.87	200	103	97	106.19
朝阳市	751	378	373	101.34	438	223	215	103.72
葫芦岛市	555	287	268	107.09	366	191	175	109.14
辽宁省沈抚新区管委会	66	41	25	164.00	55	34	21	161.90

6-1a 续表 1

单位：人

地区	第二孩				第三孩			
	小计	男	女	性别比（女=100）	小计	男	女	性别比（女=100）
辽宁	**4595**	**2318**	**2277**	**101.80**	**220**	**129**	**91**	**141.76**
沈阳市	1323	648	675	96.00	58	36	22	163.64
大连市	1176	606	570	106.32	68	36	32	112.50
鞍山市	265	126	139	90.65	9	4	5	80.00
抚顺市	109	50	59	84.75	4	1	3	33.33
本溪市	67	37	30	123.33	4	4		
丹东市	188	104	84	123.81	4	4		
锦州市	219	125	94	132.98	6	5	1	500.00
营口市	257	126	131	96.18	11	6	5	120.00
阜新市	102	53	49	108.16	6	2	4	50.00
辽阳市	125	68	57	119.30	6	5	1	500.00
盘锦市	214	107	107	100.00	8	3	5	60.00
铁岭市	74	34	40	85.00	4	1	3	33.33
朝阳市	290	138	152	90.79	19	15	4	375.00
葫芦岛市	175	89	86	103.49	13	7	6	116.67
辽宁省沈抚新区管委会	11	7	4	175.00				

6-1a 续表 2

单位：人

地区	第四孩				第五孩及以上			
	小计	男	女	性别比（女=100）	小计	男	女	性别比（女=100）
辽宁	**25**	**16**	**9**	**177.78**	**5**	**3**	**2**	**150.00**
沈阳市	5	3	2	150.00	2	1	1	100.00
大连市	6	5	1	500.00	1	1		
鞍山市	1	1			1	1		
抚顺市	1	1						
本溪市								
丹东市	3	2	1	200.00				
锦州市								
营口市	4	2	2	100.00				
阜新市								
辽阳市								
盘锦市								
铁岭市	1		1					
朝阳市	3	2	1	200.00	1		1	
葫芦岛市	1		1					
辽宁省沈抚新区管委会								

6–1b　各地区分性别、孩次的出生人口
(2019.11.1–2020.10.31)(镇)

单位：人

地　区	出生人数				第　一　孩			
	合计	男	女	性别比(女=100)	小计	男	女	性别比(女=100)
辽宁	**2852**	**1470**	**1382**	**106.37**	**1710**	**915**	**795**	**115.09**
沈阳市	300	161	139	115.83	202	108	94	114.89
大连市	125	46	79	58.23	78	29	49	59.18
鞍山市	343	193	150	128.67	217	127	90	141.11
抚顺市	104	45	59	76.27	65	28	37	75.68
本溪市	163	85	78	108.97	112	58	54	107.41
丹东市	237	124	113	109.73	146	84	62	135.48
锦州市	179	94	85	110.59	113	62	51	121.57
营口市	88	47	41	114.63	52	30	22	136.36
阜新市	144	71	73	97.26	82	40	42	95.24
辽阳市	92	53	39	135.90	59	35	24	145.83
盘锦市	106	50	56	89.29	71	33	38	86.84
铁岭市	281	147	134	109.70	180	101	79	127.85
朝阳市	348	178	170	104.71	151	85	66	128.79
葫芦岛市	342	176	166	106.02	182	95	87	109.20
辽宁省沈抚新区管委会								

6–1b　续表 1

单位：人

地　区	第　二　孩				第　三　孩			
	小计	男	女	性别比(女=100)	小计	男	女	性别比(女=100)
辽宁	**1078**	**517**	**561**	**92.16**	**54**	**33**	**21**	**157.14**
沈阳市	96	51	45	113.33	2	2		
大连市	45	17	28	60.71	1		1	
鞍山市	121	64	57	112.28	3	1	2	50.00
抚顺市	37	15	22	68.18	2	2		
本溪市	49	26	23	113.04	2	1	1	100.00
丹东市	84	35	49	71.43	6	4	2	200.00
锦州市	65	31	34	91.18	1	1		
营口市	34	16	18	88.89	2	1	1	100.00
阜新市	59	29	30	96.67	1	1		
辽阳市	32	17	15	113.33	1	1		
盘锦市	34	16	18	88.89				
铁岭市	95	41	54	75.93	5	4	1	400.00
朝阳市	176	83	93	89.25	20	10	10	100.00
葫芦岛市	151	76	75	101.33	8	5	3	166.67
辽宁省沈抚新区管委会								

6–1b 续表 2

单位：人

地 区	第 四 孩				第五孩及以上			
	小计	男	女	性别比(女=100)	小计	男	女	性别比(女=100)
辽宁	**10**	**5**	**5**	**100.00**				
沈阳市								
大连市	1		1					
鞍山市	2	1	1	100.00				
抚顺市								
本溪市								
丹东市	1	1						
锦州市								
营口市								
阜新市	2	1	1	100.00				
辽阳市								
盘锦市	1	1						
铁岭市	1	1						
朝阳市	1		1					
葫芦岛市	1		1					
辽宁省沈抚新区管委会								

6–1c 各地区分性别、孩次的出生人口
(2019.11.1–2020.10.31)(乡村)

单位：人

地 区	出生人数				第 一 孩			
	合计	男	女	性别比(女=100)	小计	男	女	性别比(女=100)
辽宁	**3660**	**1845**	**1815**	**101.65**	**1910**	**974**	**936**	**104.06**
沈阳市	341	171	170	100.59	195	104	91	114.29
大连市	322	177	145	122.07	179	98	81	120.99
鞍山市	252	120	132	90.91	116	51	65	78.46
抚顺市	107	54	53	101.89	55	30	25	120.00
本溪市	69	34	35	97.14	41	20	21	95.24
丹东市	176	94	82	114.63	101	57	44	129.55
锦州市	362	183	179	102.23	213	108	105	102.86
营口市	223	94	129	72.87	119	53	66	80.30
阜新市	231	115	116	99.14	129	59	70	84.29
辽阳市	107	55	52	105.77	54	30	24	125.00
盘锦市	131	62	69	89.86	69	31	38	81.58
铁岭市	229	109	120	90.83	117	59	58	101.72
朝阳市	659	347	312	111.22	312	171	141	121.28
葫芦岛市	447	228	219	104.11	208	102	106	96.23
辽宁省沈抚新区管委会	4	2	2	100.00	2	1	1	100.00

6-1c　续表 1　　　　单位：人

地　区	第　二　孩				第　三　孩			
	小计	男	女	性别比（女=100）	小计	男	女	性别比（女=100）
辽宁	**1563**	**758**	**805**	**94.16**	**165**	**103**	**62**	**166.13**
沈阳市	136	61	75	81.33	9	5	4	125.00
大连市	134	74	60	123.33	9	5	4	125.00
鞍山市	119	57	62	91.94	14	11	3	366.67
抚顺市	44	20	24	83.33	7	3	4	75.00
本溪市	23	11	12	91.67	5	3	2	150.00
丹东市	68	33	35	94.29	6	4	2	200.00
锦州市	141	72	69	104.35	7	3	4	75.00
营口市	102	39	63	61.90	2	2		
阜新市	92	52	40	130.00	8	4	4	100.00
辽阳市	44	20	24	83.33	9	5	4	125.00
盘锦市	58	28	30	93.33	2	2		
铁岭市	99	44	55	80.00	11	6	5	120.00
朝阳市	290	139	151	92.05	50	33	17	194.12
葫芦岛市	211	107	104	102.88	26	17	9	188.89
辽宁省沈抚新区管委会	2	1	1	100.00				

6-1c　续表 2　　　　单位：人

地　区	第　四　孩				第五孩及以上			
	小计	男	女	性别比（女=100）	小计	男	女	性别比（女=100）
辽宁	**19**	**9**	**10**	**90.00**	**3**	**1**	**2**	**50.00**
沈阳市	1	1						
大连市								
鞍山市	3	1	2	50.00				
抚顺市	1	1						
本溪市								
丹东市	1		1					
锦州市	1		1					
营口市								
阜新市	2		2					
辽阳市								
盘锦市	2	1	1	100.00				
铁岭市					2		2	
朝阳市	7	4	3	133.33				
葫芦岛市	1	1			1	1		
辽宁省沈抚新区管委会								

6-2 全省按年龄、受教育程度、生育孩次

受教育程度 年龄	合计	生男孩的妇女人数	生女孩的妇女人数	一孩 小计	一孩 男	一孩 女
总计	**22523**	**11650**	**10873**	**14786**	**7758**	**7028**
15-19岁	**108**	**52**	**56**	**105**	**49**	**56**
15	2	2		2	2	
16	3	2	1	3	2	1
17	8	2	6	8	2	6
18	28	14	14	26	12	14
19	67	32	35	66	31	35
20-24岁	**1958**	**1005**	**953**	**1734**	**893**	**841**
20	139	68	71	128	64	64
21	232	125	107	213	114	99
22	309	156	153	274	140	134
23	520	255	265	458	223	235
24	758	401	357	661	352	309
25-29岁	**7200**	**3740**	**3460**	**5714**	**2990**	**2724**
25	945	509	436	791	423	368
26	1260	668	592	1051	568	483
27	1611	820	791	1283	653	630
28	1641	826	815	1307	655	652
29	1743	917	826	1282	691	591
30-34岁	**8987**	**4654**	**4333**	**5401**	**2838**	**2563**
30	2054	1077	977	1452	762	690
31	1956	1014	942	1240	652	588
32	1836	951	885	1090	571	519
33	1873	959	914	980	515	465
34	1268	653	615	639	338	301
35-39岁	**3291**	**1727**	**1564**	**1411**	**757**	**654**
35	878	448	430	400	215	185
36	727	387	340	304	163	141
37	618	328	290	283	155	128
38	652	342	310	268	141	127
39	416	222	194	156	83	73
40-44岁	**810**	**395**	**415**	**334**	**180**	**154**
40	260	127	133	106	60	46
41	264	125	139	105	52	53
42	160	79	81	75	41	34
43	77	38	39	29	13	16
44	49	26	23	19	14	5
45-49岁	**169**	**77**	**92**	**87**	**51**	**36**
45	42	17	25	20	10	10
46	29	16	13	17	11	6
47	39	18	21	21	12	9
48	31	16	15	16	11	5
49	28	10	18	13	7	6

分的育龄妇女人数(2019.11.1—2020.10.31)

单位：人

二孩			三孩及以上		
小计	男	女	小计	男	女
7236	**3593**	**3643**	**501**	**299**	**202**
3	**3**				
2	2				
1	1				
219	**108**	**111**	**5**	**4**	**1**
11	4	7			
19	11	8			
34	15	19	1	1	
59	30	29	3	2	1
96	48	48	1	1	
1419	**706**	**713**	**67**	**44**	**23**
152	85	67	2	1	1
199	94	105	10	6	4
311	156	155	17	11	6
316	159	157	18	12	6
441	212	229	20	14	6
3376	**1693**	**1683**	**210**	**123**	**87**
567	297	270	35	18	17
685	346	339	31	16	15
695	347	348	51	33	18
841	411	430	52	33	19
588	292	296	41	23	18
1733	**881**	**852**	**147**	**89**	**58**
454	218	236	24	15	9
386	200	186	37	24	13
305	154	151	30	19	11
352	185	167	32	16	16
236	124	112	24	15	9
412	**180**	**232**	**64**	**35**	**29**
140	58	82	14	9	5
142	64	78	17	9	8
72	31	41	13	7	6
36	17	19	12	8	4
22	10	12	8	2	6
74	**22**	**52**	**8**	**4**	**4**
18	4	14	4	3	1
9	4	5	3	1	2
18	6	12			
15	5	10			
14	3	11	1		1

6-2 续表 1

受教育程度 年 龄	合 计	生男孩的妇女人数	生女孩的妇女人数	一 孩		
				小计	男	女
未上过学	**24**	**13**	**11**	**14**	**9**	**5**
15-19岁						
15						
16						
17						
18						
19						
20-24岁	**1**		**1**	**1**		**1**
20						
21						
22						
23						
24	1		1	1		1
25-29岁	**7**	**4**	**3**	**5**	**3**	**2**
25	1		1			
26	2	1	1	2	1	1
27	2	1	1	1		1
28						
29	2	2		2	2	
30-34岁	**11**	**7**	**4**	**6**	**5**	**1**
30	5	2	3	2	2	
31	1		1	1		1
32	2	2		2	2	
33	1	1		1	1	
34	2	2				
35-39岁	**3**	**2**	**1**	**2**	**1**	**1**
35	1		1	1		1
36	1	1				
37	1	1		1	1	
38						
39						
40-44岁	**1**		**1**			
40						
41	1		1			
42						
43						
44						
45-49岁	**1**		**1**			
45						
46						
47						
48	1		1			
49						

单位：人

二孩			三孩及以上		
小计	男	女	小计	男	女
6	**1**	**5**	**4**	**3**	**1**
1		**1**	**1**	**1**	
1		1			
			1	1	
4	**1**	**3**	**1**	**1**	
3		3			
1	1		1	1	
			1	**1**	
			1	1	
			1		**1**
			1		1
1		**1**			
1		1			

6–2 续表 2

受教育程度 年 龄	合 计	生男孩的 妇女人数	生女孩的 妇女人数	一 孩		
				小计	男	女
学前教育	**2**	**2**		**1**	**1**	
15–19岁						
15						
16						
17						
18						
19						
20–24岁						
20						
21						
22						
23						
24						
25–29岁						
25						
26						
27						
28						
29						
30–34岁	**2**	**2**		**1**	**1**	
30						
31						
32	1	1		1	1	
33						
34	1	1				
35–39岁						
35						
36						
37						
38						
39						
40–44岁						
40						
41						
42						
43						
44						
45–49岁						
45						
46						
47						
48						
49						

单位：人

二孩			三孩及以上		
小计	男	女	小计	男	女
1	**1**				
1	**1**				
1	1				

6-2 续表 3

受教育程度 年 龄	合 计	生男孩的 妇女人数	生女孩的 妇女人数	一 孩		
				小计	男	女
小 学	**602**	**292**	**310**	**273**	**138**	**135**
15-19岁	**13**	**5**	**8**	**12**	**4**	**8**
15	1	1		1	1	
16						
17	1		1	1		1
18	5	2	3	4	1	3
19	6	2	4	6	2	4
20-24岁	**72**	**37**	**35**	**57**	**27**	**30**
20	13	5	8	12	5	7
21	13	8	5	11	6	5
22	6	3	3	4	1	3
23	18	7	11	15	6	9
24	22	14	8	15	9	6
25-29岁	**146**	**71**	**75**	**74**	**37**	**37**
25	23	12	11	14	7	7
26	29	14	15	16	10	6
27	22	11	11	14	6	8
28	29	12	17	13	6	7
29	43	22	21	17	8	9
30-34岁	**209**	**96**	**113**	**77**	**37**	**40**
30	46	22	24	19	8	11
31	49	24	25	22	11	11
32	42	21	21	13	7	6
33	42	16	26	11	4	7
34	30	13	17	12	7	5
35-39岁	**92**	**49**	**43**	**30**	**19**	**11**
35	26	11	15	6	4	2
36	19	13	6	3	2	1
37	14	7	7	6	4	2
38	18	10	8	7	6	1
39	15	8	7	8	3	5
40-44岁	**44**	**25**	**19**	**15**	**10**	**5**
40	8	4	4	1		1
41	17	10	7	8	5	3
42	12	8	4	5	5	
43	4	2	2	1		1
44	3	1	2			
45-49岁	**26**	**9**	**17**	**8**	**4**	**4**
45	6	1	5	3		3
46	5	1	4	1	1	
47	6	3	3	2	1	1
48	3	2	1	1	1	
49	6	2	4	1	1	

单位：人

二孩			三孩及以上		
小计	男	女	小计	男	女
285	**131**	**154**	**44**	**23**	**21**
1	**1**				
1	1				
14	**9**	**5**	**1**	**1**	
1		1			
2	2				
2	2				
2		2	1	1	
7	5	2			
66	**30**	**36**	**6**	**4**	**2**
8	4	4	1	1	
11	3	8	2	1	1
7	4	3	1	1	
16	6	10			
24	13	11	2	1	1
114	**50**	**64**	**18**	**9**	**9**
24	13	11	3	1	2
22	11	11	5	2	3
27	13	14	2	1	1
26	8	18	5	4	1
15	5	10	3	1	2
52	**24**	**28**	**10**	**6**	**4**
20	7	13			
13	9	4	3	2	1
6	3	3	2		2
8	2	6	3	2	1
5	3	2	2	2	
23	**13**	**10**	**6**	**2**	**4**
6	4	2	1		1
8	4	4	1	1	
6	3	3	1		1
3	2	1			
			3	1	2
15	**4**	**11**	**3**	**1**	**2**
2		2	1	1	
3		3	1		1
4	2	2			
2	1	1			
4	1	3	1		1

6-2 续表 4

受教育程度 年　龄	合　计	生男孩的 妇女人数	生女孩的 妇女人数	一　孩		
				小计	男	女
初　中	**7206**	**3677**	**3529**	**3929**	**2044**	**1885**
15-19岁	**80**	**38**	**42**	**79**	**37**	**42**
15	1	1		1	1	
16	3	2	1	3	2	1
17	7	2	5	7	2	5
18	19	10	9	18	9	9
19	50	23	27	50	23	27
20-24岁	**1057**	**531**	**526**	**916**	**462**	**454**
20	90	43	47	84	40	44
21	151	82	69	138	75	63
22	190	91	99	164	79	85
23	278	134	144	234	110	124
24	348	181	167	296	158	138
25-29岁	**2075**	**1087**	**988**	**1321**	**698**	**623**
25	384	212	172	283	153	130
26	403	207	196	288	151	137
27	474	230	244	300	139	161
28	397	217	180	237	129	108
29	417	221	196	213	126	87
30-34岁	**2469**	**1277**	**1192**	**1043**	**545**	**498**
30	524	275	249	263	141	122
31	520	261	259	220	96	124
32	506	259	247	210	115	95
33	545	282	263	214	111	103
34	374	200	174	136	82	54
35-39岁	**1107**	**549**	**558**	**395**	**205**	**190**
35	283	123	160	96	45	51
36	227	115	112	82	41	41
37	200	99	101	69	33	36
38	239	126	113	90	52	38
39	158	86	72	58	34	24
40-44岁	**323**	**151**	**172**	**122**	**64**	**58**
40	90	39	51	32	16	16
41	107	49	58	37	17	20
42	63	32	31	27	15	12
43	37	17	20	14	6	8
44	26	14	12	12	10	2
45-49岁	**95**	**44**	**51**	**53**	**33**	**20**
45	21	7	14	9	5	4
46	16	8	8	12	6	6
47	23	12	11	12	9	3
48	21	12	9	14	9	5
49	14	5	9	6	4	2

单位：人

二孩			三孩及以上		
小计	男	女	小计	男	女
3000	**1465**	**1535**	**277**	**168**	**109**
1	**1**				
1	1				
138	**67**	**71**	**3**	**2**	**1**
6	3	3			
13	7	6			
25	11	14	1	1	
42	23	19	2	1	1
52	23	29			
711	**361**	**350**	**43**	**28**	**15**
100	59	41	1		1
108	52	56	7	4	3
161	83	78	13	8	5
149	79	70	11	9	2
193	88	105	11	7	4
1321	**667**	**654**	**105**	**65**	**40**
242	123	119	19	11	8
280	153	127	20	12	8
274	129	145	22	15	7
306	154	152	25	17	8
219	108	111	19	10	9
628	**294**	**334**	**84**	**50**	**34**
174	72	102	13	6	7
120	56	64	25	18	7
117	56	61	14	10	4
130	65	65	19	9	10
87	45	42	13	7	6
163	**66**	**97**	**38**	**21**	**17**
50	18	32	8	5	3
59	27	32	11	5	6
28	12	16	8	5	3
16	6	10	7	5	2
10	3	7	4	1	3
38	**9**	**29**	**4**	**2**	**2**
10	1	9	2	1	1
2	1	1	2	1	1
11	3	8			
7	3	4			
8	1	7			

6-2 续表 5

受教育程度 年　　龄	合　计	生男孩的 妇女人数	生女孩的 妇女人数	一　孩		
				小计	男	女
高　中	**3228**	**1719**	**1509**	**2198**	**1199**	**999**
15–19岁	**12**	**7**	**5**	**11**	**6**	**5**
15						
16						
17						
18	3	1	2	3	1	2
19	9	6	3	8	5	3
20–24岁	**351**	**200**	**151**	**315**	**182**	**133**
20	25	16	9	23	16	7
21	42	24	18	40	23	17
22	57	35	22	53	33	20
23	84	46	38	76	42	34
24	143	79	64	123	68	55
25–29岁	**1044**	**566**	**478**	**825**	**447**	**378**
25	153	86	67	133	78	55
26	192	108	84	160	92	68
27	245	135	110	185	105	80
28	236	121	115	182	88	94
29	218	116	102	165	84	81
30–34岁	**1186**	**612**	**574**	**734**	**389**	**345**
30	266	145	121	193	109	84
31	242	130	112	153	86	67
32	232	116	116	134	64	70
33	281	140	141	153	78	75
34	165	81	84	101	52	49
35–39岁	**455**	**240**	**215**	**225**	**125**	**100**
35	108	57	51	58	31	27
36	105	54	51	53	30	23
37	84	47	37	48	28	20
38	96	52	44	44	24	20
39	62	30	32	22	12	10
40–44岁	**150**	**79**	**71**	**71**	**40**	**31**
40	56	31	25	25	14	11
41	48	23	25	24	11	13
42	29	16	13	14	11	3
43	10	5	5	5	2	3
44	7	4	3	3	2	1
45–49岁	**30**	**15**	**15**	**17**	**10**	**7**
45	13	7	6	7	4	3
46	4	3	1	3	3	
47	1		1	1		1
48	5	2	3	1	1	
49	7	3	4	5	2	3

单位：人

二孩			三孩及以上		
小计	男	女	小计	男	女
966	**478**	**488**	**64**	**42**	**22**
1	**1**				
1	1				
36	**18**	**18**			
2		2			
2	1	1			
4	2	2			
8	4	4			
20	11	9			
212	**114**	**98**	**7**	**5**	**2**
20	8	12			
31	15	16	1	1	
59	29	30	1	1	
50	31	19	4	2	2
52	31	21	1	1	
421	**206**	**215**	**31**	**17**	**14**
65	32	33	8	4	4
86	43	43	3	1	2
92	48	44	6	4	2
119	57	62	9	5	4
59	26	33	5	3	2
215	**105**	**110**	**15**	**10**	**5**
48	25	23	2	1	1
50	23	27	2	1	1
31	15	16	5	4	1
49	26	23	3	2	1
37	16	21	3	2	1
69	**30**	**39**	**10**	**9**	**1**
27	13	14	4	4	
22	10	12	2	2	
13	4	9	2	1	1
3	1	2	2	2	
4	2	2			
12	**4**	**8**	**1**	**1**	
5	2	3	1	1	
1		1			
4	1	3			
2	1	1			

6-2 续表 6

受教育程度 年 龄	合 计	生男孩的 妇女人数	生女孩的 妇女人数	一 孩		
				小计	男	女
大学专科	**4819**	**2496**	**2323**	**3507**	**1837**	**1670**
15-19岁	**3**	**2**	**1**	**3**	**2**	**1**
15						
16						
17						
18	1	1		1	1	
19	2	1	1	2	1	1
20-24岁	**335**	**171**	**164**	**313**	**161**	**152**
20	9	4	5	7	3	4
21	23	9	14	21	8	13
22	41	20	21	39	20	19
23	105	54	51	101	52	49
24	157	84	73	145	78	67
25-29岁	**1880**	**945**	**935**	**1659**	**840**	**819**
25	250	131	119	232	119	113
26	359	189	170	335	180	155
27	410	200	210	366	179	187
28	407	189	218	361	169	192
29	454	236	218	365	193	172
30-34岁	**1870**	**1005**	**865**	**1190**	**655**	**535**
30	409	239	170	308	181	127
31	394	211	183	270	151	119
32	364	189	175	238	121	117
33	423	221	202	233	133	100
34	280	145	135	141	69	72
35-39岁	**581**	**301**	**280**	**278**	**145**	**133**
35	160	83	77	75	44	31
36	120	66	54	62	34	28
37	120	63	57	69	35	34
38	113	54	59	48	22	26
39	68	35	33	24	10	14
40-44岁	**140**	**68**	**72**	**58**	**31**	**27**
40	47	23	24	22	13	9
41	45	19	26	17	9	8
42	30	15	15	14	7	7
43	11	7	4	3	1	2
44	7	4	3	2	1	1
45-49岁	**10**	**4**	**6**	**6**	**3**	**3**
45	1	1		1	1	
46	2	2		1	1	
47	6	1	5	4	1	3
48	1		1			
49						

单位：人

二孩			三孩及以上		
小计	男	女	小计	男	女
1256	**627**	**629**	**56**	**32**	**24**
22	**10**	**12**			
2	1	1			
2	1	1			
2		2			
4	2	2			
12	6	6			
218	**104**	**114**	**3**	**1**	**2**
18	12	6			
24	9	15			
44	21	23			
45	20	25	1		1
87	42	45	2	1	1
648	**331**	**317**	**32**	**19**	**13**
97	57	40	4	1	3
123	60	63	1		1
116	61	55	10	7	3
182	84	98	8	4	4
130	69	61	9	7	2
289	**147**	**142**	**14**	**9**	**5**
83	37	46	2	2	
55	30	25	3	2	1
47	26	21	4	2	2
63	31	32	2	1	1
41	23	18	3	2	1
75	**34**	**41**	**7**	**3**	**4**
24	10	14	1		1
26	9	17	2	1	1
14	7	7	2	1	1
7	5	2	1	1	
4	3	1	1		1
4	**1**	**3**			
1	1				
2		2			
1		1			

6-2 续表 7

受教育程度 年龄	合计	生男孩的妇女人数	生女孩的妇女人数	一孩 小计	一孩 男	一孩 女
大学本科	**5869**	**3049**	**2820**	**4296**	**2221**	**2075**
15—19岁						
15						
16						
17						
18						
19						
20—24岁	**140**	**64**	**76**	**130**	**59**	**71**
20	2		2	2		2
21	3	2	1	3	2	1
22	15	7	8	14	7	7
23	34	13	21	31	12	19
24	86	42	44	80	38	42
25—29岁	**1916**	**998**	**918**	**1704**	**900**	**804**
25	129	65	64	124	63	61
26	260	142	118	235	127	108
27	438	234	204	397	215	182
28	531	264	267	475	242	233
29	558	293	265	473	253	220
30—34岁	**2780**	**1412**	**1368**	**1988**	**1001**	**987**
30	696	336	360	566	265	301
31	643	327	316	480	253	227
32	592	310	282	423	221	202
33	501	255	246	313	151	162
34	348	184	164	206	111	95
35—39岁	**898**	**511**	**387**	**413**	**231**	**182**
35	258	151	107	142	80	62
36	223	122	101	90	50	40
37	166	97	69	78	49	29
38	163	90	73	68	34	34
39	88	51	37	35	18	17
40—44岁	**128**	**59**	**69**	**58**	**29**	**29**
40	51	24	27	23	14	9
41	37	19	18	15	8	7
42	22	7	15	13	3	10
43	13	6	7	5	3	2
44	5	3	2	2	1	1
45—49岁	**7**	**5**	**2**	**3**	**1**	**2**
45	1	1				
46	2	2				
47	3	2	1	2	1	1
48						
49	1		1	1		1

单位：人

二孩			三孩及以上		
小计	男	女	小计	男	女
1521	**799**	**722**	**52**	**29**	**23**
9	**4**	**5**	**1**	**1**	
1		1			
3	1	2			
5	3	2	1	1	
205	**93**	**112**	**7**	**5**	**2**
5	2	3			
25	15	10			
40	19	21	1		1
54	21	33	2	1	1
81	36	45	4	4	
771	**400**	**371**	**21**	**11**	**10**
130	71	59			
161	73	88	2	1	1
159	83	76	10	6	4
183	101	82	5	3	2
138	72	66	4	1	3
464	**268**	**196**	**21**	**12**	**9**
109	65	44	7	6	1
130	72	58	3		3
84	46	38	4	2	2
90	54	36	5	2	3
51	31	20	2	2	
68	**30**	**38**	**2**		**2**
28	10	18			
22	11	11			
9	4	5			
6	3	3	2		2
3	2	1			
4	**4**				
1	1				
2	2				
1	1				

6–2 续表 8

受教育程度 年龄	合计	生男孩的妇女人数	生女孩的妇女人数	一孩		
				小计	男	女
硕士研究生	**722**	**376**	**346**	**533**	**288**	**245**
15–19岁						
15						
16						
17						
18						
19						
20–24岁	**2**	**2**		**2**	**2**	
20						
21						
22						
23	1	1		1	1	
24	1	1		1	1	
25–29岁	**125**	**65**	**60**	**120**	**61**	**59**
25	4	3	1	4	3	1
26	15	7	8	15	7	8
27	18	7	11	18	7	11
28	40	22	18	38	20	18
29	48	26	22	45	24	21
30–34岁	**435**	**229**	**206**	**341**	**191**	**150**
30	104	56	48	97	54	43
31	104	58	46	91	52	39
32	91	51	40	64	38	26
33	75	39	36	50	32	18
34	61	25	36	39	15	24
35–39岁	**141**	**71**	**70**	**60**	**28**	**32**
35	39	23	16	21	11	10
36	27	14	13	12	5	7
37	32	13	19	11	4	7
38	20	10	10	8	3	5
39	23	11	12	8	5	3
40–44岁	**19**	**9**	**10**	**10**	**6**	**4**
40	5	3	2	3	3	
41	8	4	4	4	2	2
42	4	1	3	2		2
43	2	1	1	1	1	
44						
45–49岁						
45						
46						
47						
48						
49						

单位：人

二孩			三孩及以上		
小计	男	女	小计	男	女
185	**86**	**99**	**4**	**2**	**2**
5	**4**	**1**			
2	2				
3	2	1			
92	**37**	**55**	**2**	**1**	**1**
6	1	5	1	1	
13	6	7			
26	13	13	1		1
25	7	18			
22	10	12			
79	**42**	**37**	**2**	**1**	**1**
18	12	6			
15	9	6			
20	8	12	1	1	
12	7	5			
14	6	8	1		1
9	**3**	**6**			
2		2			
4	2	2			
2	1	1			
1		1			

6-2 续表 9

受教育程度 年　　龄	合　计	生男孩的 妇女人数	生女孩的 妇女人数	一　孩		
				小计	男	女
博士研究生	**51**	**26**	**25**	**35**	**21**	**14**
15-19岁						
15						
16						
17						
18						
19						
20-24岁						
20						
21						
22						
23						
24						
25-29岁	**7**	**4**	**3**	**6**	**4**	**2**
25	1		1	1		1
26						
27	2	2		2	2	
28	1	1		1	1	
29	3	1	2	2	1	1
30-34岁	**25**	**14**	**11**	**21**	**14**	**7**
30	4	2	2	4	2	2
31	3	3		3	3	
32	6	2	4	5	2	3
33	5	5		5	5	
34	7	2	5	4	2	2
35-39岁	**14**	**4**	**10**	**8**	**3**	**5**
35	3		3	1		1
36	5	2	3	2	1	1
37	1	1		1	1	
38	3		3	3		3
39	2	1	1	1	1	
40-44岁	**5**	**4**	**1**			
40	3	3				
41	1	1				
42						
43						
44	1		1			
45-49岁						
45						
46						
47						
48						
49						

单位：人

二孩			三孩及以上		
小计	男	女	小计	男	女
16	**5**	**11**			
1		**1**			
1		1			
4		**4**			
1		1			
3		3			
6	**1**	**5**			
2		2			
3	1	2			
1		1			
5	**4**	**1**			
3	3				
1	1				
1		1			

6-2a 全省按年龄、受教育程度、生育孩次

受教育程度/年龄	合计	生男孩的妇女人数	生女孩的妇女人数	一孩		
				小计	男	女
总计	**16011**	**8335**	**7676**	**11166**	**5869**	**5297**
15—19岁	**30**	**14**	**16**	**28**	**12**	**16**
15						
16						
17	1		1	1		1
18	10	5	5	9	4	5
19	19	9	10	18	8	10
20—24岁	**979**	**494**	**485**	**905**	**458**	**447**
20	45	24	21	41	22	19
21	97	57	40	91	53	38
22	150	74	76	140	73	67
23	263	123	140	247	115	132
24	424	216	208	386	195	191
25—29岁	**5041**	**2641**	**2400**	**4281**	**2247**	**2034**
25	588	304	284	526	273	253
26	871	469	402	769	419	350
27	1108	576	532	943	486	457
28	1191	596	595	1022	509	513
29	1283	696	587	1021	560	461
30—34岁	**6801**	**3531**	**3270**	**4504**	**2373**	**2131**
30	1538	814	724	1185	621	564
31	1488	778	710	1053	564	489
32	1407	724	683	920	482	438
33	1412	720	692	814	430	384
34	956	495	461	532	276	256
35—39岁	**2531**	**1350**	**1181**	**1171**	**631**	**540**
35	671	360	311	327	181	146
36	568	305	263	263	138	125
37	483	260	223	238	135	103
38	495	260	235	218	110	108
39	314	165	149	125	67	58
40—44岁	**549**	**263**	**286**	**231**	**122**	**109**
40	183	88	95	78	45	33
41	175	81	94	72	33	39
42	105	49	56	51	25	26
43	52	26	26	18	10	8
44	34	19	15	12	9	3
45—49岁	**80**	**42**	**38**	**46**	**26**	**20**
45	21	9	12	15	7	8
46	15	9	6	10	6	4
47	18	11	7	9	5	4
48	14	8	6	5	4	1
49	12	5	7	7	4	3

分的育龄妇女人数(2019.11.1—2020.10.31)(城市)

单位：人

二孩			三孩及以上		
小计	男	女	小计	男	女
4595	**2318**	**2277**	**250**	**148**	**102**
2	**2**				
1	1				
1	1				
73	**35**	**38**	**1**	**1**	
4	2	2			
6	4	2			
10	1	9			
16	8	8			
37	20	17	1	1	
730	**375**	**355**	**30**	**19**	**11**
60	30	30	2	1	1
96	47	49	6	3	3
160	88	72	5	2	3
159	80	79	10	7	3
255	130	125	7	6	1
2185	**1093**	**1092**	**112**	**65**	**47**
337	185	152	16	8	8
422	208	214	13	6	7
456	222	234	31	20	11
571	275	296	27	15	12
399	203	196	25	16	9
1287	**674**	**613**	**73**	**45**	**28**
330	169	161	14	10	4
292	158	134	13	9	4
228	113	115	17	12	5
260	141	119	17	9	8
177	93	84	12	5	7
285	**123**	**162**	**33**	**18**	**15**
100	40	60	5	3	2
95	42	53	8	6	2
46	20	26	8	4	4
28	13	15	6	3	3
16	8	8	6	2	4
33	**16**	**17**	**1**		**1**
6	2	4			
4	3	1	1		1
9	6	3			
9	4	5			
5	1	4			

6-2a 续表 1

受教育程度 年龄	合计	生男孩的妇女人数	生女孩的妇女人数	一孩 小计	一孩 男	一孩 女
未上过学	**10**	**8**	**2**	**10**	**8**	**2**
15-19岁						
15						
16						
17						
18						
19						
20-24岁	**1**		**1**	**1**		**1**
20						
21						
22						
23						
24	1		1	1		1
25-29岁	**3**	**3**		**3**	**3**	
25						
26	1	1		1	1	
27						
28						
29	2	2		2	2	
30-34岁	**4**	**4**		**4**	**4**	
30	2	2		2	2	
31						
32	2	2		2	2	
33						
34						
35-39岁	**2**	**1**	**1**	**2**	**1**	**1**
35	1		1	1		1
36						
37	1	1		1	1	
38						
39						
40-44岁						
40						
41						
42						
43						
44						
45-49岁						
45						
46						
47						
48						
49						

单位：人

二孩			三孩及以上		
小计	男	女	小计	男	女

6-2a 续表 2

受教育程度 年龄	合计	生男孩的 妇女人数	生女孩的 妇女人数	一孩		
				小计	男	女
学前教育	**2**	**2**		**1**	**1**	
15—19岁						
15						
16						
17						
18						
19						
20—24岁						
20						
21						
22						
23						
24						
25—29岁						
25						
26						
27						
28						
29						
30—34岁	**2**	**2**		**1**	**1**	
30						
31						
32	1	1		1	1	
33						
34	1	1				
35—39岁						
35						
36						
37						
38						
39						
40—44岁						
40						
41						
42						
43						
44						
45—49岁						
45						
46						
47						
48						
49						

单位：人

二孩			三孩及以上		
小计	男	女	小计	男	女
1	**1**				
1	**1**				
1	1				

6-2a 续表 3

受教育程度 年龄	合计	生男孩的妇女人数	生女孩的妇女人数	一孩		
				小计	男	女
小学	**196**	**104**	**92**	**93**	**48**	**45**
15-19岁	**2**		**2**	**2**		**2**
15						
16						
17						
18	1		1	1		1
19	1		1	1		1
20-24岁	**13**	**9**	**4**	**12**	**8**	**4**
20	2	2		2	2	
21	1	1		1	1	
22	2		2	2		2
23	5	4	1	5	4	1
24	3	2	1	2	1	1
25-29岁	**44**	**25**	**19**	**31**	**15**	**16**
25	7	4	3	5	2	3
26	11	7	4	8	6	2
27	6	4	2	4	2	2
28	12	5	7	10	4	6
29	8	5	3	4	1	3
30-34岁	**73**	**34**	**39**	**29**	**14**	**15**
30	16	7	9	10	4	6
31	21	12	9	9	5	4
32	16	7	9	4	2	2
33	13	5	8	3	1	2
34	7	3	4	3	2	1
35-39岁	**41**	**23**	**18**	**10**	**6**	**4**
35	16	5	11	2		2
36	7	7		1	1	
37	5	3	2	3	2	1
38	8	5	3	2	2	
39	5	3	2	2	1	1
40-44岁	**14**	**9**	**5**	**6**	**4**	**2**
40	2		2	1		1
41	3	3		2	2	
42	5	4	1	2	2	
43	2	1	1	1		1
44	2	1	1			
45-49岁	**9**	**4**	**5**	**3**	**1**	**2**
45	2		2	2		2
46						
47	3	2	1			
48	2	1	1			
49	2	1	1	1	1	

单位：人

二孩			三孩及以上		
小计	男	女	小计	男	女
94	**50**	**44**	**9**	**6**	**3**
1	**1**				
1	1				
11	**9**	**2**	**2**	**1**	**1**
1	1		1	1	
2	1	1	1		1
2	2				
2	1	1			
4	4				
41	**18**	**23**	**3**	**2**	**1**
5	2	3	1	1	
10	6	4	2	1	1
12	5	7			
10	4	6			
4	1	3			
29	**15**	**14**	**2**	**2**	
14	5	9			
6	6				
2	1	1			
4	1	3	2	2	
3	2	1			
6	**4**	**2**	**2**	**1**	**1**
1		1			
1	1				
3	2	1			
1	1				
			2	1	1
6	**3**	**3**			
3	2	1			
2	1	1			
1		1			

6-2a 续表 4

受教育程度 年龄	合计	生男孩的妇女人数	生女孩的妇女人数	一孩		
				小计	男	女
初 中	**3333**	**1704**	**1629**	**2019**	**1045**	**974**
15-19岁	**20**	**9**	**11**	**19**	**8**	**11**
15						
16						
17	1		1	1		1
18	6	4	2	5	3	2
19	13	5	8	13	5	8
20-24岁	**402**	**202**	**200**	**365**	**183**	**182**
20	23	11	12	22	10	12
21	52	31	21	47	28	19
22	68	34	34	62	33	29
23	104	43	61	95	38	57
24	155	83	72	139	74	65
25-29岁	**946**	**499**	**447**	**689**	**364**	**325**
25	167	82	85	133	67	66
26	196	103	93	155	83	72
27	228	112	116	167	74	93
28	172	94	78	128	69	59
29	183	108	75	106	71	35
30-34岁	**1191**	**609**	**582**	**617**	**317**	**300**
30	236	129	107	143	74	69
31	255	125	130	134	61	73
32	232	112	120	114	62	52
33	281	144	137	142	73	69
34	187	99	88	84	47	37
35-39岁	**589**	**297**	**292**	**253**	**131**	**122**
35	149	77	72	61	33	28
36	118	59	59	55	25	30
37	109	51	58	41	20	21
38	127	67	60	60	33	27
39	86	43	43	36	20	16
40-44岁	**149**	**68**	**81**	**53**	**28**	**25**
40	41	19	22	13	7	6
41	53	23	30	20	8	12
42	23	11	12	10	5	5
43	17	7	10	4	3	1
44	15	8	7	6	5	1
45-49岁	**36**	**20**	**16**	**23**	**14**	**9**
45	7	2	5	5	2	3
46	8	3	5	7	3	4
47	8	7	1	4	4	
48	7	5	2	4	3	1
49	6	3	3	3	2	1

单位：人

二孩			三孩及以上		
小计	男	女	小计	男	女
1219	**605**	**614**	**95**	**54**	**41**
1	**1**				
1	1				
37	**19**	**18**			
1	1				
5	3	2			
6	1	5			
9	5	4			
16	9	7			
244	**128**	**116**	**13**	**7**	**6**
33	15	18	1		1
37	18	19	4	2	2
58	37	21	3	1	2
40	21	19	4	4	
76	37	39	1		1
535	**269**	**266**	**39**	**23**	**16**
88	52	36	5	3	2
114	61	53	7	3	4
111	47	64	7	3	4
128	63	65	11	8	3
94	46	48	9	6	3
311	**151**	**160**	**25**	**15**	**10**
83	41	42	5	3	2
57	28	29	6	6	
64	28	36	4	3	1
61	31	30	6	3	3
46	23	23	4		4
79	**31**	**48**	**17**	**9**	**8**
26	11	15	2	1	1
29	12	17	4	3	1
8	3	5	5	3	2
10	3	7	3	1	2
6	2	4	3	1	2
12	**6**	**6**	**1**		**1**
2		2			
			1		1
4	3	1			
3	2	1			
3	1	2			

6-2a 续表 5

受教育程度 年龄	合计	生男孩的妇女人数	生女孩的妇女人数	一孩		
				小计	男	女
高 中	**2516**	**1340**	**1176**	**1751**	**961**	**790**
15-19岁	**8**	**5**	**3**	**7**	**4**	**3**
15						
16						
17						
18	3	1	2	3	1	2
19	5	4	1	4	3	1
20-24岁	**221**	**122**	**99**	**206**	**115**	**91**
20	13	9	4	12	9	3
21	27	18	9	26	17	9
22	42	23	19	40	23	17
23	52	29	23	50	28	22
24	87	43	44	78	38	40
25-29岁	**787**	**435**	**352**	**643**	**353**	**290**
25	114	67	47	104	63	41
26	153	86	67	132	75	57
27	169	96	73	135	79	56
28	182	95	87	141	68	73
29	169	91	78	131	68	63
30-34岁	**966**	**503**	**463**	**629**	**341**	**288**
30	211	120	91	158	94	64
31	199	108	91	131	74	57
32	196	95	101	122	60	62
33	232	114	118	134	70	64
34	128	66	62	84	43	41
35-39岁	**392**	**205**	**187**	**198**	**110**	**88**
35	94	50	44	50	28	22
36	89	43	46	48	25	23
37	71	42	29	41	26	15
38	83	44	39	37	19	18
39	55	26	29	22	12	10
40-44岁	**121**	**59**	**62**	**55**	**29**	**26**
40	45	23	22	20	11	9
41	38	16	22	18	6	12
42	24	12	12	11	8	3
43	8	4	4	4	2	2
44	6	4	2	2	2	
45-49岁	**21**	**11**	**10**	**13**	**9**	**4**
45	10	5	5	7	4	3
46	4	3	1	3	3	
47						
48	4	2	2	1	1	
49	3	1	2	2	1	1

单位：人

二孩			三孩及以上		
小计	男	女	小计	男	女
718	**350**	**368**	**47**	**29**	**18**
1	**1**				
1	1				
15	**7**	**8**			
1		1			
1	1				
2		2			
2	1	1			
9	5	4			
137	**77**	**60**	**7**	**5**	**2**
10	4	6			
20	10	10	1	1	
33	16	17	1	1	
37	25	12	4	2	2
37	22	15	1	1	
314	**150**	**164**	**23**	**12**	**11**
47	24	23	6	2	4
67	33	34	1	1	
68	31	37	6	4	2
92	42	50	6	2	4
40	20	20	4	3	1
183	**88**	**95**	**11**	**7**	**4**
43	22	21	1		1
40	17	23	1	1	
25	12	13	5	4	1
44	24	20	2	1	1
31	13	18	2	1	1
60	**25**	**35**	**6**	**5**	**1**
23	10	13	2	2	
18	8	10	2	2	
12	4	8	1		1
3	1	2	1	1	
4	2	2			
8	**2**	**6**			
3	1	2			
1		1			
3	1	2			
1		1			

6-2a 续表 6

受教育程度 年　　龄	合　计	生男孩的 妇女人数	生女孩的 妇女人数	一　孩		
				小计	男	女
大学专科	**3971**	**2069**	**1902**	**2903**	**1531**	**1372**
15-19岁						
15						
16						
17						
18						
19						
20-24岁	**229**	**110**	**119**	**216**	**106**	**110**
20	5	2	3	3	1	2
21	14	5	9	14	5	9
22	25	11	14	24	11	13
23	79	39	40	76	38	38
24	106	53	53	99	51	48
25-29岁	**1471**	**753**	**718**	**1320**	**679**	**641**
25	189	97	92	177	88	89
26	276	149	127	260	144	116
27	312	155	157	280	139	141
28	319	151	168	290	139	151
29	375	201	174	313	169	144
30-34岁	**1615**	**865**	**750**	**1052**	**578**	**474**
30	342	197	145	259	150	109
31	337	182	155	246	138	108
32	329	171	158	220	112	108
33	358	187	171	199	116	83
34	249	128	121	128	62	66
35-39岁	**525**	**276**	**249**	**260**	**139**	**121**
35	140	72	68	67	40	27
36	113	64	49	59	33	26
37	111	59	52	66	34	32
38	102	50	52	46	22	24
39	59	31	28	22	10	12
40-44岁	**124**	**63**	**61**	**51**	**28**	**23**
40	42	20	22	19	11	8
41	38	18	20	14	8	6
42	27	14	13	13	7	6
43	11	7	4	3	1	2
44	6	4	2	2	1	1
45-49岁	**7**	**2**	**5**	**4**	**1**	**3**
45	1	1		1	1	
46	1	1				
47	4		4	3		3
48	1		1			
49						

单位：人

二孩			三孩及以上		
小计	男	女	小计	男	女
1022	**510**	**512**	**46**	**28**	**18**
13	**4**	**9**			
2	1	1			
1		1			
3	1	2			
7	2	5			
150	**73**	**77**	**1**	**1**	
12	9	3			
16	5	11			
32	16	16			
29	12	17			
61	31	30	1	1	
537	**271**	**266**	**26**	**16**	**10**
80	46	34	3	1	2
90	44	46	1		1
100	52	48	9	7	2
154	69	85	5	2	3
113	60	53	8	6	2
253	**129**	**124**	**12**	**8**	**4**
72	31	41	1	1	
51	29	22	3	2	1
42	23	19	3	2	1
54	27	27	2	1	1
34	19	15	3	2	1
66	**32**	**34**	**7**	**3**	**4**
22	9	13	1		1
22	9	13	2	1	1
12	6	6	2	1	1
7	5	2	1	1	
3	3		1		1
3	**1**	**2**			
1	1				
1		1			
1		1			

6-2a 续表 7

受教育程度 年龄	合计	生男孩的妇女人数	生女孩的妇女人数	一孩		
				小计	男	女
大学本科	**5246**	**2725**	**2521**	**3850**	**1982**	**1868**
15-19岁						
15						
16						
17						
18						
19						
20-24岁	**112**	**50**	**62**	**104**	**45**	**59**
20	2		2	2		2
21	3	2	1	3	2	1
22	13	6	7	12	6	6
23	23	8	15	21	7	14
24	71	34	37	66	30	36
25-29岁	**1664**	**861**	**803**	**1475**	**772**	**703**
25	106	51	55	102	50	52
26	221	117	104	200	104	96
27	373	200	173	337	183	154
28	466	228	238	415	208	207
29	498	265	233	421	227	194
30-34岁	**2514**	**1284**	**1230**	**1830**	**924**	**906**
30	632	305	327	520	245	275
31	574	293	281	443	233	210
32	536	285	251	389	204	185
33	452	229	223	284	136	148
34	320	172	148	194	106	88
35-39岁	**832**	**474**	**358**	**382**	**213**	**169**
35	232	134	98	125	69	56
36	210	116	94	87	48	39
37	154	90	64	74	47	27
38	152	84	68	62	31	31
39	84	50	34	34	18	16
40-44岁	**117**	**51**	**66**	**56**	**27**	**29**
40	45	20	25	22	13	9
41	34	16	18	14	7	7
42	22	7	15	13	3	10
43	12	6	6	5	3	2
44	4	2	2	2	1	1
45-49岁	**7**	**5**	**2**	**3**	**1**	**2**
45	1	1				
46	2	2				
47	3	2	1	2	1	1
48						
49	1		1	1		1

单位：人

二孩			三孩及以上		
小计	男	女	小计	男	女
1347	**714**	**633**	**49**	**29**	**20**
7	**4**	**3**	**1**	**1**	
1		1			
2	1	1			
4	3	1	1	1	
182	**84**	**98**	**7**	**5**	**2**
4	1	3			
21	13	8			
35	17	18	1		1
49	19	30	2	1	1
73	34	39	4	4	
665	**349**	**316**	**19**	**11**	**8**
112	60	52			
129	59	70	2	1	1
139	75	64	8	6	2
163	90	73	5	3	2
122	65	57	4	1	3
429	**249**	**180**	**21**	**12**	**9**
100	59	41	7	6	1
120	68	52	3		3
76	41	35	4	2	2
85	51	34	5	2	3
48	30	18	2	2	
60	**24**	**36**	**1**		**1**
23	7	16			
20	9	11			
9	4	5			
6	3	3	1		1
2	1	1			
4	**4**				
1	1				
2	2				
1	1				

6-2a 续表 8

受教育程度 年 龄	合 计	生男孩的妇女人数	生女孩的妇女人数	一 孩		
				小计	男	女
硕士研究生	**688**	**358**	**330**	**506**	**273**	**233**
15-19岁						
15						
16						
17						
18						
19						
20-24岁	**1**	**1**		**1**	**1**	
20						
21						
22						
23						
24	1	1		1	1	
25-29岁	**119**	**61**	**58**	**114**	**57**	**57**
25	4	3	1	4	3	1
26	13	6	7	13	6	7
27	18	7	11	18	7	11
28	39	22	17	37	20	17
29	45	23	22	42	21	21
30-34岁	**412**	**217**	**195**	**322**	**181**	**141**
30	95	52	43	89	50	39
31	99	55	44	87	50	37
32	89	49	40	63	37	26
33	72	37	35	48	30	18
34	57	24	33	35	14	21
35-39岁	**137**	**70**	**67**	**59**	**28**	**31**
35	37	22	15	21	11	10
36	26	14	12	11	5	6
37	31	13	18	11	4	7
38	20	10	10	8	3	5
39	23	11	12	8	5	3
40-44岁	**19**	**9**	**10**	**10**	**6**	**4**
40	5	3	2	3	3	
41	8	4	4	4	2	2
42	4	1	3	2		2
43	2	1	1	1	1	
44						
45-49岁						
45						
46						
47						
48						
49						

单位：人

二孩			三孩及以上		
小计	男	女	小计	男	女
178	**83**	**95**	**4**	**2**	**2**
5	**4**	**1**			
2	2				
3	2	1			
88	**35**	**53**	**2**	**1**	**1**
5	1	4	1	1	
12	5	7			
25	12	13	1		1
24	7	17			
22	10	12			
76	**41**	**35**	**2**	**1**	**1**
16	11	5			
15	9	6			
19	8	11	1	1	
12	7	5			
14	6	8	1		1
9	**3**	**6**			
2		2			
4	2	2			
2	1	1			
1		1			

6-2a 续表 9

受教育程度 年 龄	合 计	生男孩的妇女人数	生女孩的妇女人数	一 孩		
				小计	男	女
博士研究生	**49**	**25**	**24**	**33**	**20**	**13**
15-19岁						
15						
16						
17						
18						
19						
20-24岁						
20						
21						
22						
23						
24						
25-29岁	**7**	**4**	**3**	**6**	**4**	**2**
25	1		1	1		1
26						
27	2	2		2	2	
28	1	1		1	1	
29	3	1	2	2	1	1
30-34岁	**24**	**13**	**11**	**20**	**13**	**7**
30	4	2	2	4	2	2
31	3	3		3	3	
32	6	2	4	5	2	3
33	4	4		4	4	
34	7	2	5	4	2	2
35-39岁	**13**	**4**	**9**	**7**	**3**	**4**
35	2		2			
36	5	2	3	2	1	1
37	1	1		1	1	
38	3		3	3		3
39	2	1	1	1	1	
40-44岁	**5**	**4**	**1**			
40	3	3				
41	1	1				
42						
43						
44	1		1			
45-49岁						
45						
46						
47						
48						
49						

单位：人

二孩			三孩及以上		
小计	男	女	小计	男	女
16	**5**	**11**			
1		**1**			
1		1			
4		**4**			
1		1			
3		3			
6	**1**	**5**			
2		2			
3	1	2			
1		1			
5	**4**	**1**			
3	3				
1	1				
1		1			

6-2b 全省按年龄、受教育程度、生育孩次

受教育程度 年龄	合计	生男孩的 妇女人数	生女孩的 妇女人数	一孩		
				小计	男	女
总计	**2852**	**1470**	**1382**	**1710**	**915**	**795**
15-19岁	**17**	**7**	**10**	**17**	**7**	**10**
15						
16						
17	1		1	1		1
18	5	3	2	5	3	2
19	11	4	7	11	4	7
20-24岁	**343**	**200**	**143**	**290**	**176**	**114**
20	24	13	11	22	13	9
21	40	18	22	36	16	20
22	52	30	22	41	23	18
23	85	48	37	71	43	28
24	142	91	51	120	81	39
25-29岁	**993**	**516**	**477**	**742**	**401**	**341**
25	165	98	67	134	79	55
26	183	110	73	151	92	59
27	238	109	129	178	90	88
28	210	103	107	155	77	78
29	197	96	101	124	63	61
30-34岁	**1045**	**518**	**527**	**494**	**245**	**249**
30	238	119	119	148	75	73
31	231	104	127	109	48	61
32	195	104	91	86	46	40
33	241	122	119	95	48	47
34	140	69	71	56	28	28
35-39岁	**334**	**165**	**169**	**116**	**56**	**60**
35	101	46	55	34	18	16
36	64	33	31	22	13	9
37	54	27	27	18	7	11
38	69	35	34	28	13	15
39	46	24	22	14	5	9
40-44岁	**97**	**53**	**44**	**41**	**23**	**18**
40	35	18	17	16	10	6
41	33	20	13	12	7	5
42	14	9	5	6	3	3
43	9	3	6	4	1	3
44	6	3	3	3	2	1
45-49岁	**23**	**11**	**12**	**10**	**7**	**3**
45	6	3	3	1	1	
46	2	1	1	2	1	1
47	7	3	4	3	3	
48	4	3	1	2	2	
49	4	1	3	2		2

分的育龄妇女人数(2019.11.1—2020.10.31)(镇)

单位：人

二孩			三孩及以上		
小计	男	女	小计	男	女
1078	**517**	**561**	**64**	**38**	**26**
53	**24**	**29**			
2		2			
4	2	2			
11	7	4			
14	5	9			
22	10	12			
243	**110**	**133**	**8**	**5**	**3**
31	19	12			
32	18	14			
58	17	41	2	2	
54	26	28	1		1
68	30	38	5	3	2
524	**259**	**265**	**27**	**14**	**13**
85	40	45	5	4	1
116	54	62	6	2	4
102	55	47	7	3	4
142	72	70	4	2	2
79	38	41	5	3	2
196	**95**	**101**	**22**	**14**	**8**
63	27	36	4	1	3
37	18	19	5	2	3
31	16	15	5	4	1
37	19	18	4	3	1
28	15	13	4	4	
51	**27**	**24**	**5**	**3**	**2**
18	8	10	1		1
20	12	8	1	1	
7	5	2	1	1	
3	1	2	2	1	1
3	1	2			
11	**2**	**9**	**2**	**2**	
3		3	2	2	
4		4			
2	1	1			
2	1	1			

6-2b　续表 1

受教育程度 年　　龄	合　计	生男孩的 妇女人数	生女孩的 妇女人数	一　　孩		
				小计	男	女
未上过学	**2**	**1**	**1**	**1**		**1**
15—19岁						
15						
16						
17						
18						
19						
20—24岁						
20						
21						
22						
23						
24						
25—29岁	**1**	**1**				
25						
26						
27	1	1				
28						
29						
30—34岁	**1**		**1**	**1**		**1**
30						
31	1		1	1		1
32						
33						
34						
35—39岁						
35						
36						
37						
38						
39						
40—44岁						
40						
41						
42						
43						
44						
45—49岁						
45						
46						
47						
48						
49						

单位：人

二孩			三孩及以上		
小计	男	女	小计	男	女
			1	**1**	
			1	**1**	
			1	1	

6-2b 续表 2

受教育程度 年 龄	合 计	生男孩的妇女人数	生女孩的妇女人数	一 孩		
				小计	男	女
学前教育						
15-19岁						
15						
16						
17						
18						
19						
20-24岁						
20						
21						
22						
23						
24						
25-29岁						
25						
26						
27						
28						
29						
30-34岁						
30						
31						
32						
33						
34						
35-39岁						
35						
36						
37						
38						
39						
40-44岁						
40						
41						
42						
43						
44						
45-49岁						
45						
46						
47						
48						
49						

单位：人

二孩			三孩及以上		
小计	男	女	小计	男	女

6-2b 续表 3

受教育程度 年 龄	合 计	生男孩的 妇女人数	生女孩的 妇女人数	一 孩 小计	男	女
小 学	**101**	**42**	**59**	**44**	**20**	**24**
15-19岁	**2**		**2**	**2**		**2**
15						
16						
17	1		1	1		1
18						
19	1		1	1		1
20-24岁	**11**	**7**	**4**	**8**	**4**	**4**
20	1		1	1		1
21	2	1	1	2	1	1
22	3	2	1	2	1	1
23						
24	5	4	1	3	2	1
25-29岁	**22**	**9**	**13**	**8**	**6**	**2**
25	2		2			
26	3	3		2	2	
27	4	2	2	3	2	1
28	3		3			
29	10	4	6	3	2	1
30-34岁	**44**	**17**	**27**	**17**	**7**	**10**
30	8	3	5	2	1	1
31	11	3	8	6	2	4
32	9	5	4	1		1
33	11	3	8	4	1	3
34	5	3	2	4	3	1
35-39岁	**14**	**4**	**10**	**7**	**2**	**5**
35	3	2	1	1	1	
36	3		3	1		1
37	2		2			
38	3	2	1	2	1	1
39	3		3	3		3
40-44岁	**4**	**2**	**2**	**1**		**1**
40						
41	4	2	2	1		1
42						
43						
44						
45-49岁	**4**	**3**	**1**	**1**	**1**	
45	2	1	1			
46						
47	1	1		1	1	
48						
49	1	1				

单位：人

二孩			三孩及以上		
小计	男	女	小计	男	女
52	**20**	**32**	**5**	**2**	**3**
3	**3**				
1	1				
2	2				
14	**3**	**11**			
2		2			
1	1				
1		1			
3		3			
7	2	5			
23	**9**	**14**	**4**	**1**	**3**
6	2	4			
3	1	2	2		2
6	4	2	2	1	1
7	2	5			
1		1			
7	**2**	**5**			
2	1	1			
2		2			
2		2			
1	1				
3	**2**	**1**			
3	2	1			
2	**1**	**1**	**1**	**1**	
1		1	1	1	
1	1				

6–2b 续表 4

受教育程度 年龄	合计	生男孩的妇女人数	生女孩的妇女人数	一孩 小计	一孩 男	一孩 女
初中	**1328**	**704**	**624**	**684**	**382**	**302**
15–19岁	**11**	**5**	**6**	**11**	**5**	**6**
15						
16						
17						
18	4	2	2	4	2	2
19	7	3	4	7	3	4
20–24岁	**200**	**114**	**86**	**165**	**97**	**68**
20	16	10	6	15	10	5
21	25	13	12	22	11	11
22	35	20	15	27	15	12
23	54	30	24	43	25	18
24	70	41	29	58	36	22
25–29岁	**383**	**209**	**174**	**238**	**136**	**102**
25	81	49	32	58	33	25
26	70	41	29	51	31	20
27	83	38	45	50	27	23
28	78	40	38	44	22	22
29	71	41	30	35	23	12
30–34岁	**478**	**250**	**228**	**189**	**101**	**88**
30	99	52	47	51	30	21
31	96	43	53	41	16	25
32	102	57	45	46	25	21
33	115	61	54	31	17	14
34	66	37	29	20	13	7
35–39岁	**187**	**91**	**96**	**53**	**27**	**26**
35	56	18	38	13	6	7
36	34	18	16	11	6	5
37	28	15	13	7	4	3
38	40	21	19	13	6	7
39	29	19	10	9	5	4
40–44岁	**56**	**30**	**26**	**22**	**12**	**10**
40	23	10	13	11	7	4
41	14	9	5	3	1	2
42	9	6	3	3	1	2
43	7	3	4	3	1	2
44	3	2	1	2	2	
45–49岁	**13**	**5**	**8**	**6**	**4**	**2**
45	2	1	1	1	1	
46	1		1	1		1
47	4	1	3	1	1	
48	4	3	1	2	2	
49	2		2	1		1

单位：人

二孩			三孩及以上		
小计	男	女	小计	男	女
601	**292**	**309**	**43**	**30**	**13**
35	**17**	**18**			
1		1			
3	2	1			
8	5	3			
11	5	6			
12	5	7			
140	**69**	**71**	**5**	**4**	**1**
23	16	7			
19	10	9			
32	10	22	1	1	
34	18	16			
32	15	17	4	3	1
275	**140**	**135**	**14**	**9**	**5**
44	19	25	4	3	1
52	25	27	3	2	1
53	30	23	3	2	1
83	44	39	1		1
43	22	21	3	2	1
114	**50**	**64**	**20**	**14**	**6**
39	11	28	4	1	3
19	10	9	4	2	2
17	7	10	4	4	
23	12	11	4	3	1
16	10	6	4	4	
30	**15**	**15**	**4**	**3**	**1**
11	3	8	1		1
10	7	3	1	1	
5	4	1	1	1	
3	1	2	1	1	
1		1			
7	**1**	**6**			
1		1			
3		3			
2	1	1			
1		1			

6-2b 续表 5

受教育程度 年龄	合计	生男孩的妇女人数	生女孩的妇女人数	一孩		
				小计	男	女
高 中	**393**	**203**	**190**	**257**	**138**	**119**
15-19岁	**1**		**1**	**1**		**1**
15						
16						
17						
18						
19	1		1	1		1
20-24岁	**55**	**34**	**21**	**47**	**32**	**15**
20	5	2	3	4	2	2
21	8	3	5	8	3	5
22	4	4		3	3	
23	12	6	6	10	6	4
24	26	19	7	22	18	4
25-29岁	**149**	**81**	**68**	**114**	**63**	**51**
25	21	13	8	19	12	7
26	25	16	9	19	12	7
27	50	24	26	35	17	18
28	33	17	16	27	14	13
29	20	11	9	14	8	6
30-34岁	**126**	**53**	**73**	**62**	**24**	**38**
30	36	15	21	23	9	14
31	27	12	15	14	6	8
32	18	8	10	5		5
33	25	12	13	11	6	5
34	20	6	14	9	3	6
35-39岁	**41**	**23**	**18**	**20**	**11**	**9**
35	8	4	4	5	2	3
36	12	9	3	5	5	
37	7	3	4	5	1	4
38	10	5	5	5	3	2
39	4	2	2			
40-44岁	**18**	**11**	**7**	**12**	**8**	**4**
40	4	3	1	3	2	1
41	9	6	3	5	4	1
42	3	2	1	2	2	
43	1		1	1		1
44	1		1	1		1
45-49岁	**3**	**1**	**2**	**1**		**1**
45	2	1	1			
46						
47						
48						
49	1		1	1		1

单位：人

二孩			三孩及以上		
小计	男	女	小计	男	女
131	**63**	**68**	**5**	**2**	**3**
8	**2**	**6**			
1		1			
1	1				
2		2			
4	1	3			
35	**18**	**17**			
2	1	1			
6	4	2			
15	7	8			
6	3	3			
6	3	3			
61	**28**	**33**	**3**	**1**	**2**
12	5	7	1	1	
12	6	6	1		1
13	8	5			
14	6	8			
10	3	7	1		1
20	**12**	**8**	**1**		**1**
3	2	1			
6	4	2	1		1
2	2				
5	2	3			
4	2	2			
6	**3**	**3**			
1	1				
4	2	2			
1		1			
1		**1**	**1**	**1**	
1		1	1	1	

6-2b 续表 6

受教育程度 年龄	合计	生男孩的妇女人数	生女孩的妇女人数	一孩		
				小计	男	女
大学专科	**522**	**263**	**259**	**360**	**187**	**173**
15-19岁	**3**	**2**	**1**	**3**	**2**	**1**
15						
16						
17						
18	1	1		1	1	
19	2	1	1	2	1	1
20-24岁	**55**	**34**	**21**	**50**	**32**	**18**
20	2	1	1	2	1	1
21	5	1	4	4	1	3
22	8	3	5	7	3	4
23	11	9	2	11	9	2
24	29	20	9	26	18	8
25-29岁	**244**	**116**	**128**	**201**	**100**	**101**
25	43	26	17	39	24	15
26	54	30	24	48	27	21
27	56	25	31	49	25	24
28	44	19	25	36	16	20
29	47	16	31	29	8	21
30-34岁	**164**	**86**	**78**	**86**	**45**	**41**
30	37	21	16	28	16	12
31	37	18	19	16	8	8
32	22	11	11	10	6	4
33	47	23	24	23	10	13
34	21	13	8	9	5	4
35-39岁	**42**	**19**	**23**	**13**	**4**	**9**
35	13	8	5	3	2	1
36	5	2	3	3	1	2
37	8	4	4	3	1	2
38	8	2	6	2		2
39	8	3	5	2		2
40-44岁	**11**	**4**	**7**	**5**	**2**	**3**
40	4	2	2	2	1	1
41	4	1	3	2	1	1
42	2	1	1	1		1
43						
44	1		1			
45-49岁	**3**	**2**	**1**	**2**	**2**	
45						
46	1	1		1	1	
47	2	1	1	1	1	
48						
49						

单位：人

二孩			三孩及以上		
小计	男	女	小计	男	女
155	**73**	**82**	**7**	**3**	**4**
5	**2**	**3**			
1		1			
1		1			
3	2	1			
41	**16**	**25**	**2**		**2**
4	2	2			
6	3	3			
7		7			
7	3	4	1		1
17	8	9	1		1
74	**38**	**36**	**4**	**3**	**1**
9	5	4			
21	10	11			
12	5	7			
21	11	10	3	2	1
11	7	4	1	1	
28	**15**	**13**	**1**		**1**
10	6	4			
2	1	1			
4	3	1	1		1
6	2	4			
6	3	3			
6	**2**	**4**			
2	1	1			
2		2			
1	1				
1		1			
1		**1**			
1		1			

6-2b 续表 7

受教育程度 年龄	合计	生男孩的妇女人数	生女孩的妇女人数	一孩		
				小计	男	女
大学本科	**475**	**240**	**235**	**339**	**174**	**165**
15-19岁						
15						
16						
17						
18						
19						
20-24岁	**22**	**11**	**11**	**20**	**11**	**9**
20						
21						
22	2	1	1	2	1	1
23	8	3	5	7	3	4
24	12	7	5	11	7	4
25-29岁	**188**	**96**	**92**	**175**	**92**	**83**
25	18	10	8	18	10	8
26	29	19	10	29	19	10
27	44	19	25	41	19	22
28	51	27	24	47	25	22
29	46	21	25	40	19	21
30-34岁	**211**	**100**	**111**	**121**	**58**	**63**
30	49	24	25	36	15	21
31	55	25	30	28	14	14
32	42	21	21	23	14	9
33	41	21	20	24	12	12
34	24	9	15	10	3	7
35-39岁	**46**	**27**	**19**	**22**	**12**	**10**
35	19	13	6	12	7	5
36	9	4	5	1	1	
37	8	5	3	3	1	2
38	8	5	3	6	3	3
39	2		2			
40-44岁	**8**	**6**	**2**	**1**	**1**	
40	4	3	1			
41	2	2		1	1	
42						
43	1		1			
44	1	1				
45-49岁						
45						
46						
47						
48						
49						

单位：人

二孩			三孩及以上		
小计	男	女	小计	男	女
133	**66**	**67**	**3**		**3**
2		**2**			
1		1			
1		1			
13	**4**	**9**			
3		3			
4	2	2			
6	2	4			
88	**42**	**46**	**2**		**2**
13	9	4			
27	11	16			
17	7	10	2		2
17	9	8			
14	6	8			
24	**15**	**9**			
7	6	1			
8	3	5			
5	4	1			
2	2				
2		2			
6	**5**	**1**	**1**		**1**
4	3	1			
1	1				
			1		1
1	1				

6-2b 续表 8

受教育程度 年龄	合计	生男孩的妇女人数	生女孩的妇女人数	一孩		
				小计	男	女
硕士研究生	**30**	**16**	**14**	**24**	**13**	**11**
15—19岁						
15						
16						
17						
18						
19						
20—24岁						
20						
21						
22						
23						
24						
25—29岁	**6**	**4**	**2**	**6**	**4**	**2**
25						
26	2	1	1	2	1	1
27						
28	1		1	1		1
29	3	3		3	3	
30—34岁	**20**	**11**	**9**	**17**	**9**	**8**
30	9	4	5	8	4	4
31	4	3	1	3	2	1
32	2	2		1	1	
33	1	1		1	1	
34	4	1	3	4	1	3
35—39岁	**4**	**1**	**3**	**1**		**1**
35	2	1	1			
36	1		1	1		1
37	1		1			
38						
39						
40—44岁						
40						
41						
42						
43						
44						
45—49岁						
45						
46						
47						
48						
49						

单位：人

二孩			三孩及以上		
小计	男	女	小计	男	女
6	**3**	**3**			
3	**2**	**1**			
1		1			
1	1				
1	1				
3	**1**	**2**			
2	1	1			
1		1			

6-2b　续表 9

受教育程度 年　　龄	合　计	生男孩的 妇女人数	生女孩的 妇女人数	一　孩		
				小计	男	女
博士研究生	**1**	**1**		**1**	**1**	
15-19岁						
15						
16						
17						
18						
19						
20-24岁						
20						
21						
22						
23						
24						
25-29岁						
25						
26						
27						
28						
29						
30-34岁	**1**	**1**		**1**	**1**	
30						
31						
32						
33	1	1		1	1	
34						
35-39岁						
35						
36						
37						
38						
39						
40-44岁						
40						
41						
42						
43						
44						
45-49岁						
45						
46						
47						
48						
49						

单位：人

二孩			三孩及以上		
小计	男	女	小计	男	女

6-2c 全省按年龄、受教育程度、生育孩次

受教育程度 年龄	合计	生男孩的妇女人数	生女孩的妇女人数	一孩		
				小计	男	女
总计	**3660**	**1845**	**1815**	**1910**	**974**	**936**
15-19岁	**61**	**31**	**30**	**60**	**30**	**30**
15	2	2		2	2	
16	3	2	1	3	2	1
17	6	2	4	6	2	4
18	13	6	7	12	5	7
19	37	19	18	37	19	18
20-24岁	**636**	**311**	**325**	**539**	**259**	**280**
20	70	31	39	65	29	36
21	95	50	45	86	45	41
22	107	52	55	93	44	49
23	172	84	88	140	65	75
24	192	94	98	155	76	79
25-29岁	**1166**	**583**	**583**	**691**	**342**	**349**
25	192	107	85	131	71	60
26	206	89	117	131	57	74
27	265	135	130	162	77	85
28	240	127	113	130	69	61
29	263	125	138	137	68	69
30-34岁	**1141**	**605**	**536**	**403**	**220**	**183**
30	278	144	134	119	66	53
31	237	132	105	78	40	38
32	234	123	111	84	43	41
33	220	117	103	71	37	34
34	172	89	83	51	34	17
35-39岁	**426**	**212**	**214**	**124**	**70**	**54**
35	106	42	64	39	16	23
36	95	49	46	19	12	7
37	81	41	40	27	13	14
38	88	47	41	22	18	4
39	56	33	23	17	11	6
40-44岁	**164**	**79**	**85**	**62**	**35**	**27**
40	42	21	21	12	5	7
41	56	24	32	21	12	9
42	41	21	20	18	13	5
43	16	9	7	7	2	5
44	9	4	5	4	3	1
45-49岁	**66**	**24**	**42**	**31**	**18**	**13**
45	15	5	10	4	2	2
46	12	6	6	5	4	1
47	14	4	10	9	4	5
48	13	5	8	9	5	4
49	12	4	8	4	3	1

分的育龄妇女人数(2019.11.1—2020.10.31)(乡村)

单位：人

二孩			三孩及以上		
小计	男	女	小计	男	女
1563	**758**	**805**	**187**	**113**	**74**
1	**1**				
1	1				
93	**49**	**44**	**4**	**3**	**1**
5	2	3			
9	5	4			
13	7	6	1	1	
29	17	12	3	2	1
37	18	19			
446	**221**	**225**	**29**	**20**	**9**
61	36	25			
71	29	42	4	3	1
93	51	42	10	7	3
103	53	50	7	5	2
118	52	66	8	5	3
667	**341**	**326**	**71**	**44**	**27**
145	72	73	14	6	8
147	84	63	12	8	4
137	70	67	13	10	3
128	64	64	21	16	5
110	51	59	11	4	7
250	**112**	**138**	**52**	**30**	**22**
61	22	39	6	4	2
57	24	33	19	13	6
46	25	21	8	3	5
55	25	30	11	4	7
31	16	15	8	6	2
76	**30**	**46**	**26**	**14**	**12**
22	10	12	8	6	2
27	10	17	8	2	6
19	6	13	4	2	2
5	3	2	4	4	
3	1	2	2		2
30	**4**	**26**	**5**	**2**	**3**
9	2	7	2	1	1
5	1	4	2	1	1
5		5			
4		4			
7	1	6	1		1

6-2c 续表 1

受教育程度 年龄	合计	生男孩的妇女人数	生女孩的妇女人数	一孩		
				小计	男	女
未上过学	**12**	**4**	**8**	**3**	**1**	**2**
15—19岁						
15						
16						
17						
18						
19						
20—24岁						
20						
21						
22						
23						
24						
25—29岁	**3**		**3**	**2**		**2**
25	1		1			
26	1		1	1		1
27	1		1	1		1
28						
29						
30—34岁	**6**	**3**	**3**	**1**	**1**	
30	3		3			
31						
32						
33	1	1		1	1	
34	2	2				
35—39岁	**1**	**1**				
35						
36	1	1				
37						
38						
39						
40—44岁	**1**		**1**			
40						
41	1		1			
42						
43						
44						
45—49岁	**1**		**1**			
45						
46						
47						
48	1		1			
49						

单位：人

二孩			三孩及以上		
小计	男	女	小计	男	女
6	**1**	**5**	**3**	**2**	**1**
1		**1**			
1		1			
4	**1**	**3**	**1**	**1**	
3		3			
1	1		1	1	
			1	**1**	
			1	1	
			1		**1**
			1		1
1		**1**			
1		1			

6-2c　续表 2

受教育程度 年　龄	合　计	生男孩的 妇女人数	生女孩的 妇女人数	一　孩		
				小计	男	女
学前教育						
15-19岁						
15						
16						
17						
18						
19						
20-24岁						
20						
21						
22						
23						
24						
25-29岁						
25						
26						
27						
28						
29						
30-34岁						
30						
31						
32						
33						
34						
35-39岁						
35						
36						
37						
38						
39						
40-44岁						
40						
41						
42						
43						
44						
45-49岁						
45						
46						
47						
48						
49						

单位：人

二　孩			三孩及以上		
小计	男	女	小计	男	女

6-2c 续表 3

受教育程度 年龄	合计	生男孩的妇女人数	生女孩的妇女人数	一孩		
				小计	男	女
小学	**305**	**146**	**159**	**136**	**70**	**66**
15-19岁	**9**	**5**	**4**	**8**	**4**	**4**
15	1	1		1	1	
16						
17						
18	4	2	2	3	1	2
19	4	2	2	4	2	2
20-24岁	**48**	**21**	**27**	**37**	**15**	**22**
20	10	3	7	9	3	6
21	10	6	4	8	4	4
22	1	1				
23	13	3	10	10	2	8
24	14	8	6	10	6	4
25-29岁	**80**	**37**	**43**	**35**	**16**	**19**
25	14	8	6	9	5	4
26	15	4	11	6	2	4
27	12	5	7	7	2	5
28	14	7	7	3	2	1
29	25	13	12	10	5	5
30-34岁	**92**	**45**	**47**	**31**	**16**	**15**
30	22	12	10	7	3	4
31	17	9	8	7	4	3
32	17	9	8	8	5	3
33	18	8	10	4	2	2
34	18	7	11	5	2	3
35-39岁	**37**	**22**	**15**	**13**	**11**	**2**
35	7	4	3	3	3	
36	9	6	3	1	1	
37	7	4	3	3	2	1
38	7	3	4	3	3	
39	7	5	2	3	2	1
40-44岁	**26**	**14**	**12**	**8**	**6**	**2**
40	6	4	2			
41	10	5	5	5	3	2
42	7	4	3	3	3	
43	2	1	1			
44	1		1			
45-49岁	**13**	**2**	**11**	**4**	**2**	**2**
45	2		2	1		1
46	5	1	4	1	1	
47	2		2	1		1
48	1	1		1	1	
49	3		3			

单位：人

二孩			三孩及以上		
小计	男	女	小计	男	女
139	**61**	**78**	**30**	**15**	**15**
1	**1**				
1	1				
10	**5**	**5**	**1**	**1**	
1		1			
2	2				
1	1				
2		2	1	1	
4	2	2			
41	**18**	**23**	**4**	**3**	**1**
5	3	2			
8	1	7	1	1	
4	2	2	1	1	
11	5	6			
13	7	6	2	1	1
50	**23**	**27**	**11**	**6**	**5**
13	9	4	2		2
9	4	5	1	1	
9	4	5			
9	2	7	5	4	1
10	4	6	3	1	2
16	**7**	**9**	**8**	**4**	**4**
4	1	3			
5	3	2	3	2	1
2	2		2		2
3		3	1		1
2	1	1	2	2	
14	**7**	**7**	**4**	**1**	**3**
5	4	1	1		1
4	1	3	1	1	
3	1	2	1		1
2	1	1			
			1		1
7		**7**	**2**		**2**
1		1			
3		3	1		1
1		1			
2		2	1		1

6-2c 续表 4

受教育程度 年 龄	合 计	生男孩的 妇女人数	生女孩的 妇女人数	一 孩		
				小计	男	女
初 中	**2545**	**1269**	**1276**	**1226**	**617**	**609**
15-19岁	**49**	**24**	**25**	**49**	**24**	**25**
15	1	1		1	1	
16	3	2	1	3	2	1
17	6	2	4	6	2	4
18	9	4	5	9	4	5
19	30	15	15	30	15	15
20-24岁	**455**	**215**	**240**	**386**	**182**	**204**
20	51	22	29	47	20	27
21	74	38	36	69	36	33
22	87	37	50	75	31	44
23	120	61	59	96	47	49
24	123	57	66	99	48	51
25-29岁	**746**	**379**	**367**	**394**	**198**	**196**
25	136	81	55	92	53	39
26	137	63	74	82	37	45
27	163	80	83	83	38	45
28	147	83	64	65	38	27
29	163	72	91	72	32	40
30-34岁	**800**	**418**	**382**	**237**	**127**	**110**
30	189	94	95	69	37	32
31	169	93	76	45	19	26
32	172	90	82	50	28	22
33	149	77	72	41	21	20
34	121	64	57	32	22	10
35-39岁	**331**	**161**	**170**	**89**	**47**	**42**
35	78	28	50	22	6	16
36	75	38	37	16	10	6
37	63	33	30	21	9	12
38	72	38	34	17	13	4
39	43	24	19	13	9	4
40-44岁	**118**	**53**	**65**	**47**	**24**	**23**
40	26	10	16	8	2	6
41	40	17	23	14	8	6
42	31	15	16	14	9	5
43	13	7	6	7	2	5
44	8	4	4	4	3	1
45-49岁	**46**	**19**	**27**	**24**	**15**	**9**
45	12	4	8	3	2	1
46	7	5	2	4	3	1
47	11	4	7	7	4	3
48	10	4	6	8	4	4
49	6	2	4	2	2	

单位：人

二孩			三孩及以上		
小计	男	女	小计	男	女
1180	**568**	**612**	**139**	**84**	**55**
66	**31**	**35**	**3**	**2**	**1**
4	2	2			
5	2	3			
11	5	6	1	1	
22	13	9	2	1	1
24	9	15			
327	**164**	**163**	**25**	**17**	**8**
44	28	16			
52	24	28	3	2	1
71	36	35	9	6	3
75	40	35	7	5	2
85	36	49	6	4	2
511	**258**	**253**	**52**	**33**	**19**
110	52	58	10	5	5
114	67	47	10	7	3
110	52	58	12	10	2
95	47	48	13	9	4
82	40	42	7	2	5
203	**93**	**110**	**39**	**21**	**18**
52	20	32	4	2	2
44	18	26	15	10	5
36	21	15	6	3	3
46	22	24	9	3	6
25	12	13	5	3	2
54	**20**	**34**	**17**	**9**	**8**
13	4	9	5	4	1
20	8	12	6	1	5
15	5	10	2	1	1
3	2	1	3	3	
3	1	2	1		1
19	**2**	**17**	**3**	**2**	**1**
7	1	6	2	1	1
2	1	1	1	1	
4		4			
2		2			
4		4			

6-2c 续表 5

受教育程度 年龄	合计	生男孩的 妇女人数	生女孩的 妇女人数	一孩		
				小计	男	女
高 中	**319**	**176**	**143**	**190**	**100**	**90**
15-19岁	**3**	**2**	**1**	**3**	**2**	**1**
15						
16						
17						
18						
19	3	2	1	3	2	1
20-24岁	**75**	**44**	**31**	**62**	**35**	**27**
20	7	5	2	7	5	2
21	7	3	4	6	3	3
22	11	8	3	10	7	3
23	20	11	9	16	8	8
24	30	17	13	23	12	11
25-29岁	**108**	**50**	**58**	**68**	**31**	**37**
25	18	6	12	10	3	7
26	14	6	8	9	5	4
27	26	15	11	15	9	6
28	21	9	12	14	6	8
29	29	14	15	20	8	12
30-34岁	**94**	**56**	**38**	**43**	**24**	**19**
30	19	10	9	12	6	6
31	16	10	6	8	6	2
32	18	13	5	7	4	3
33	24	14	10	8	2	6
34	17	9	8	8	6	2
35-39岁	**22**	**12**	**10**	**7**	**4**	**3**
35	6	3	3	3	1	2
36	4	2	2			
37	6	2	4	2	1	1
38	3	3		2	2	
39	3	2	1			
40-44岁	**11**	**9**	**2**	**4**	**3**	**1**
40	7	5	2	2	1	1
41	1	1		1	1	
42	2	2		1	1	
43	1	1				
44						
45-49岁	**6**	**3**	**3**	**3**	**1**	**2**
45	1	1				
46						
47	1		1	1		1
48	1		1			
49	3	2	1	2	1	1

单位：人

二孩			三孩及以上		
小计	男	女	小计	男	女
117	**65**	**52**	**12**	**11**	**1**
13	**9**	**4**			
1		1			
1	1				
4	3	1			
7	5	2			
40	**19**	**21**			
8	3	5			
5	1	4			
11	6	5			
7	3	4			
9	6	3			
46	**28**	**18**	**5**	**4**	**1**
6	3	3	1	1	
7	4	3	1		1
11	9	2			
13	9	4	3	3	
9	3	6			
12	**5**	**7**	**3**	**3**	
2	1	1	1	1	
4	2	2			
4	1	3			
			1	1	
2	1	1	1	1	
3	**2**	**1**	**4**	**4**	
3	2	1	2	2	
			1	1	
			1	1	
3	**2**	**1**			
1	1				
1		1			
1	1				

6-2c 续表 6

受教育程度 年龄	合计	生男孩的妇女人数	生女孩的妇女人数	一孩 小计	一孩 男	一孩 女
大学专科	**326**	**164**	**162**	**244**	**119**	**125**
15-19岁						
15						
16						
17						
18						
19						
20-24岁	**51**	**27**	**24**	**47**	**23**	**24**
20	2	1	1	2	1	1
21	4	3	1	3	2	1
22	8	6	2	8	6	2
23	15	6	9	14	5	9
24	22	11	11	20	9	11
25-29岁	**165**	**76**	**89**	**138**	**61**	**77**
25	18	8	10	16	7	9
26	29	10	19	27	9	18
27	42	20	22	37	15	22
28	44	19	25	35	14	21
29	32	19	13	23	16	7
30-34岁	**91**	**54**	**37**	**52**	**32**	**20**
30	30	21	9	21	15	6
31	20	11	9	8	5	3
32	13	7	6	8	3	5
33	18	11	7	11	7	4
34	10	4	6	4	2	2
35-39岁	**14**	**6**	**8**	**5**	**2**	**3**
35	7	3	4	5	2	3
36	2		2			
37	1		1			
38	3	2	1			
39	1	1				
40-44岁	**5**	**1**	**4**	**2**	**1**	**1**
40	1	1		1	1	
41	3		3	1		1
42	1		1			
43						
44						
45-49岁						
45						
46						
47						
48						
49						

单位：人

二孩			三孩及以上		
小计	男	女	小计	男	女
79	**44**	**35**	**3**	**1**	**2**
4	**4**				
1	1				
1	1				
2	2				
27	**15**	**12**			
2	1	1			
2	1	1			
5	5				
9	5	4			
9	3	6			
37	**22**	**15**	**2**		**2**
8	6	2	1		1
12	6	6			
4	4		1		1
7	4	3			
6	2	4			
8	**3**	**5**	**1**	**1**	
1		1	1	1	
2		2			
1		1			
3	2	1			
1	1				
3		**3**			
2		2			
1		1			

6-2c 续表 7

受教育程度 年龄	合计	生男孩的妇女人数	生女孩的妇女人数	一孩		
				小计	男	女
大学本科	**148**	**84**	**64**	**107**	**65**	**42**
15-19岁						
15						
16						
17						
18						
19						
20-24岁	**6**	**3**	**3**	**6**	**3**	**3**
20						
21						
22						
23	3	2	1	3	2	1
24	3	1	2	3	1	2
25-29岁	**64**	**41**	**23**	**54**	**36**	**18**
25	5	4	1	4	3	1
26	10	6	4	6	4	2
27	21	15	6	19	13	6
28	14	9	5	13	9	4
29	14	7	7	12	7	5
30-34岁	**55**	**28**	**27**	**37**	**19**	**18**
30	15	7	8	10	5	5
31	14	9	5	9	6	3
32	14	4	10	11	3	8
33	8	5	3	5	3	2
34	4	3	1	2	2	
35-39岁	**20**	**10**	**10**	**9**	**6**	**3**
35	7	4	3	5	4	1
36	4	2	2	2	1	1
37	4	2	2	1	1	
38	3	1	2			
39	2	1	1	1		1
40-44岁	**3**	**2**	**1**	**1**	**1**	
40	2	1	1	1	1	
41	1	1				
42						
43						
44						
45-49岁						
45						
46						
47						
48						
49						

单位：人

二　孩			三孩及以上		
小计	男	女	小计	男	女
41	**19**	**22**			
10	**5**	**5**			
1	1				
4	2	2			
2	2				
1		1			
2		2			
18	**9**	**9**			
5	2	3			
5	3	2			
3	1	2			
3	2	1			
2	1	1			
11	**4**	**7**			
2		2			
2	1	1			
3	1	2			
3	1	2			
1	1				
2	**1**	**1**			
1		1			
1	1				

6-2c 续表 8

受教育程度 年 龄	合 计	生男孩的 妇女人数	生女孩的 妇女人数	一 孩		
				小计	男	女
硕士研究生	**4**	**2**	**2**	**3**	**2**	**1**
15—19岁						
15						
16						
17						
18						
19						
20—24岁	**1**	**1**		**1**	**1**	
20						
21						
22						
23	1	1		1	1	
24						
25—29岁						
25						
26						
27						
28						
29						
30—34岁	**3**	**1**	**2**	**2**	**1**	**1**
30						
31	1		1	1		1
32						
33	2	1	1	1	1	
34						
35—39岁						
35						
36						
37						
38						
39						
40—44岁						
40						
41						
42						
43						
44						
45—49岁						
45						
46						
47						
48						
49						

单位：人

二孩			三孩及以上		
小计	男	女	小计	男	女
1		**1**			
1		**1**			
1		1			

6−2c 续表 9

受教育程度 年龄	合计	生男孩的 妇女人数	生女孩的 妇女人数	一孩		
				小计	男	女
博士研究生	**1**		**1**	**1**		**1**
15−19岁						
15						
16						
17						
18						
19						
20−24岁						
20						
21						
22						
23						
24						
25−29岁						
25						
26						
27						
28						
29						
30−34岁						
30						
31						
32						
33						
34						
35−39岁	**1**		**1**	**1**		**1**
35	1		1	1		1
36						
37						
38						
39						
40−44岁						
40						
41						
42						
43						
44						
45−49岁						
45						
46						
47						
48						
49						

单位：人

二孩			三孩及以上		
小计	男	女	小计	男	女

6-3 全省育龄妇女分年龄、孩次的生育状况
(2019.11.1-2020.10.31)

单位：人、‰

年龄	平均育龄妇女人数	出生人数	生育率	第一孩		第二孩		第三孩及以上	
				出生数	生育率	出生数	生育率	出生数	生育率
总计	**899486**	**22546**	**25.07**	**14798**	**16.45**	**7247**	**8.06**	**501**	**0.56**
15-19岁	**81893**	**162**	**1.98**	**156**	**1.90**	**6**	**0.07**		
15	17743	2	0.11	2	0.11				
16	13591	7	0.52	7	0.52				
17	16407	13	0.79	13	0.79				
18	15689	45	2.87	43	2.74	2	0.13		
19	18463	95	5.15	91	4.93	4	0.22		
20-24岁	**81333**	**2331**	**28.66**	**2044**	**25.13**	**280**	**3.44**	**7**	**0.09**
20	17042	176	10.33	158	9.27	18	1.06		
21	15643	285	18.22	264	16.88	20	1.28	1	0.06
22	15121	388	25.66	339	22.42	47	3.11	2	0.13
23	15963	650	40.72	572	35.83	76	4.76	2	0.13
24	17564	832	47.37	711	40.48	119	6.78	2	0.11
25-29岁	**104609**	**7787**	**74.44**	**6085**	**58.17**	**1623**	**15.51**	**79**	**0.76**
25	18776	1111	59.17	923	49.16	183	9.75	5	0.27
26	19345	1423	73.56	1164	60.17	248	12.82	11	0.57
27	20746	1641	79.10	1323	63.77	298	14.36	20	0.96
28	20334	1666	81.93	1271	62.51	374	18.39	21	1.03
29	25408	1946	76.59	1404	55.26	520	20.47	22	0.87
30-34岁	**162398**	**8454**	**52.06**	**4890**	**30.11**	**3352**	**20.64**	**212**	**1.31**
30	30866	2039	66.06	1349	43.71	655	21.22	35	1.13
31	31551	1841	58.35	1147	36.35	651	20.63	43	1.36
32	36366	1945	53.48	1084	29.81	810	22.27	51	1.40
33	35058	1548	44.16	799	22.79	707	20.17	42	1.20
34	28557	1081	37.85	511	17.89	529	18.52	41	1.44
35-39岁	**144150**	**2939**	**20.39**	**1242**	**8.62**	**1560**	**10.82**	**137**	**0.95**
35	23511	766	32.58	326	13.87	415	17.65	25	1.06
36	25497	661	25.92	299	11.73	327	12.83	35	1.37
37	31735	627	19.76	275	8.67	319	10.05	33	1.04
38	36164	560	15.49	214	5.92	319	8.82	27	0.75
39	27243	325	11.93	128	4.70	180	6.61	17	0.62
40-44岁	**148902**	**700**	**4.70**	**291**	**1.95**	**351**	**2.36**	**58**	**0.39**
40	32612	251	7.70	101	3.10	135	4.14	15	0.46
41	34523	237	6.86	101	2.93	119	3.45	17	0.49
42	28387	112	3.95	49	1.73	49	1.73	14	0.49
43	25988	60	2.31	20	0.77	29	1.12	11	0.42
44	27392	40	1.46	20	0.73	19	0.69	1	0.04
45-49岁	**176201**	**173**	**0.98**	**90**	**0.51**	**75**	**0.43**	**8**	**0.05**
45	29261	39	1.33	19	0.65	13	0.44	7	0.24
46	33731	29	0.86	19	0.56	10	0.30		
47	36396	38	1.04	19	0.52	19	0.52		
48	36976	31	0.84	14	0.38	17	0.46		
49	39837	36	0.90	19	0.48	16	0.40	1	0.03

6–3a　全省育龄妇女分年龄、孩次的生育状况
(2019.11.1–2020.10.31)(城市)

单位：人、‰

年　龄	平均育龄妇女人数	出生人数	生育率	第一孩		第二孩		第三孩及以上	
				出生数	生育率	出生数	生育率	出生数	生育率
总　计	**598722**	**16017**	**26.75**	**11170**	**18.66**	**4597**	**7.68**	**250**	**0.42**
15–19岁	**50104**	**46**	**0.92**	**44**	**0.88**	**2**	**0.04**		
15	10230								
16	7812								
17	9560	6	0.63	6	0.63				
18	9923	12	1.21	11	1.11	1	0.10		
19	12579	28	2.23	27	2.15	1	0.08		
20–24岁	**55800**	**1220**	**21.86**	**1121**	**20.09**	**96**	**1.72**	**3**	**0.05**
20	12029	66	5.49	59	4.90	7	0.58		
21	10965	134	12.22	126	11.49	8	0.73		
22	10310	194	18.82	180	17.46	14	1.36		
23	10695	356	33.29	335	31.32	20	1.87	1	0.09
24	11801	470	39.83	421	35.67	47	3.98	2	0.17
25–29岁	**72750**	**5539**	**76.14**	**4636**	**63.73**	**869**	**11.95**	**34**	**0.47**
25	12802	727	56.79	643	50.23	82	6.41	2	0.16
26	13483	981	72.76	856	63.49	119	8.83	6	0.45
27	14543	1179	81.07	1013	69.66	159	10.93	7	0.48
28	14118	1206	85.42	997	70.62	201	14.24	8	0.57
29	17804	1446	81.22	1127	63.30	308	17.30	11	0.62
30–34岁	**116664**	**6414**	**54.98**	**4096**	**35.11**	**2201**	**18.87**	**117**	**1.00**
30	21950	1536	69.98	1128	51.39	394	17.95	14	0.64
31	22650	1412	62.34	978	43.18	410	18.10	24	1.06
32	26071	1465	56.19	895	34.33	541	20.75	29	1.11
33	25199	1172	46.51	672	26.67	478	18.97	22	0.87
34	20794	829	39.87	423	20.34	378	18.18	28	1.35
35–39岁	**103105**	**2254**	**21.86**	**1031**	**10.00**	**1158**	**11.23**	**65**	**0.63**
35	17300	600	34.68	277	16.01	310	17.92	13	0.75
36	18790	512	27.25	255	13.57	247	13.15	10	0.53
37	23399	486	20.77	224	9.57	241	10.30	21	0.90
38	25499	417	16.35	174	6.82	229	8.98	14	0.55
39	18117	239	13.19	101	5.57	131	7.23	7	0.39
40–44岁	**96013**	**468**	**4.87**	**199**	**2.07**	**239**	**2.49**	**30**	**0.31**
40	21423	174	8.12	72	3.36	96	4.48	6	0.28
41	22741	151	6.64	66	2.90	77	3.39	8	0.35
42	18355	78	4.25	34	1.85	36	1.96	8	0.44
43	16403	43	2.62	14	0.85	22	1.34	7	0.43
44	17091	22	1.29	13	0.76	8	0.47	1	0.06
45–49岁	**104286**	**76**	**0.73**	**43**	**0.41**	**32**	**0.31**	**1**	**0.01**
45	17740	19	1.07	12	0.68	6	0.34	1	0.06
46	20223	17	0.84	11	0.54	6	0.30		
47	21666	17	0.78	7	0.32	10	0.46		
48	21505	11	0.51	5	0.23	6	0.28		
49	23152	12	0.52	8	0.35	4	0.17		

6-3b 全省育龄妇女分年龄、孩次的生育状况
(2019.11.1-2020.10.31)(镇)

单位：人、‰

年 龄	平均育龄妇女人数	出生人数	生育率	第一孩		第二孩		第三孩及以上	
				出生数	生育率	出生数	生育率	出生数	生育率
总 计	**113108**	**2856**	**25.25**	**1713**	**15.14**	**1079**	**9.54**	**64**	**0.57**
15-19岁	**12257**	**29**	**2.37**	**28**	**2.28**	**1**	**0.08**		
15	2858								
16	2468	1	0.41	1	0.41				
17	2881	1	0.35	1	0.35				
18	1993	8	4.01	8	4.01				
19	2057	19	9.24	18	8.75	1	0.49		
20-24岁	**9201**	**413**	**44.89**	**347**	**37.71**	**66**	**7.17**		
20	1740	25	14.37	23	13.22	2	1.15		
21	1682	50	29.73	44	26.16	6	3.57		
22	1696	66	38.92	54	31.84	12	7.08		
23	1861	109	58.57	87	46.75	22	11.82		
24	2222	163	73.36	139	62.56	24	10.80		
25-29岁	**13321**	**1044**	**78.37**	**761**	**57.13**	**274**	**20.57**	**9**	**0.68**
25	2358	175	74.22	145	61.49	30	12.72		
26	2470	196	79.35	150	60.73	46	18.62		
27	2589	235	90.77	179	69.14	53	20.47	3	1.16
28	2652	202	76.17	131	49.40	67	25.26	4	1.51
29	3252	236	72.57	156	47.97	78	23.99	2	0.62
30-34岁	**19628**	**966**	**49.22**	**426**	**21.70**	**511**	**26.03**	**29**	**1.48**
30	3715	219	58.95	117	31.49	95	25.57	7	1.88
31	3875	208	53.68	95	24.52	105	27.10	8	2.06
32	4429	225	50.80	98	22.13	124	28.00	3	0.68
33	4260	196	46.01	71	16.67	120	28.17	5	1.17
34	3349	118	35.23	45	13.44	67	20.01	6	1.79
35-39岁	**16581**	**294**	**17.73**	**104**	**6.27**	**171**	**10.31**	**19**	**1.15**
35	2623	82	31.26	25	9.53	54	20.59	3	1.14
36	2778	57	20.52	22	7.92	30	10.80	5	1.80
37	3392	56	16.51	21	6.19	30	8.84	5	1.47
38	4249	66	15.53	24	5.65	38	8.94	4	0.94
39	3539	33	9.32	12	3.39	19	5.37	2	0.57
40-44岁	**19383**	**84**	**4.33**	**34**	**1.75**	**45**	**2.32**	**5**	**0.26**
40	4067	34	8.36	15	3.69	18	4.43	1	0.25
41	4504	31	6.88	12	2.66	17	3.77	2	0.44
42	3669	7	1.91	2	0.55	4	1.09	1	0.27
43	3541	7	1.98	2	0.56	4	1.13	1	0.28
44	3602	5	1.39	3	0.83	2	0.56		
45-49岁	**22737**	**26**	**1.14**	**13**	**0.57**	**11**	**0.48**	**2**	**0.09**
45	3833	6	1.57	2	0.52	2	0.52	2	0.52
46	4436	1	0.23	1	0.23				
47	4677	8	1.71	4	0.86	4	0.86		
48	4843	7	1.45	3	0.62	4	0.83		
49	4948	4	0.81	3	0.61	1	0.20		

6—3c　全省育龄妇女分年龄、孩次的生育状况 (2019.11.1—2020.10.31)(乡村)

单位：人、‰

年　龄	平均育龄妇女人数	出生人数	生育率	第一孩		第二孩		第三孩及以上	
				出生数	生育率	出生数	生育率	出生数	生育率
总　计	**187656**	**3673**	**19.57**	**1915**	**10.20**	**1571**	**8.37**	**187**	**1.00**
15—19岁	**19532**	**87**	**4.45**	**84**	**4.30**	**3**	**0.15**		
15	4655	2	0.43	2	0.43				
16	3311	6	1.81	6	1.81				
17	3966	6	1.51	6	1.51				
18	3773	25	6.63	24	6.36	1	0.27		
19	3827	48	12.54	46	12.02	2	0.52		
20—24岁	**16332**	**698**	**42.74**	**576**	**35.27**	**118**	**7.23**	**4**	**0.24**
20	3273	85	25.97	76	23.22	9	2.75		
21	2996	101	33.71	94	31.38	6	2.00	1	0.33
22	3115	128	41.09	105	33.71	21	6.74	2	0.64
23	3407	185	54.30	150	44.03	34	9.98	1	0.29
24	3541	199	56.20	151	42.64	48	13.56		
25—29岁	**18538**	**1204**	**64.95**	**688**	**37.11**	**480**	**25.89**	**36**	**1.94**
25	3616	209	57.80	135	37.33	71	19.63	3	0.83
26	3392	246	72.52	158	46.58	83	24.47	5	1.47
27	3614	227	62.81	131	36.25	86	23.80	10	2.77
28	3564	258	72.39	143	40.12	106	29.74	9	2.53
29	4352	264	60.66	121	27.80	134	30.79	9	2.07
30—34岁	**26106**	**1074**	**41.14**	**368**	**14.10**	**640**	**24.52**	**66**	**2.53**
30	5201	284	54.60	104	20.00	166	31.92	14	2.69
31	5026	221	43.97	74	14.72	136	27.06	11	2.19
32	5866	255	43.47	91	15.51	145	24.72	19	3.24
33	5599	180	32.15	56	10.00	109	19.47	15	2.68
34	4414	134	30.36	43	9.74	84	19.03	7	1.59
35—39岁	**24464**	**391**	**15.98**	**107**	**4.37**	**231**	**9.44**	**53**	**2.17**
35	3588	84	23.41	24	6.69	51	14.21	9	2.51
36	3929	92	23.42	22	5.60	50	12.73	20	5.09
37	4944	85	17.19	30	6.07	48	9.71	7	1.42
38	6416	77	12.00	16	2.49	52	8.10	9	1.40
39	5587	53	9.49	15	2.68	30	5.37	8	1.43
40—44岁	**33506**	**148**	**4.42**	**58**	**1.73**	**67**	**2.00**	**23**	**0.69**
40	7122	43	6.04	14	1.97	21	2.95	8	1.12
41	7278	55	7.56	23	3.16	25	3.44	7	0.96
42	6363	27	4.24	13	2.04	9	1.41	5	0.79
43	6044	10	1.65	4	0.66	3	0.50	3	0.50
44	6699	13	1.94	4	0.60	9	1.34		
45—49岁	**49178**	**71**	**1.44**	**34**	**0.69**	**32**	**0.65**	**5**	**0.10**
45	7688	14	1.82	5	0.65	5	0.65	4	0.52
46	9072	11	1.21	7	0.77	4	0.44		
47	10053	13	1.29	8	0.80	5	0.50		
48	10628	13	1.22	6	0.56	7	0.66		
49	11737	20	1.70	8	0.68	11	0.94	1	0.09

6-4 各地区育龄妇女年龄别生育率

单位：‰

地　　区	15-19岁	20-24岁	25-29岁	30-34岁	35-39岁	40-44岁	45-49岁	总　和 生育率
辽宁	**1.98**	**28.66**	**74.44**	**52.06**	**20.39**	**4.70**	**0.98**	**916.03**
沈阳市	1.19	20.35	72.88	52.40	21.81	4.71	0.61	869.86
大连市	0.75	16.82	75.10	60.87	25.38	6.61	1.28	934.04
鞍山市	1.95	35.84	64.17	47.88	16.17	4.45	1.87	861.64
抚顺市	1.89	24.41	68.93	43.82	18.88	3.53	0.73	810.98
本溪市	0.86	23.93	67.85	44.81	18.87	5.74	1.21	816.41
丹东市	1.62	36.42	85.75	53.71	22.66	3.86	0.52	1022.66
锦州市	2.33	29.84	68.80	44.15	15.18	3.02	1.11	822.09
营口市	3.22	28.42	76.66	47.14	17.22	2.36	0.21	876.17
阜新市	3.85	48.20	75.26	45.48	16.59	4.23	0.67	971.39
辽阳市	1.65	33.76	66.92	46.00	15.67	3.33	0.41	838.73
盘锦市	1.42	40.42	88.97	56.06	19.56	3.70	0.88	1055.08
铁岭市	3.27	37.68	59.48	36.35	13.73	3.92	0.38	774.07
朝阳市	3.46	47.99	88.05	60.74	21.63	6.80	1.89	1152.77
葫芦岛市	3.87	49.68	83.89	54.63	20.16	4.77	1.03	1090.16
辽宁省沈抚新区管委会		21.65	53.44	40.00	12.32	5.55	5.06	690.02

6-4a 各地区育龄妇女年龄别生育率(城市)

单位：‰

地　　区	15-19岁	20-24岁	25-29岁	30-34岁	35-39岁	40-44岁	45-49岁	总　和 生育率
辽宁	**0.92**	**21.86**	**76.14**	**54.98**	**21.86**	**4.87**	**0.73**	**906.81**
沈阳市	0.65	17.43	74.09	54.25	22.77	4.83	0.44	872.25
大连市	0.71	16.16	74.45	61.90	25.73	6.58	1.25	933.86
鞍山市	1.83	24.56	68.12	48.25	17.28	5.12	2.18	836.69
抚顺市		14.31	69.99	47.75	18.98	2.30	0.23	767.91
本溪市	0.80	17.51	62.91	47.28	19.55	5.20	1.19	772.18
丹东市	0.58	33.50	86.48	56.62	22.23	3.81	0.21	1017.17
锦州市	1.32	19.70	73.23	52.20	16.72	3.05	0.37	832.92
营口市	1.55	24.49	79.58	49.24	18.71	2.39		879.81
阜新市		24.87	86.32	50.92	21.20	4.76	0.66	943.69
辽阳市	1.03	34.94	70.72	51.12	20.24	3.51		907.82
盘锦市	0.58	37.78	93.48	56.26	19.37	3.71	0.64	1059.11
铁岭市	0.86	39.88	66.01	36.79	14.79	4.59		814.59
朝阳市	2.08	43.06	95.56	64.50	22.14	7.14	0.46	1174.70
葫芦岛市	1.75	45.19	82.86	56.26	19.59	4.69		1051.69
辽宁省沈抚新区管委会		27.03	57.14	43.19	12.20	7.08	4.32	754.75

6–4b　各地区育龄妇女年龄别生育率(镇)

单位：‰

地　　区	15–19岁	20–24岁	25–29岁	30–34岁	35–39岁	40–44岁	45–49岁	总　和 生育率
辽宁	**2.37**	**44.89**	**78.37**	**49.22**	**17.73**	**4.33**	**1.14**	**990.24**
沈阳市	2.38	53.32	84.42	42.85	17.18	6.33		1032.39
大连市		12.75	75.09	50.25	16.91	7.29		811.37
鞍山市	0.73	58.35	58.89	47.17	16.05	4.02	1.49	933.52
抚顺市	4.14	37.80	69.98	41.57	14.93	3.44	0.92	863.89
本溪市		37.61	74.27	47.03	19.81	7.81	0.75	936.45
丹东市	0.85	42.23	93.26	63.21	26.51	1.91	1.06	1145.08
锦州市	3.96	64.63	90.48	38.72	14.11	1.45		1066.81
营口市	3.68	43.10	108.11	40.98	18.48		1.58	1079.69
阜新市	1.26	51.82	65.22	46.55	7.73	1.64	0.68	874.50
辽阳市		22.28	78.31	47.13	6.44	2.25	1.97	791.96
盘锦市	7.41	76.00	82.41	58.93	27.33		3.31	1276.92
铁岭市	3.10	30.78	62.20	38.78	12.96	3.86	0.62	761.51
朝阳市	1.83	55.14	87.02	63.17	25.24	8.66	3.60	1223.29
葫芦岛市	6.47	53.72	97.05	62.77	24.07	5.58	1.00	1253.31
辽宁省沈抚新区管委会								

6–4c　各地区育龄妇女年龄别生育率(乡村)

单位：‰

地　　区	15–19岁	20–24岁	25–29岁	30–34岁	35–39岁	40–44岁	45–49岁	总　和 生育率
辽宁	**4.45**	**42.74**	**64.95**	**41.14**	**15.98**	**4.42**	**1.44**	**875.62**
沈阳市	3.56	31.98	50.12	35.39	13.18	3.17	1.65	695.26
大连市	1.73	30.27	83.93	52.12	24.25	6.64	1.66	1003.09
鞍山市	3.24	41.53	56.90	47.30	11.93	2.84	1.43	825.86
抚顺市	4.67	53.76	63.83	29.23	22.81	7.74	2.03	920.45
本溪市	2.05	33.83	72.86	29.32	13.70	4.39	1.83	789.94
丹东市	4.95	36.89	75.47	34.00	20.28	5.49	0.69	888.86
锦州市	4.04	40.49	53.40	33.12	12.93	3.57	2.22	748.90
营口市	7.68	35.26	56.88	42.84	12.23	2.88	0.35	790.61
阜新市	12.69	77.46	64.84	33.89	15.76	5.12	0.67	1052.11
辽阳市	4.39	37.71	46.30	29.90	8.04	3.53	0.45	651.56
盘锦市	1.23	35.76	72.10	52.63	15.67	5.77	0.67	919.18
铁岭市	5.41	42.66	48.88	32.62	13.47	3.42	0.44	734.53
朝阳市	5.07	49.15	80.63	54.65	19.32	5.65	2.27	1083.71
葫芦岛市	4.27	52.26	77.10	46.77	18.29	4.36	1.99	1025.16
辽宁省沈抚新区管委会			23.26	13.70	12.99		7.69	288.17

6-5 各地区按活产子女数分的15-64岁妇女人数

单位：人

地 区	15-64岁妇女人数	活产0个	活产1个	活产2个	活产3个	活产4个	活产5个及以上
辽宁	**1447638**	**310936**	**837590**	**274706**	**20935**	**2939**	**532**
沈阳市	313053	83621	186274	40132	2631	330	65
大连市	249364	60942	146130	39606	2256	367	63
鞍山市	116401	24585	67542	22215	1793	211	55
抚顺市	56331	10128	36973	8501	616	90	23
本溪市	46478	8674	30144	7083	483	77	17
丹东市	73809	12894	44919	15239	623	119	15
锦州市	97110	21171	56429	18499	861	129	21
营口市	75856	13440	42921	17590	1618	254	33
阜新市	56192	9292	35373	10870	573	76	8
辽阳市	53134	9683	32310	10311	707	113	10
盘锦市	50180	9974	29855	9674	592	78	7
铁岭市	76368	13229	43941	17636	1342	193	27
朝阳市	98617	17300	44344	32254	4073	546	100
葫芦岛市	78984	14349	37167	24303	2729	351	85
辽宁省沈抚新区管委会	5761	1654	3268	793	38	5	3

6-6 全省按受教育程度、活产子女数分的15-64岁妇女人数

单位：人

受教育程度	15-64岁妇女人数	活产0个	活产1个	活产2个	活产3个	活产4个	活产5个及以上
总 计	**1447638**	**310936**	**837590**	**274706**	**20935**	**2939**	**532**
未上过学	6130	1463	2092	2104	379	69	23
学前教育	226	75	79	64	8		
小 学	149093	6672	69651	64172	7317	1060	221
初 中	654827	63758	418584	159336	11378	1554	217
高 中	257236	75095	157547	23175	1218	163	38
大学专科	176003	65930	97529	12125	350	54	15
大学本科	183053	86753	83861	12129	262	32	16
硕士研究生	19230	10330	7438	1432	21	7	2
博士研究生	1840	860	809	169	2		

6–7　全省按职业、活产子女数分的15–64岁妇女人数

单位：人

职业大类	15–64岁妇女人数	活产0个	活产1个	活产2个	活产3个	活产4个	活产5个及以上	妇女平均活产子女数
总　计	**690293**	**130026**	**402437**	**145328**	**10831**	**1432**	**239**	**1.06**
党的机关、国家机关、群众团体和社会组织、企事业单位负责人	12944	2171	8507	2111	135	16	4	1.02
专业技术人员	116368	34589	71462	10003	258	43	13	0.79
办事人员和有关人员	55667	14686	35661	5164	130	20	6	0.84
社会生产服务和生活服务人员	250938	58688	152363	37215	2319	314	39	0.94
农、林、牧、渔业生产及辅助人员	177409	9088	84274	75873	7086	925	163	1.48
生产制造及有关人员	74464	10041	48796	14617	885	111	14	1.09
不便分类的其他从业人员	2503	763	1374	345	18	3		0.85

6–8　各地区按存活子女数分的15–64岁妇女人数

单位：人

地　区	15–64岁妇女人数	存活0个	存活1个	存活2个	存活3个	存活4个	存活5个及以上
辽宁	**1447638**	**323234**	**832603**	**269185**	**19811**	**2472**	**333**
沈阳市	313053	85951	185070	39231	2494	271	36
大连市	249364	62712	145351	38796	2151	310	44
鞍山市	116401	25687	67096	21730	1688	176	24
抚顺市	56331	10820	36640	8238	558	63	12
本溪市	46478	9052	30001	6894	455	66	10
丹东市	73809	13568	44691	14887	562	94	7
锦州市	97110	21815	56231	18152	808	93	11
营口市	75856	14427	42449	17209	1523	225	23
阜新市	56192	9807	35205	10588	532	57	3
辽阳市	53134	10219	32059	10087	664	99	6
盘锦市	50180	10410	29673	9474	559	59	5
铁岭市	76368	14096	43610	17219	1273	155	15
朝阳市	98617	17915	44287	31935	3917	489	74
葫芦岛市	78984	15084	36976	23962	2591	310	61
辽宁省沈抚新区管委会	5761	1671	3264	783	36	5	2

6-9 全省按受教育程度、存活子女数分的15-64岁妇女人数

单位：人

受教育程度	15-64岁妇女人数	存活0个	存活1个	存活2个	存活3个	存活4个	存活5个及以上
总　计	**1447638**	**323234**	**832603**	**269185**	**19811**	**2472**	**333**
未上过学	6130	1530	2127	2036	352	67	18
学前教育	226	79	78	63	6		
小　学	149093	8250	69922	62893	6927	934	167
初　中	654827	70030	416243	156392	10766	1269	127
高　中	257236	77278	156092	22549	1171	130	16
大学专科	176003	67131	96689	11815	323	42	3
大学本科	183053	87657	83256	11871	244	23	2
硕士研究生	19230	10408	7390	1404	21	7	
博士研究生	1840	871	806	162	1		

6-10 全省按职业、存活子女数分的15-64岁妇女人数

单位：人

职业大类	15-64岁妇女人数	存活0个	存活1个	存活2个	存活3个	存活4个	存活5个及以上	妇女平均存活子女数
总　计	**690293**	**135202**	**400737**	**142766**	**10253**	**1192**	**143**	**1.05**
党的机关、国家机关、群众团体和社会组织、企事业单位负责人	12944	2284	8444	2072	130	11	3	1.01
专业技术人员	116368	35374	70951	9758	249	34	2	0.79
办事人员和有关人员	55667	15151	35353	5027	121	15		0.82
社会生产服务和生活服务人员	250938	60568	151369	36510	2203	263	25	0.93
农、林、牧、渔业生产及辅助人员	177409	10388	84749	74694	6691	779	108	1.45
生产制造及有关人员	74464	10647	48514	14368	843	87	5	1.08
不便分类的其他从业人员	2503	790	1357	337	16	3		0.84

6–11　各地区15–64岁妇女平均活产子女数和平均存活子女数

单位：人、%

地　区	15–64岁妇女人数	活产子女总数			存活子女总数			存活子女数占活产子女数的百分比	妇女平均活产子女数	妇女平均存活子女数
		合计	男	女	合计	男	女			
辽宁	**1447638**	**1464385**	**774434**	**689951**	**1442062**	**760671**	**681391**	**98.48**	**1.01**	**1.00**
沈阳市	313053	276096	146564	129532	272287	144201	128086	98.62	0.88	0.87
大连市	249364	233909	122987	110922	230867	121149	109718	98.70	0.94	0.93
鞍山市	116401	118488	64363	54125	116452	63167	53285	98.28	1.02	1.00
抚顺市	56331	56304	29271	27033	55105	28518	26587	97.87	1.00	0.98
本溪市	46478	46159	24215	21944	45470	23779	21691	98.51	0.99	0.98
丹东市	73809	77817	40536	37281	76562	39778	36784	98.39	1.05	1.04
锦州市	97110	96634	50419	46215	95389	49617	45772	98.71	1.00	0.98
营口市	75856	84150	45061	39089	82459	44049	38410	97.99	1.11	1.09
阜新市	56192	59176	30706	28470	58220	30085	28135	98.38	1.05	1.04
辽阳市	53134	55556	29164	26392	54652	28611	26041	98.37	1.05	1.03
盘锦市	50180	51329	27152	24177	50561	26678	23883	98.50	1.02	1.01
铁岭市	76368	84156	43892	40264	82569	42913	39656	98.11	1.10	1.08
朝阳市	98617	123786	66227	57559	122257	65276	56981	98.76	1.26	1.24
葫芦岛市	78984	95821	51282	44539	94243	50275	43968	98.35	1.21	1.19
辽宁省沈抚新区管委会	5761	5004	2595	2409	4969	2575	2394	99.30	0.87	0.86

6-12 全省按年龄分的15-64岁妇女平均活产子女数和平均存活子女数

单位：人、%

年龄	15-64岁妇女人数	活产子女总数			存活子女总数			存活子女数占活产子女数的百分比	妇女平均活产子女数	妇女平均存活子女数
		合计	男	女	合计	男	女			
总计	**1447638**	**1464385**	**774434**	**689951**	**1442062**	**760671**	**681391**	**98.48**	**1.01**	**1.00**
15-19岁	**80120**	**169**	**91**	**78**	**169**	**91**	**78**	**100.00**		
15	15809	2	2		2	2		100.00		
16	17189	3	2	1	3	2	1	100.00		
17	13870	11	4	7	11	4	7	100.00		
18	15723	46	23	23	46	23	23	100.00		
19	17529	107	60	47	107	60	47	100.00	0.01	0.01
20-24岁	**81817**	**7293**	**3835**	**3458**	**7231**	**3802**	**3429**	**99.15**	**0.09**	**0.09**
20	18304	342	175	167	338	172	166	98.83	0.02	0.02
21	15830	579	287	292	575	284	291	99.31	0.04	0.04
22	15371	1069	602	467	1059	599	460	99.06	0.07	0.07
23	15592	1933	975	958	1924	970	954	99.53	0.12	0.12
24	16720	3370	1796	1574	3335	1777	1558	98.96	0.20	0.20
25-29岁	**99691**	**48600**	**25170**	**23430**	**48122**	**24914**	**23208**	**99.02**	**0.49**	**0.48**
25	17929	5044	2615	2429	4994	2588	2406	99.01	0.28	0.28
26	19310	7053	3666	3387	6984	3627	3357	99.02	0.37	0.36
27	20145	9521	4926	4595	9413	4869	4544	98.87	0.47	0.47
28	20700	11733	6037	5696	11632	5981	5651	99.14	0.57	0.56
29	21607	15249	7926	7323	15099	7849	7250	99.02	0.71	0.70
30-34岁	**163070**	**149835**	**78178**	**71657**	**148223**	**77247**	**70976**	**98.92**	**0.92**	**0.91**
30	29387	22961	12053	10908	22718	11913	10805	98.94	0.78	0.77
31	31112	26822	13966	12856	26548	13802	12746	98.98	0.86	0.85
32	32867	30227	15718	14509	29899	15540	14359	98.91	0.92	0.91
33	37900	37254	19376	17878	36839	19136	17703	98.89	0.98	0.97
34	31804	32571	17065	15506	32219	16856	15363	98.92	1.02	1.01
35-39岁	**144067**	**158858**	**83067**	**75791**	**156972**	**81978**	**74994**	**98.81**	**1.10**	**1.09**
35	25203	26585	13924	12661	26284	13750	12534	98.87	1.05	1.04
36	23936	25749	13407	12342	25426	13229	12197	98.75	1.08	1.06
37	28145	30788	16158	14630	30443	15961	14482	98.88	1.09	1.08
38	36441	40904	21266	19638	40403	20979	19424	98.78	1.12	1.11
39	30342	34832	18312	16520	34416	18059	16357	98.81	1.15	1.13
40-44岁	**148913**	**172606**	**90936**	**81670**	**170304**	**89591**	**80713**	**98.67**	**1.16**	**1.14**
40	29421	34068	18031	16037	33645	17782	15863	98.76	1.16	1.14
41	34678	40341	21186	19155	39798	20880	18918	98.65	1.16	1.15
42	31906	36774	19330	17444	36297	19044	17253	98.70	1.15	1.14
43	25922	30045	15823	14222	29624	15577	14047	98.60	1.16	1.14
44	26986	31378	16566	14812	30940	16308	14632	98.60	1.16	1.15
45-49岁	**169447**	**198947**	**105253**	**93694**	**196218**	**103612**	**92606**	**98.63**	**1.17**	**1.16**
45	27894	32488	17135	15353	32047	16867	15180	98.64	1.16	1.15
46	31555	36999	19637	17362	36506	19341	17165	98.67	1.17	1.16
47	35716	41760	21914	19846	41184	21561	19623	98.62	1.17	1.15
48	35897	42357	22452	19905	41776	22107	19669	98.63	1.18	1.16
49	38385	45343	24115	21228	44705	23736	20969	98.59	1.18	1.16
50-54岁	**189317**	**234513**	**125146**	**109367**	**230808**	**122823**	**107985**	**98.42**	**1.24**	**1.22**
50	40355	48460	25697	22763	47784	25289	22495	98.61	1.20	1.18
51	37664	45697	24481	21216	45017	24072	20945	98.51	1.21	1.20
52	40631	50124	26875	23249	49280	26340	22940	98.32	1.23	1.21
53	32257	41176	21850	19326	40495	21415	19080	98.35	1.28	1.26
54	38410	49056	26243	22813	48232	25707	22525	98.32	1.28	1.26
55-59岁	**196537**	**252572**	**134632**	**117940**	**247947**	**131690**	**116257**	**98.17**	**1.29**	**1.26**
55	42863	54638	29075	25563	53643	28447	25196	98.18	1.27	1.25
56	44174	55855	29862	25993	54828	29211	25617	98.16	1.26	1.24
57	55269	70454	37466	32988	69190	36652	32538	98.21	1.27	1.25
58	33217	43720	23456	20264	42897	22931	19966	98.12	1.32	1.29
59	21014	27905	14773	13132	27389	14449	12940	98.15	1.33	1.30
60-64岁	**174659**	**240992**	**128126**	**112866**	**236068**	**124923**	**111145**	**97.96**	**1.38**	**1.35**
60	35773	47949	25512	22437	47045	24927	22118	98.11	1.34	1.32
61	29536	40191	21371	18820	39345	20815	18530	97.90	1.36	1.33
62	36256	49587	26520	23067	48581	25873	22708	97.97	1.37	1.34
63	37687	52629	27873	24756	51551	27171	24380	97.95	1.40	1.37
64	35407	50636	26850	23786	49546	26137	23409	97.85	1.43	1.40

6-13　全省按受教育程度分的15-64岁妇女平均活产子女数和平均存活子女数

单位：人、%

受教育程度	15-64岁妇女人数	活产子女总数		
		合计	男	女
总　计	**1447638**	**1464385**	**774434**	**689951**
未上过学	6130	7831	4196	3635
学前教育	226	231	127	104
小　学	149093	225364	120535	104829
初　中	654827	778747	412854	365893
高　中	257236	208413	109274	99139
大学专科	176003	123125	64297	58828
大学本科	183053	109117	57126	51991
硕士研究生	19230	10404	5414	4990
博士研究生	1840	1153	611	542

6-13　续表

单位：人、%

受教育程度	存活子女总数			存活子女数占活产子女数的百分比	妇女平均活产子女数	妇女平均存活子女数
	合计	男	女			
总　计	**1442062**	**760671**	**681391**	**98.48**	**1.01**	**1.00**
未上过学	7616	4051	3565	97.25	1.28	1.24
学前教育	222	122	100	96.10	1.02	0.98
小　学	221109	117796	103313	98.11	1.51	1.48
初　中	767070	405600	361470	98.50	1.19	1.17
高　中	205315	107415	97900	98.51	0.81	0.80
大学专科	121475	63312	58163	98.66	0.70	0.69
大学本科	107833	56415	51418	98.82	0.60	0.59
硕士研究生	10289	5359	4930	98.89	0.54	0.54
博士研究生	1133	601	532	98.27	0.63	0.62

第二部分　长表数据资料

第七卷　迁移和户口登记地

7-1　全省按现住地、户口登记地类型分的户口登记地在外乡镇街道人口

单位：人

现住地	合计					省内				
	合计	乡	镇的村委会	镇的居委会	街道	小计	乡	镇的村委会	镇的居委会	街道
辽宁	**1384216**	**170712**	**475233**	**110676**	**627595**	**1133854**	**123268**	**358074**	**89147**	**563365**
沈阳市	379168	43012	111605	27525	197026	308784	31021	78674	21544	177545
大连市	308034	45059	107650	23538	131787	198170	20492	57028	14443	106207
鞍山市	93322	5762	31498	7784	48278	82879	4402	25652	7010	45815
抚顺市	34752	3952	7180	2663	20957	31773	3446	6140	2364	19823
本溪市	38486	1508	9776	2454	24748	35513	1244	8568	2282	23419
丹东市	57235	4053	25140	6885	21157	52222	3375	22613	6326	19908
锦州市	71737	10576	24850	5547	30764	65129	9469	22475	5008	28177
营口市	76281	5399	30581	8716	31585	62744	3471	23660	7056	28557
阜新市	33764	2736	13855	1993	15180	31110	2471	12468	1765	14406
辽阳市	51124	3227	23283	3799	20815	46239	2486	20380	3473	19900
盘锦市	52587	5740	19171	5588	22088	45341	4295	15963	4880	20203
铁岭市	53303	6318	25340	5454	16191	49956	5929	23699	5063	15265
朝阳市	65761	15416	25911	2397	22037	61660	14588	23747	2180	21145
葫芦岛市	61264	16855	16925	5886	21598	56295	15730	15235	5385	19945
辽宁省沈抚新区管委会	7398	1099	2468	447	3384	6039	849	1772	368	3050

7-1　续表 1

单位：人

现住地	省外									
	小计					北京				
	小计	乡	镇的村委会	镇的居委会	街道	小计	乡	镇的村委会	镇的居委会	街道
辽宁	**250362**	**47444**	**117159**	**21529**	**64230**	**1595**	**38**	**89**	**129**	**1339**
沈阳市	70384	11991	32931	5981	19481	448	3	17	31	397
大连市	109864	24567	50622	9095	25580	382	6	21	33	322
鞍山市	10443	1360	5846	774	2463	89		5	12	72
抚顺市	2979	506	1040	299	1134	40	1	2		37
本溪市	2973	264	1208	172	1329	36		2	1	33
丹东市	5013	678	2527	559	1249	70	2	4	4	60
锦州市	6608	1107	2375	539	2587	108	3	5	11	89
营口市	13537	1928	6921	1660	3028	71	4	4	8	55
阜新市	2654	265	1387	228	774	54		3	10	41
辽阳市	4885	741	2903	326	915	49		3	1	45
盘锦市	7246	1445	3208	708	1885	91	8	3		80
铁岭市	3347	389	1641	391	926	27	1	3	3	20
朝阳市	4101	828	2164	217	892	33		5	1	27
葫芦岛市	4969	1125	1690	501	1653	92	10	12	12	58
辽宁省沈抚新区管委会	1359	250	696	79	334	5			2	3

7-1 续表 2

单位：人

现住地	省外									
	天津					河北				
	小计	乡	镇的村委会	镇的居委会	街道	小计	乡	镇的村委会	镇的居委会	街道
辽宁	**1515**	**75**	**212**	**134**	**1094**	**11388**	**2080**	**5096**	**939**	**3273**
沈阳市	442	18	67	24	333	3714	662	1684	305	1063
大连市	421	30	50	44	297	3131	655	1327	267	882
鞍山市	59	3	10	9	37	434	44	219	31	140
抚顺市	43	3	5	7	28	223	35	105	14	69
本溪市	19	2	2	1	14	230	18	90	14	108
丹东市	25	3	4	3	15	189	20	89	18	62
锦州市	85		4	1	80	643	85	251	45	262
营口市	63		10	10	43	405	54	183	63	105
阜新市	31	2	10	1	18	254	32	138	17	67
辽阳市	25		8	4	13	172	23	106	11	32
盘锦市	119	8	4	8	99	550	127	253	41	129
铁岭市	28	1	4	3	20	188	38	79	24	47
朝阳市	55	1	11	5	38	611	149	310	22	130
葫芦岛市	64	4	10	12	38	574	128	229	61	156
辽宁省沈抚新区管委会	36		13	2	21	70	10	33	6	21

7-1 续表 3

单位：人

现住地	省外									
	山西					内蒙古				
	小计	乡	镇的村委会	镇的居委会	街道	小计	乡	镇的村委会	镇的居委会	街道
辽宁	**3095**	**451**	**1065**	**314**	**1265**	**26053**	**4547**	**13426**	**2471**	**5609**
沈阳市	1142	177	409	97	459	7758	1342	4081	683	1652
大连市	1150	168	325	149	508	9091	1817	4394	859	2021
鞍山市	103	9	57	9	28	1524	198	904	122	300
抚顺市	40	4	8	6	22	192	30	71	35	56
本溪市	76	8	21	4	43	260	8	125	12	115
丹东市	33	1	15	7	10	455	61	244	53	97
锦州市	171	17	62	11	81	582	84	241	72	185
营口市	67	11	27	4	25	1621	266	809	241	305
阜新市	47	3	27	9	8	642	68	397	39	138
辽阳市	39		20	1	18	704	111	444	47	102
盘锦市	50	6	21	7	16	836	165	413	98	160
铁岭市	22	2	8	3	9	438	62	220	65	91
朝阳市	40	9	24		7	1400	243	872	92	193
葫芦岛市	97	30	32	5	30	405	74	133	46	152
辽宁省沈抚新区管委会	18	6	9	2	1	145	18	78	7	42

7-1　续表 4　　　　单位：人

现住地	省外									
	吉林					黑龙江				
	小计	乡	镇的村委会	镇的居委会	街道	小计	乡	镇的村委会	镇的居委会	街道
辽宁	**43262**	**8012**	**20601**	**3740**	**10909**	**88827**	**18808**	**42064**	**7849**	**20106**
沈阳市	12327	2018	5607	1093	3609	19389	3634	9384	1664	4707
大连市	19684	4407	9327	1568	4382	45554	11147	20829	3780	9798
鞍山市	1924	236	1106	146	436	3899	529	2299	288	783
抚顺市	659	106	274	74	205	527	121	165	53	188
本溪市	483	28	196	28	231	559	49	247	36	227
丹东市	986	134	508	99	245	2095	292	1147	229	427
锦州市	735	133	289	63	250	1450	290	552	129	479
营口市	2086	267	1150	275	394	7074	1042	3616	885	1531
阜新市	265	26	116	36	87	358	42	166	36	114
辽阳市	891	157	510	61	163	1735	288	1063	119	265
盘锦市	828	126	388	90	224	2727	628	1231	269	599
铁岭市	1101	106	603	122	270	847	122	383	100	242
朝阳市	322	61	148	12	101	661	180	274	48	159
葫芦岛市	721	151	261	63	246	1636	377	533	191	535
辽宁省沈抚新区管委会	250	56	118	10	66	316	67	175	22	52

7-1　续表 5　　　　单位：人

现住地	省外									
	上海					江苏				
	小计	乡	镇的村委会	镇的居委会	街道	小计	乡	镇的村委会	镇的居委会	街道
辽宁	**434**	**12**	**19**	**40**	**363**	**4311**	**569**	**2015**	**379**	**1348**
沈阳市	135	6	4	13	112	1781	219	849	143	570
大连市	164	5	5	10	144	1433	204	659	134	436
鞍山市	19		1	2	16	213	19	115	11	68
抚顺市	14				14	68	13	29	2	24
本溪市	6			1	5	47	3	20	1	23
丹东市	11		1	3	7	69	5	35	13	16
锦州市	19			2	17	112	13	32	18	49
营口市	6			1	5	81	7	37	12	25
阜新市	17		4	3	10	59	1	35	2	21
辽阳市	6			1	5	71	13	33	4	21
盘锦市	13				13	164	39	68	14	43
铁岭市	8		1	2	5	41	8	19	7	7
朝阳市	5	1	1		3	31	5	13	3	10
葫芦岛市	10		2	2	6	96	15	44	10	27
辽宁省沈抚新区管委会	1				1	45	5	27	5	8

7-1 续表 6　　　　单位：人

现住地	省外									
	浙江					安徽				
	小计	乡	镇的村委会	镇的居委会	街道	小计	乡	镇的村委会	镇的居委会	街道
辽宁	**2743**	**303**	**1115**	**248**	**1077**	**9344**	**1886**	**5224**	**654**	**1580**
沈阳市	1174	134	471	100	469	4022	836	2243	275	668
大连市	675	81	248	67	279	3016	639	1675	213	489
鞍山市	166	19	87	20	40	471	111	274	29	57
抚顺市	51	9	18	5	19	122	16	51	19	36
本溪市	56	1	20	5	30	131	16	64	6	45
丹东市	65	5	33	3	24	88	14	47	14	13
锦州市	112	10	40	10	52	266	62	103	14	87
营口市	76	9	30	7	30	284	35	186	20	43
阜新市	43	6	24	3	10	87	14	47	9	17
辽阳市	70	7	36	8	19	244	36	190	8	10
盘锦市	63	4	24	5	30	299	46	167	33	53
铁岭市	33	3	11	6	13	69	11	43	5	10
朝阳市	63	5	35	6	17	90	13	55	4	18
葫芦岛市	68	5	26	1	36	116	26	64	4	22
辽宁省沈抚新区管委会	28	5	12	2	9	39	11	15	1	12

7-1 续表 7　　　　单位：人

现住地	省外									
	福建					江西				
	小计	乡	镇的村委会	镇的居委会	街道	小计	乡	镇的村委会	镇的居委会	街道
辽宁	**2552**	**369**	**1199**	**233**	**751**	**1546**	**283**	**657**	**173**	**433**
沈阳市	1121	138	555	126	302	608	98	254	71	185
大连市	767	135	335	58	239	547	113	241	54	139
鞍山市	58	4	24	4	26	38	9	7	7	15
抚顺市	20	1	10	2	7	31	7	8	5	11
本溪市	36		23	3	10	28	3	14	3	8
丹东市	35	12	9	7	7	28	5	15	1	7
锦州市	103	23	31		49	56	11	22	4	19
营口市	117	2	86	7	22	51	1	37	6	7
阜新市	39	6	22	6	5	19	5	5	3	6
辽阳市	53	7	25	3	18	22	2	14	2	4
盘锦市	70	15	21	4	30	24		4	9	11
铁岭市	10	1	1	3	5	12		10	1	1
朝阳市	63	15	31	2	15	26	13	6		7
葫芦岛市	51	8	20	8	15	49	14	17	7	11
辽宁省沈抚新区管委会	9	2	6		1	7	2	3		2

7-1　续表 8　　单位：人

现住地	省外									
	山东					河南				
	小计	乡	镇的村委会	镇的居委会	街道	小计	乡	镇的村委会	镇的居委会	街道
辽宁	**14950**	**2418**	**7805**	**1074**	**3653**	**14753**	**3712**	**7458**	**883**	**2700**
沈阳市	4757	734	2492	386	1145	3790	749	1858	281	902
大连市	6908	1233	3709	475	1491	7830	2313	4069	422	1026
鞍山市	379	38	207	20	114	352	57	193	27	75
抚顺市	327	67	141	16	103	197	38	75	19	65
本溪市	242	18	112	14	98	272	47	138	7	80
丹东市	193	16	97	35	45	245	59	123	11	52
锦州市	400	54	156	23	167	489	95	203	28	163
营口市	468	76	231	25	136	344	58	198	13	75
阜新市	159	3	90	3	63	156	18	90	12	36
辽阳市	180	8	116	8	48	225	41	146	7	31
盘锦市	307	61	142	23	81	299	86	128	30	55
铁岭市	133	11	67	16	39	115	8	62	8	37
朝阳市	167	18	106	5	38	127	36	70	1	20
葫芦岛市	243	68	82	25	68	240	95	64	14	67
辽宁省沈抚新区管委会	87	13	57		17	72	12	41	3	16

7-1　续表 9　　单位：人

现住地	省外									
	湖北					湖南				
	小计	乡	镇的村委会	镇的居委会	街道	小计	乡	镇的村委会	镇的居委会	街道
辽宁	**2701**	**428**	**1203**	**237**	**833**	**1651**	**267**	**641**	**183**	**560**
沈阳市	934	159	431	77	267	616	89	231	82	214
大连市	1068	182	452	106	328	588	113	231	62	182
鞍山市	93	13	45	1	34	49	4	20	3	22
抚顺市	31	3	5		23	32	4	12		16
本溪市	18	1	9	4	4	20	1	4	3	12
丹东市	53	11	25	3	14	32	5	14	6	7
锦州市	93	13	40	10	30	55	7	15	9	24
营口市	50	5	18	3	24	43	8	16	3	16
阜新市	36	4	21	7	4	28	1	17	4	6
辽阳市	53	8	30	4	11	37	4	18	1	14
盘锦市	125	11	52	13	49	52	6	25	2	19
铁岭市	29	1	17	3	8	15		7	4	4
朝阳市	67	8	44	1	14	42	14	20	2	6
葫芦岛市	38	6	10	4	18	35	10	10	2	13
辽宁省沈抚新区管委会	13	3	4	1	5	7	1	1		5

7-1 续表 10

单位：人

现住地	省外									
	广东					广西				
	小计	乡	镇的村委会	镇的居委会	街道	小计	乡	镇的村委会	镇的居委会	街道
辽宁	**1589**	**75**	**290**	**183**	**1041**	**1145**	**160**	**350**	**148**	**487**
沈阳市	601	30	129	64	378	315	38	101	31	145
大连市	468	28	60	59	321	430	45	104	90	191
鞍山市	68	4	14	2	48	21	2	9	1	9
抚顺市	36	2	4	6	24	27	6	4	1	16
本溪市	26	3	5	4	14	67	10	25	3	29
丹东市	48	1	9	7	31	27	2	12	4	9
锦州市	84		16	8	60	118	39	32	3	44
营口市	64	2	15	12	35	26	2	13	3	8
阜新市	25	1	6	1	17	31	3	15	5	8
辽阳市	30	1	6	5	18	17	3	7	1	6
盘锦市	36		7	3	26	15	3	3	5	4
铁岭市	30	1	8	1	20	11		4		7
朝阳市	30	2	3	5	20	11		8		3
葫芦岛市	37		7	6	24	18	7	5		6
辽宁省沈抚新区管委会	6		1		5	11		8	1	2

7-1 续表 11

单位：人

现住地	省外									
	海南					重庆				
	小计	乡	镇的村委会	镇的居委会	街道	小计	乡	镇的村委会	镇的居委会	街道
辽宁	**375**	**23**	**53**	**48**	**251**	**1689**	**365**	**713**	**142**	**469**
沈阳市	105	8	15	7	75	547	108	222	39	178
大连市	152	12	23	25	92	747	204	342	61	140
鞍山市	12			1	11	66	9	29	5	23
抚顺市	16		2	2	12	26	5	2	6	13
本溪市	7		3		4	30	7	5	4	14
丹东市	5			1	4	22	1	5	4	12
锦州市	17	1	1		15	49	12	21	7	9
营口市	4		2	1	1	24	1	11	3	9
阜新市	7		1		6	22	1	11	5	5
辽阳市	4		2		2	25	3	13	1	8
盘锦市	12		2	1	9	35	1	14	1	19
铁岭市	10		1	2	7	27	1	15	4	7
朝阳市	13	2			11	17	1	5	1	10
葫芦岛市	11		1	8	2	40	9	12	1	18
辽宁省沈抚新区管委会						12	2	6		4

7−1　续表 12

单位：人

现住地	省外									
	四川					贵州				
	小计	乡	镇的村委会	镇的居委会	街道	小计	乡	镇的村委会	镇的居委会	街道
辽宁	**6031**	**1245**	**2869**	**456**	**1461**	**1933**	**296**	**712**	**207**	**718**
沈阳市	1952	370	903	154	525	594	83	219	63	229
大连市	2582	644	1250	179	509	658	83	204	101	270
鞍山市	232	27	151	12	42	30	2	15	1	12
抚顺市	47	2	12	7	26	39	3	9	6	21
本溪市	75	8	21	2	44	87	14	26	2	45
丹东市	65	12	22	12	19	39	1	20	9	9
锦州市	186	21	46	20	99	225	57	84	11	73
营口市	289	49	157	23	60	48	12	23	4	9
阜新市	71	7	41	3	20	62	8	37	1	16
辽阳市	55	8	24	5	18	22		16	2	4
盘锦市	251	56	118	31	46	31	4	12	3	12
铁岭市	49	3	26	3	17	26	3	17		6
朝阳市	54	9	30	2	13	17	6	8		3
葫芦岛市	81	26	37	2	16	42	17	16	1	8
辽宁省沈抚新区管委会	42	3	31	1	7	13	3	6	3	1

7−1　续表 13

单位：人

现住地	省外									
	云南					西藏				
	小计	乡	镇的村委会	镇的居委会	街道	小计	乡	镇的村委会	镇的居委会	街道
辽宁	**965**	**130**	**366**	**110**	**359**	**164**	**22**	**22**	**15**	**105**
沈阳市	242	23	105	26	88	66	5	6	5	50
大连市	373	48	110	68	147	27	1	8	1	17
鞍山市	18		9	2	7	5			1	4
抚顺市	15	4	5		6	11				11
本溪市	22	5	3	2	12	1				1
丹东市	20	3	7	2	8	3		1		2
锦州市	59	8	21	2	28	12	3	1	2	6
营口市	31	6	16		9	1	1			
阜新市	21	3	10	1	7	5	2	1		2
辽阳市	16	1	6	5	4	21	8	5	4	4
盘锦市	38	7	19	2	10					
铁岭市	20	1	9		10	3				3
朝阳市	15	7	8			4			1	3
葫芦岛市	42	11	15		16	5	2		1	2
辽宁省沈抚新区管委会	33	3	23		7					

7-1 续表 14　　单位：人

现住地	省外									
	陕西					甘肃				
	小计	乡	镇的村委会	镇的居委会	街道	小计	乡	镇的村委会	镇的居委会	街道
辽宁	**1740**	**259**	**717**	**127**	**637**	**1873**	**302**	**663**	**152**	**756**
沈阳市	528	93	209	38	188	545	79	177	46	243
大连市	600	77	235	49	239	670	103	234	55	278
鞍山市	62	15	23	3	21	30	7	15	2	6
抚顺市	25	6	6	2	11	43	13	8	2	20
本溪市	33	1	8	7	17	61	10	17	2	32
丹东市	36	4	19	2	11	46	7	14	3	22
锦州市	75	12	19	5	39	151	30	56	8	57
营口市	38	2	16	3	17	44	4	16	10	14
阜新市	34	2	20	4	8	45	5	25	2	13
辽阳市	61	8	42	2	9	41	4	16	4	17
盘锦市	76	13	29	2	32	85	21	44	6	14
铁岭市	12		6		6	24		9	5	10
朝阳市	74	13	50	1	10	29	4	17	1	7
葫芦岛市	51	9	19	3	20	50	13	12	3	22
辽宁省沈抚新区管委会	35	4	16	6	9	9	2	3	3	1

7-1 续表 15　　单位：人

现住地	省外									
	青海					宁夏				
	小计	乡	镇的村委会	镇的居委会	街道	小计	乡	镇的村委会	镇的居委会	街道
辽宁	**498**	**99**	**125**	**70**	**204**	**309**	**33**	**72**	**36**	**168**
沈阳市	189	61	43	15	70	114	10	32	12	60
大连市	141	14	26	24	77	118	10	23	15	70
鞍山市	13	1	2	1	9	5		2		3
抚顺市	11		1	4	6	8	1	1	2	4
本溪市	3		1		2	10	1	2	1	6
丹东市	18	1	5	1	11	2		1		1
锦州市	32	8	9	9	6	20	4	6	2	8
营口市	20	1	9	6	4	5				5
阜新市	4		1		3	3		1	1	1
辽阳市	12		3	6	3					
盘锦市	3	1	1		1	3		1		2
铁岭市	10	1	5	1	3					
朝阳市	20	8	7	1	4	6	2	1		3
葫芦岛市	20	3	12	2	3	15	5	2	3	5
辽宁省沈抚新区管委会	2				2					

7-1 续表 16

单位：人

现住地	省外				
	新疆				
	小计	乡	镇的村委会	镇的居委会	街道
辽宁	**1331**	**177**	**318**	**155**	**681**
沈阳市	428	67	133	30	198
大连市	489	50	106	67	266
鞍山市	11		4	2	5
抚顺市	58	6	7	4	41
本溪市	32	2	5	2	23
丹东市	10	1	2	5	2
锦州市	101	12	17	12	60
营口市	36	3	5	12	16
阜新市	30	2	6	5	17
辽阳市	5		1	1	3
盘锦市	44	3	14	8	19
铁岭市	9	4	3		2
朝阳市	8	3	2	1	2
葫芦岛市	22	2	3	4	13
辽宁省沈抚新区管委会	48	22	10	2	14

7-1a 全省按现住地、户口登记地类型分的户口登记地在外乡镇街道人口(城市)

单位：人

现住地	合计					省内				
	合计	乡	镇的村委会	镇的居委会	街道	小计	乡	镇的村委会	镇的居委会	街道
辽宁	**1124317**	**122966**	**341976**	**87778**	**571597**	**914116**	**83560**	**247837**	**69005**	**513714**
沈阳市	343266	35038	95762	25317	187149	280175	24668	66704	19738	169065
大连市	282897	39967	95468	22195	125267	183386	18109	50435	13554	101288
鞍山市	67504	2529	14612	5763	44600	61554	1855	12030	5183	42486
抚顺市	26613	1849	3562	1473	19729	24481	1575	2885	1306	18715
本溪市	25923	632	3536	894	20861	23725	439	2746	799	19741
丹东市	41445	2169	15254	5242	18780	38338	1756	13934	4853	17795
锦州市	53699	7952	15487	3547	26713	48177	7007	13684	3128	24358
营口市	63066	4083	23634	6928	28421	52034	2487	18157	5623	25767
阜新市	22189	963	6594	1403	13229	20554	797	5898	1244	12615
辽阳市	37806	1851	14960	2370	18625	34815	1465	13333	2155	17862
盘锦市	44266	4585	14958	5019	19704	38696	3519	12584	4429	18164
铁岭市	24499	2702	10956	2038	8803	23324	2579	10474	1894	8377
朝阳市	44163	10216	14861	1424	17662	42231	9764	14113	1340	17014
葫芦岛市	40830	7516	10528	3802	18984	37512	6821	9526	3467	17698
辽宁省沈抚新区管委会	6151	914	1804	363	3070	5114	719	1334	292	2769

7–1a 续表 1　　　　单位：人

现住地	省外									
	小计					北京				
	小计	乡	镇的村委会	镇的居委会	街道	小计	乡	镇的村委会	镇的居委会	街道
辽宁	**210201**	**39406**	**94139**	**18773**	**57883**	**1398**	**27**	**55**	**101**	**1215**
沈阳市	63091	10370	29058	5579	18084	416	2	13	29	372
大连市	99511	21858	45033	8641	23979	369	6	17	31	315
鞍山市	5950	674	2582	580	2114	84		4	11	69
抚顺市	2132	274	677	167	1014	34		1		33
本溪市	2198	193	790	95	1120	31		1	1	29
丹东市	3107	413	1320	389	985	61	2	3	3	53
锦州市	5522	945	1803	419	2355	92	2	3	5	82
营口市	11032	1596	5477	1305	2654	63	4	2	8	49
阜新市	1635	166	696	159	614	41		1	4	36
辽阳市	2991	386	1627	215	763	47		3	1	43
盘锦市	5570	1066	2374	590	1540	79	8	1		70
铁岭市	1175	123	482	144	426	7			1	6
朝阳市	1932	452	748	84	648	23		2		21
葫芦岛市	3318	695	1002	335	1286	46	3	4	5	34
辽宁省沈抚新区管委会	1037	195	470	71	301	5			2	3

7–1a 续表 2　　　　单位：人

现住地	省外									
	天津					河北				
	小计	乡	镇的村委会	镇的居委会	街道	小计	乡	镇的村委会	镇的居委会	街道
辽宁	**1332**	**63**	**173**	**116**	**980**	**9082**	**1579**	**3848**	**764**	**2891**
沈阳市	403	18	63	24	298	3362	584	1502	287	989
大连市	398	27	46	42	283	2763	561	1137	248	817
鞍山市	51	1	7	9	34	312	17	139	28	128
抚顺市	29	1	2	4	22	159	20	73	7	59
本溪市	13	1	1	1	10	164	10	55	9	90
丹东市	18		1	3	14	98	9	31	11	47
锦州市	76		3	1	72	539	69	199	36	235
营口市	50		7	5	38	317	38	133	50	96
阜新市	27	2	8	1	16	162	21	67	14	60
辽阳市	21		5	4	12	109	10	65	4	30
盘锦市	103	8	2	7	86	403	79	189	28	107
铁岭市	16	1	2	1	12	83	16	37	10	20
朝阳市	44	1	8	4	31	311	80	112	10	109
葫芦岛市	48	3	6	8	31	241	55	86	16	84
辽宁省沈抚新区管委会	35		12	2	21	59	10	23	6	20

7-1a　续表 3

单位：人

现住地	省外									
	山西					内蒙古				
	小计	乡	镇的村委会	镇的居委会	街道	小计	乡	镇的村委会	镇的居委会	街道
辽宁	**2740**	**386**	**917**	**287**	**1150**	**19820**	**3458**	**9485**	**1991**	**4886**
沈阳市	1066	161	378	93	434	6738	1133	3472	623	1510
大连市	1048	150	298	143	457	7971	1569	3709	806	1887
鞍山市	78	6	36	8	28	711	91	282	85	253
抚顺市	36	4	8	2	22	124	13	42	19	50
本溪市	67	5	18	4	40	179	7	80	7	85
丹东市	18	1	5	6	6	247	29	119	31	68
锦州市	147	13	52	10	72	400	60	142	46	152
营口市	61	10	25	1	25	1228	185	619	169	255
阜新市	40	3	22	8	7	260	26	115	26	93
辽阳市	30		15		15	393	48	229	30	86
盘锦市	34	3	16	5	10	561	102	251	78	130
铁岭市	7	1	3		3	126	13	50	23	40
朝阳市	17	2	11		4	523	128	254	19	122
葫芦岛市	76	23	22	5	26	249	40	73	22	114
辽宁省沈抚新区管委会	15	4	8	2	1	110	14	48	7	41

7-1a　续表 4

单位：人

现住地	省外									
	吉林					黑龙江				
	小计	乡	镇的村委会	镇的居委会	街道	小计	乡	镇的村委会	镇的居委会	街道
辽宁	**35783**	**6500**	**16230**	**3203**	**9850**	**74518**	**15553**	**33778**	**6959**	**18228**
沈阳市	11080	1719	4923	1020	3418	17055	3050	8160	1524	4321
大连市	17539	3824	8099	1486	4130	41014	9766	18402	3607	9239
鞍山市	1102	123	512	110	357	1968	224	888	215	641
抚顺市	367	47	126	30	164	369	70	108	26	165
本溪市	255	15	74	11	155	370	23	121	18	208
丹东市	638	82	283	60	213	1320	190	611	172	347
锦州市	588	104	215	49	220	1117	224	374	91	428
营口市	1656	216	876	217	347	5858	907	2896	721	1334
阜新市	174	20	65	20	69	217	24	77	26	90
辽阳市	533	71	285	33	144	932	157	490	80	205
盘锦市	697	99	308	85	205	2240	494	962	249	535
铁岭市	304	23	141	32	108	330	43	141	39	107
朝阳市	178	28	67	5	78	335	102	99	23	111
葫芦岛市	482	93	168	37	184	1167	233	330	151	453
辽宁省沈抚新区管委会	190	36	88	8	58	226	46	119	17	44

7-1a 续表 5

单位：人

现住地	省外									
	上海					江苏				
	小计	乡	镇的村委会	镇的居委会	街道	小计	乡	镇的村委会	镇的居委会	街道
辽宁	**401**	**11**	**12**	**34**	**344**	**3804**	**501**	**1731**	**336**	**1236**
沈阳市	122	5	3	11	103	1615	195	752	133	535
大连市	162	5	4	10	143	1332	191	621	119	401
鞍山市	17			2	15	184	14	97	8	65
抚顺市	14				14	56	4	26	2	24
本溪市	6			1	5	44	2	20	1	21
丹东市	9			3	6	50	2	29	8	11
锦州市	19			2	17	98	9	26	17	46
营口市	5				5	66	7	24	11	24
阜新市	17		4	3	10	23	1	10	2	10
辽阳市	4			1	3	43	9	13	2	19
盘锦市	12				12	143	39	54	13	37
铁岭市	2				2	17	6	5	3	3
朝阳市	3	1			2	21	5	7	3	6
葫芦岛市	8		1	1	6	82	12	35	9	26
辽宁省沈抚新区管委会	1				1	30	5	12	5	8

7-1a 续表 6

单位：人

现住地	省外									
	浙江					安徽				
	小计	乡	镇的村委会	镇的居委会	街道	小计	乡	镇的村委会	镇的居委会	街道
辽宁	**2331**	**261**	**875**	**217**	**978**	**8344**	**1722**	**4570**	**598**	**1454**
沈阳市	1120	133	444	98	445	3774	800	2084	268	622
大连市	617	78	203	66	270	2845	605	1581	205	454
鞍山市	84	9	35	4	36	322	78	158	29	57
抚顺市	31	3	6	5	17	107	13	44	14	36
本溪市	45		14	3	28	116	16	55	4	41
丹东市	36	3	11	2	20	44	6	24	6	8
锦州市	91	8	27	10	46	249	57	99	12	81
营口市	71	8	28	7	28	197	26	116	16	39
阜新市	18		10		8	68	10	36	8	14
辽阳市	36	5	21	5	5	195	27	153	6	9
盘锦市	41	3	20	5	13	219	39	118	20	42
铁岭市	23	2	5	5	11	33	7	11	5	10
朝阳市	43	5	17	5	16	49	7	29	3	10
葫芦岛市	49		22		27	98	21	54	1	22
辽宁省沈抚新区管委会	26	4	12	2	8	28	10	8	1	9

7−1a　续表 7　　　　单位：人

现住地	省外									
	福建					江西				
	小计	乡	镇的村委会	镇的居委会	街道	小计	乡	镇的村委会	镇的居委会	街道
辽宁	**2165**	**301**	**987**	**209**	**668**	**1348**	**241**	**564**	**157**	**386**
沈阳市	961	110	467	116	268	561	92	231	69	169
大连市	703	132	296	56	219	505	94	229	51	131
鞍山市	41		12	3	26	29	6	5	5	13
抚顺市	13		4	2	7	25	7	6	1	11
本溪市	27		15	2	10	20	2	11	3	4
丹东市	24	5	6	6	7	15	5	6	1	3
锦州市	89	23	21		45	48	10	16	4	18
营口市	114	2	83	7	22	38	1	27	4	6
阜新市	15	2	8	1	4	15	2	4	3	6
辽阳市	43	1	24	2	16	16	2	9	1	4
盘锦市	41	7	18	1	15	16		3	8	5
铁岭市	5			3	2	3		2		1
朝阳市	37	12	11	2	12	11	6	2		3
葫芦岛市	43	5	16	8	14	40	12	10	7	11
辽宁省沈抚新区管委会	9	2	6		1	6	2	3		1

7−1a　续表 8　　　　单位：人

现住地	省外									
	山东					河南				
	小计	乡	镇的村委会	镇的居委会	街道	小计	乡	镇的村委会	镇的居委会	街道
辽宁	**13242**	**2108**	**6814**	**984**	**3336**	**13160**	**3354**	**6576**	**793**	**2437**
沈阳市	4387	670	2280	373	1064	3396	632	1671	267	826
大连市	6473	1156	3446	455	1416	7362	2198	3797	402	965
鞍山市	272	24	135	13	100	251	36	124	20	71
抚顺市	245	25	112	12	96	177	33	66	17	61
本溪市	182	15	75	7	85	250	41	132	2	75
丹东市	124	6	50	28	40	165	49	75	7	34
锦州市	341	49	118	17	157	426	93	158	23	152
营口市	390	50	204	23	113	291	57	170	7	57
阜新市	91	3	42	1	45	131	18	72	11	30
辽阳市	140	6	86	7	41	158	24	103	6	25
盘锦市	229	44	108	18	59	205	57	87	18	43
铁岭市	57	3	30	7	17	52	2	26	2	22
朝阳市	92	12	48	1	31	61	26	22		13
葫芦岛市	160	37	45	22	56	181	76	48	9	48
辽宁省沈抚新区管委会	59	8	35		16	54	12	25	2	15

7-1a 续表 9

单位：人

现住地	省外									
	湖北					湖南				
	小计	乡	镇的村委会	镇的居委会	街道	小计	乡	镇的村委会	镇的居委会	街道
辽宁	**2293**	**364**	**970**	**208**	**751**	**1420**	**215**	**529**	**171**	**505**
沈阳市	833	132	385	71	245	569	79	212	79	199
大连市	977	172	403	98	304	562	107	219	59	177
鞍山市	56	8	13	1	34	28		5	3	20
抚顺市	27	2	5		20	18	2	3		13
本溪市	16	1	9	4	2	15		4	1	10
丹东市	35	11	15	1	8	23	1	10	6	6
锦州市	84	13	33	8	30	44	7	10	8	19
营口市	41	5	11	2	23	36	5	13	3	15
阜新市	23	4	12	4	3	22	1	13	3	5
辽阳市	24		14	3	7	19		7	1	11
盘锦市	107	7	46	13	41	33	4	20	1	8
铁岭市	11		6	1	4	7		2	4	1
朝阳市	23	4	7		12	10		4	2	4
葫芦岛市	24	2	8	1	13	29	9	6	1	13
辽宁省沈抚新区管委会	12	3	3	1	5	5		1		4

7-1a 续表 10

单位：人

现住地	省外									
	广东					广西				
	小计	乡	镇的村委会	镇的居委会	街道	小计	乡	镇的村委会	镇的居委会	街道
辽宁	**1356**	**52**	**233**	**164**	**907**	**1014**	**142**	**294**	**135**	**443**
沈阳市	564	21	121	62	360	296	33	96	31	136
大连市	404	24	55	57	268	389	43	94	84	168
鞍山市	51	3	4	1	43	16	1	6	1	8
抚顺市	32	2	3	5	22	23	4	2	1	16
本溪市	13		4		9	63	10	25	1	27
丹东市	33		3	5	25	8		1	3	4
锦州市	72		9	6	57	116	39	30	3	44
营口市	57	1	14	11	31	24	2	11	3	8
阜新市	18		3	1	14	29	3	14	4	8
辽阳市	27	1	4	5	17	9		2	1	6
盘锦市	21		3	2	16	4			2	2
铁岭市	12		4		8	6				6
朝阳市	19		2	3	14	7		5		2
葫芦岛市	29		4	6	19	17	7	4		6
辽宁省沈抚新区管委会	4				4	7		4	1	2

7-1a　续表 11

单位：人

现住地	省外									
	海南					重庆				
	小计	乡	镇的村委会	镇的居委会	街道	小计	乡	镇的村委会	镇的居委会	街道
辽宁	**342**	**23**	**46**	**42**	**231**	**1460**	**314**	**599**	**128**	**419**
沈阳市	100	8	15	6	71	488	88	194	39	167
大连市	146	12	23	24	87	692	190	312	61	129
鞍山市	12			1	11	43	8	17	2	16
抚顺市	14		1	1	12	14	1	2		11
本溪市	6		2		4	23	5	3	3	12
丹东市	4				4	17		3	3	11
锦州市	15	1			14	46	12	18	7	9
营口市	4		2	1	1	19	1	6	3	9
阜新市	4				4	18		10	5	3
辽阳市	4		2		2	15	1	7	1	6
盘锦市	8		1		7	24	1	6	1	16
铁岭市	5			1	4	7		3	2	2
朝阳市	11	2			9	11		3		8
葫芦岛市	9			8	1	31	5	9	1	16
辽宁省沈抚新区管委会						12	2	6		4

7-1a　续表 12

单位：人

现住地	省外									
	四川					贵州				
	小计	乡	镇的村委会	镇的居委会	街道	小计	乡	镇的村委会	镇的居委会	街道
辽宁	**5305**	**1131**	**2412**	**415**	**1347**	**1690**	**263**	**595**	**186**	**646**
沈阳市	1718	338	760	142	478	565	79	204	58	224
大连市	2475	621	1191	175	488	577	70	176	94	237
鞍山市	134	9	79	10	36	15	1	5	1	8
抚顺市	32	2	3	3	24	35	2	8	5	20
本溪市	68	8	15	2	43	85	14	26	2	43
丹东市	38	8	10	8	12	12		4	7	1
锦州市	181	20	44	19	98	221	56	82	11	72
营口市	254	48	132	17	57	43	10	23	1	9
阜新市	47	4	23	2	18	60	8	37		15
辽阳市	36	4	15	3	14	17		11	2	4
盘锦市	198	45	90	27	36	11	2	5	1	3
铁岭市	27	2	9	3	13	4	1			3
朝阳市	30	5	14	1	10	6	4	2		
葫芦岛市	35	14	6	2	13	29	13	8	1	7
辽宁省沈抚新区管委会	32	3	21	1	7	10	3	4	3	

7-1a 续表 13

单位：人

现住地	省外									
	云南					西藏				
	小计	乡	镇的村委会	镇的居委会	街道	小计	乡	镇的村委会	镇的居委会	街道
辽宁	**796**	**106**	**274**	**104**	**312**	**155**	**20**	**21**	**15**	**99**
沈阳市	221	20	91	25	85	63	5	5	5	48
大连市	351	45	103	67	136	27	1	8	1	17
鞍山市	7		3	1	3	5			1	4
抚顺市	11	2	3		6	11				11
本溪市	20	4	3	2	11					
丹东市	9		1	2	6	3		1		2
锦州市	57	7	20	2	28	9	3	1	2	3
营口市	28	6	13		9					
阜新市	20	3	9	1	7	5	2	1		2
辽阳市	14	1	5	4	4	21	8	5	4	4
盘锦市	10	1	7		2					
铁岭市	6	1	1		4	3				3
朝阳市	6	4	2			4			1	3
葫芦岛市	24	9	9		6	4	1		1	2
辽宁省沈抚新区管委会	12	3	4		5					

7-1a 续表 14

单位：人

现住地	省外									
	陕西					甘肃				
	小计	乡	镇的村委会	镇的居委会	街道	小计	乡	镇的村委会	镇的居委会	街道
辽宁	**1424**	**206**	**551**	**108**	**559**	**1613**	**249**	**560**	**132**	**672**
沈阳市	460	77	178	36	169	512	73	165	43	231
大连市	551	71	219	46	215	578	81	204	48	245
鞍山市	36	9	5	3	19	18	5	8	2	3
抚顺市	19	2	6	2	9	35	9	8		18
本溪市	21	1	4	2	14	59	10	16	1	32
丹东市	24	2	10	2	10	16		4	3	9
锦州市	62	12	18	2	30	148	30	53	8	57
营口市	31	1	14	1	15	40	4	14	8	14
阜新市	20	2	8	3	7	37	5	20	2	10
辽阳市	53	8	35	1	9	38	3	15	4	16
盘锦市	56	8	22		26	61	15	33	5	8
铁岭市	7		1		6	11		3	2	6
朝阳市	18	4	9	1	4	16	2	8		6
葫芦岛市	32	5	7	3	17	36	10	6	3	17
辽宁省沈抚新区管委会	34	4	15	6	9	8	2	3	3	

7−1a　续表 15

单位：人

现住地	省外									
	青海					宁夏				
	小计	乡	镇的村委会	镇的居委会	街道	小计	乡	镇的村委会	镇的居委会	街道
辽宁	**447**	**87**	**106**	**62**	**192**	**285**	**31**	**62**	**35**	**157**
沈阳市	188	60	43	15	70	106	9	29	12	56
大连市	125	8	23	22	72	111	9	20	15	67
鞍山市	11	1		1	9	4		1		3
抚顺市	11		1	4	6	7	1	1	1	4
本溪市	2		1		1	10	1	2	1	6
丹东市	13	1	3	1	8	1				1
锦州市	31	8	9	8	6	18	4	6	2	6
营口市	20	1	9	6	4	5				5
阜新市	4		1		3	3		1	1	1
辽阳市	9		3	3	3					
盘锦市	3	1	1		1	2		1		1
铁岭市	2				2					
朝阳市	10	7	1		2	5	2			3
葫芦岛市	16		11	2	3	13	5	1	3	4
辽宁省沈抚新区管委会	2				2					

7−1a　续表 16

单位：人

现住地	省外				
	新疆				
	小计	乡	镇的村委会	镇的居委会	街道
辽宁	**1133**	**138**	**272**	**119**	**604**
沈阳市	352	44	117	20	171
大连市	445	42	98	63	242
鞍山市	8		2	2	4
抚顺市	57	5	7	4	41
本溪市	28	2	4	2	20
丹东市	4	1	1	1	1
锦州市	98	12	17	10	59
营口市	25	1	5	3	16
阜新市	26	2	3	5	16
辽阳市	5		1	1	3
盘锦市	9		2	3	4
铁岭市	2	2			
朝阳市	8	3	2	1	2
葫芦岛市	20	2	3	2	13
辽宁省沈抚新区管委会	46	22	10	2	12

7-1b 全省按现住地、户口登记地类型分的户口登记地在外乡镇街道人口(镇)

单位：人

现住地	合计					省内				
	合计	乡	镇的村委会	镇的居委会	街道	小计	乡	镇的村委会	镇的居委会	街道
辽宁	**162172**	**29219**	**82329**	**17827**	**32797**	**143988**	**26057**	**72279**	**16025**	**29627**
沈阳市	18782	4340	7885	1511	5046	15884	3825	6281	1275	4503
大连市	9891	1886	4568	688	2749	5831	893	2533	425	1980
鞍山市	19269	2459	12492	1770	2548	16340	2064	10367	1605	2304
抚顺市	5374	1326	2524	1002	522	4942	1255	2356	887	444
本溪市	9451	537	5001	1206	2707	9011	501	4769	1155	2586
丹东市	10791	1228	6603	1442	1518	9711	1074	6000	1303	1334
锦州市	10698	1256	5966	1470	2006	10254	1207	5769	1382	1896
营口市	4440	381	2070	994	995	3617	262	1665	830	860
阜新市	8895	1407	5539	492	1457	8271	1350	5139	440	1342
辽阳市	7929	650	4930	1200	1149	7223	513	4494	1125	1091
盘锦市	4254	508	2167	277	1302	3634	362	1799	241	1232
铁岭市	23452	2846	10922	3145	6539	21991	2669	10260	2931	6131
朝阳市	14614	3321	7526	741	3026	13760	3184	7031	668	2877
葫芦岛市	14332	7074	4136	1889	1233	13519	6898	3816	1758	1047
辽宁省沈抚新区管委会										

7-1b 续表 1

单位：人

现住地	省外									
	小计					北京				
	小计	乡	镇的村委会	镇的居委会	街道	小计	乡	镇的村委会	镇的居委会	街道
辽宁	**18184**	**3162**	**10050**	**1802**	**3170**	**99**	**4**	**15**	**19**	**61**
沈阳市	2898	515	1604	236	543	17		1	2	14
大连市	4060	993	2035	263	769	7		1		6
鞍山市	2929	395	2125	165	244	4			1	3
抚顺市	432	71	168	115	78	4	1			3
本溪市	440	36	232	51	121	1				1
丹东市	1080	154	603	139	184	3		1	1	1
锦州市	444	49	197	88	110	13		1	5	7
营口市	823	119	405	164	135	3				3
阜新市	624	57	400	52	115	12		2	6	4
辽阳市	706	137	436	75	58	1				1
盘锦市	620	146	368	36	70	2		2		
铁岭市	1461	177	662	214	408	13	1	2	2	8
朝阳市	854	137	495	73	149	7		2		5
葫芦岛市	813	176	320	131	186	12	2	3	2	5
辽宁省沈抚新区管委会										

7-1b　续表 2　　　　单位：人

现住地	省外									
	天津					河北				
	小计	乡	镇的村委会	镇的居委会	街道	小计	乡	镇的村委会	镇的居委会	街道
辽宁	**87**	**6**	**16**	**17**	**48**	**998**	**169**	**517**	**120**	**192**
沈阳市	8		1		7	95	14	43	11	27
大连市	10		3	2	5	167	27	91	13	36
鞍山市	6	2	1		3	77	19	47	3	8
抚顺市	10		3	3	4	28	4	12	7	5
本溪市	5	1	1		3	35	3	15	3	14
丹东市	3	3				56	3	40	4	9
锦州市	5				5	34	7	6	7	14
营口市	9		2	4	3	20		13	6	1
阜新市	2		1		1	67	3	56	3	5
辽阳市	1		1			18	1	13	4	
盘锦市	4			1	3	54	19	23	7	5
铁岭市	9			2	7	62	5	23	14	20
朝阳市	7		2	1	4	133	37	76	4	16
葫芦岛市	8		1	4	3	152	27	59	34	32
辽宁省沈抚新区管委会										

7-1b　续表 3　　　　单位：人

现住地	省外									
	山西					内蒙古				
	小计	乡	镇的村委会	镇的居委会	街道	小计	乡	镇的村委会	镇的居委会	街道
辽宁	**171**	**27**	**66**	**18**	**60**	**2843**	**443**	**1704**	**300**	**396**
沈阳市	13	1	7	1	4	478	79	288	35	76
大连市	78	14	22	4	38	382	89	219	17	57
鞍山市	12	2	9	1		537	52	420	27	38
抚顺市	2			2		34	3	15	13	3
本溪市	5	1	3		1	42		26	3	13
丹东市	11		7	1	3	124	19	65	20	20
锦州市	11	1	6	1	3	63	5	21	20	17
营口市	3			3		136	38	48	37	13
阜新市	5		4	1		222	23	154	12	33
辽阳市	2			1	1	135	25	81	16	13
盘锦市						117	23	79	6	9
铁岭市	12		3	3	6	208	38	86	39	45
朝阳市	8	3	3		2	272	29	177	34	32
葫芦岛市	9	5	2		2	93	20	25	21	27
辽宁省沈抚新区管委会										

7−1b　续表 4　　　　单位：人

<table>
<tr><th rowspan="3">现 住 地</th><th colspan="10">省　外</th></tr>
<tr><th colspan="5">吉　林</th><th colspan="5">黑 龙 江</th></tr>
<tr><th>小计</th><th>乡</th><th>镇　的
村委会</th><th>镇　的
居委会</th><th>街道</th><th>小计</th><th>乡</th><th>镇　的
村委会</th><th>镇　的
居委会</th><th>街道</th></tr>
<tr><td>辽宁</td><td>3330</td><td>536</td><td>1872</td><td>354</td><td>568</td><td>6316</td><td>1315</td><td>3511</td><td>563</td><td>927</td></tr>
<tr><td>沈阳市</td><td>568</td><td>126</td><td>298</td><td>43</td><td>101</td><td>997</td><td>164</td><td>528</td><td>99</td><td>206</td></tr>
<tr><td>大连市</td><td>710</td><td>142</td><td>428</td><td>40</td><td>100</td><td>1604</td><td>523</td><td>789</td><td>97</td><td>195</td></tr>
<tr><td>鞍山市</td><td>509</td><td>56</td><td>370</td><td>26</td><td>57</td><td>1301</td><td>205</td><td>935</td><td>67</td><td>94</td></tr>
<tr><td>抚顺市</td><td>156</td><td>22</td><td>68</td><td>38</td><td>28</td><td>71</td><td>8</td><td>23</td><td>25</td><td>15</td></tr>
<tr><td>本溪市</td><td>102</td><td>4</td><td>42</td><td>8</td><td>48</td><td>123</td><td>15</td><td>85</td><td>11</td><td>12</td></tr>
<tr><td>丹东市</td><td>186</td><td>30</td><td>105</td><td>32</td><td>19</td><td>374</td><td>57</td><td>220</td><td>42</td><td>55</td></tr>
<tr><td>锦州市</td><td>61</td><td>6</td><td>31</td><td>11</td><td>13</td><td>127</td><td>23</td><td>58</td><td>23</td><td>23</td></tr>
<tr><td>营口市</td><td>153</td><td>12</td><td>92</td><td>27</td><td>22</td><td>355</td><td>39</td><td>192</td><td>54</td><td>70</td></tr>
<tr><td>阜新市</td><td>44</td><td>4</td><td>18</td><td>8</td><td>14</td><td>90</td><td>11</td><td>52</td><td>6</td><td>21</td></tr>
<tr><td>辽阳市</td><td>157</td><td>38</td><td>88</td><td>24</td><td>7</td><td>296</td><td>67</td><td>184</td><td>25</td><td>20</td></tr>
<tr><td>盘锦市</td><td>69</td><td>16</td><td>44</td><td></td><td>9</td><td>236</td><td>64</td><td>131</td><td>9</td><td>32</td></tr>
<tr><td>铁岭市</td><td>454</td><td>45</td><td>225</td><td>76</td><td>108</td><td>394</td><td>66</td><td>156</td><td>49</td><td>123</td></tr>
<tr><td>朝阳市</td><td>56</td><td>12</td><td>27</td><td>5</td><td>12</td><td>142</td><td>34</td><td>59</td><td>20</td><td>29</td></tr>
<tr><td>葫芦岛市</td><td>105</td><td>23</td><td>36</td><td>16</td><td>30</td><td>206</td><td>39</td><td>99</td><td>36</td><td>32</td></tr>
<tr><td>辽宁省沈抚新区管委会</td><td></td><td></td><td></td><td></td><td></td><td></td><td></td><td></td><td></td><td></td></tr>
</table>

7−1b　续表 5　　　　单位：人

<table>
<tr><th rowspan="3">现 住 地</th><th colspan="10">省　外</th></tr>
<tr><th colspan="5">上　海</th><th colspan="5">江　苏</th></tr>
<tr><th>小计</th><th>乡</th><th>镇　的
村委会</th><th>镇　的
居委会</th><th>街道</th><th>小计</th><th>乡</th><th>镇　的
村委会</th><th>镇　的
居委会</th><th>街道</th></tr>
<tr><td>辽宁</td><td>14</td><td></td><td>3</td><td>4</td><td>7</td><td>251</td><td>39</td><td>127</td><td>33</td><td>52</td></tr>
<tr><td>沈阳市</td><td>2</td><td></td><td></td><td>1</td><td>1</td><td>58</td><td>4</td><td>41</td><td>5</td><td>8</td></tr>
<tr><td>大连市</td><td>1</td><td></td><td></td><td></td><td>1</td><td>59</td><td>11</td><td>18</td><td>12</td><td>18</td></tr>
<tr><td>鞍山市</td><td>1</td><td></td><td></td><td></td><td>1</td><td>21</td><td>5</td><td>11</td><td>3</td><td>2</td></tr>
<tr><td>抚顺市</td><td></td><td></td><td></td><td></td><td></td><td>10</td><td>8</td><td>2</td><td></td><td></td></tr>
<tr><td>本溪市</td><td></td><td></td><td></td><td></td><td></td><td>3</td><td>1</td><td></td><td></td><td>2</td></tr>
<tr><td>丹东市</td><td>2</td><td></td><td>1</td><td></td><td>1</td><td>11</td><td>3</td><td>3</td><td>5</td><td></td></tr>
<tr><td>锦州市</td><td></td><td></td><td></td><td></td><td></td><td>8</td><td>1</td><td>5</td><td>1</td><td>1</td></tr>
<tr><td>营口市</td><td></td><td></td><td></td><td></td><td></td><td>2</td><td></td><td></td><td>1</td><td>1</td></tr>
<tr><td>阜新市</td><td></td><td></td><td></td><td></td><td></td><td>17</td><td></td><td>9</td><td></td><td>8</td></tr>
<tr><td>辽阳市</td><td></td><td></td><td></td><td></td><td></td><td>14</td><td>3</td><td>8</td><td>2</td><td>1</td></tr>
<tr><td>盘锦市</td><td></td><td></td><td></td><td></td><td></td><td>11</td><td></td><td>8</td><td></td><td>3</td></tr>
<tr><td>铁岭市</td><td>6</td><td></td><td>1</td><td>2</td><td>3</td><td>19</td><td>1</td><td>12</td><td>3</td><td>3</td></tr>
<tr><td>朝阳市</td><td>1</td><td></td><td>1</td><td></td><td></td><td>8</td><td></td><td>4</td><td></td><td>4</td></tr>
<tr><td>葫芦岛市</td><td>1</td><td></td><td></td><td>1</td><td></td><td>10</td><td>2</td><td>6</td><td>1</td><td>1</td></tr>
<tr><td>辽宁省沈抚新区管委会</td><td></td><td></td><td></td><td></td><td></td><td></td><td></td><td></td><td></td><td></td></tr>
</table>

7-1b　续表 6

单位：人

现住地	省外									
	浙江					安徽				
	小计	乡	镇的村委会	镇的居委会	街道	小计	乡	镇的村委会	镇的居委会	街道
辽宁	**207**	**32**	**122**	**26**	**27**	**512**	**67**	**350**	**41**	**54**
沈阳市	16	1	11		4	92	5	70	4	13
大连市	16	3	9	1	3	104	16	61	5	22
鞍山市	65	8	38	16	3	102	16	86		
抚顺市	13	6	6		1	8		3	5	
本溪市	6		3	2	1	13		8	2	3
丹东市	19	2	13	1	3	38	7	18	8	5
锦州市	12		11		1	7	1	1	2	3
营口市						34	7	23	4	
阜新市	20	6	9	3	2	8	2	5	1	
辽阳市	2		2			13		13		
盘锦市	2		2			25	4	13	8	
铁岭市	9	1	5	1	2	31	4	27		
朝阳市	13		11	1	1	25	2	15		8
葫芦岛市	14	5	2	1	6	12	3	7	2	
辽宁省沈抚新区管委会										

7-1b　续表 7

单位：人

现住地	省外									
	福建					江西				
	小计	乡	镇的村委会	镇的居委会	街道	小计	乡	镇的村委会	镇的居委会	街道
辽宁	**215**	**45**	**116**	**16**	**38**	**103**	**29**	**38**	**12**	**24**
沈阳市	105	24	64	6	11	4		1		3
大连市	28	2	7	1	18	29	17	5	3	4
鞍山市	5	3	1	1		7	2	1	2	2
抚顺市	5	1	4			4		1	3	
本溪市	9		8	1		8	1	3		4
丹东市	9	6	2	1		12		8		4
锦州市	1				1	5	1	4		
营口市						3			2	1
阜新市	21	4	12	5		3	2	1		
辽阳市	3		1	1	1	4		3	1	
盘锦市						2				2
铁岭市	4		1		3	7		6	1	
朝阳市	22	3	16		3	11	6	1		4
葫芦岛市	3	2			1	4		4		
辽宁省沈抚新区管委会										

7–1b 续表 8

单位：人

现住地	省外									
	山东					河南				
	小计	乡	镇的村委会	镇的居委会	街道	小计	乡	镇的村委会	镇的居委会	街道
辽宁	**773**	**97**	**455**	**64**	**157**	**694**	**126**	**397**	**50**	**121**
沈阳市	135	12	97	6	20	101	19	62	3	17
大连市	178	24	96	13	45	239	59	127	16	37
鞍山市	59	3	41	6	9	75	7	57	7	4
抚顺市	20	2	11	3	4	13	4	4	2	3
本溪市	37		23	7	7	11	6	2	1	2
丹东市	42	8	25	5	4	46	5	29	3	9
锦州市	30	4	16	6	4	28		18	3	7
营口市	38	17	9	2	10	23	1	14	2	6
阜新市	51		38	1	12	19		13	1	5
辽阳市	14		10		4	14	1	13		
盘锦市	25	5	14	3	3	24	9	14	1	
铁岭市	62	7	26	8	21	37	4	16	5	12
朝阳市	43		35	2	6	25	2	20	1	2
葫芦岛市	39	15	14	2	8	39	9	8	5	17
辽宁省沈抚新区管委会										

7–1b 续表 9

单位：人

现住地	省外									
	湖北					湖南				
	小计	乡	镇的村委会	镇的居委会	街道	小计	乡	镇的村委会	镇的居委会	街道
辽宁	**186**	**27**	**106**	**24**	**29**	**110**	**24**	**50**	**11**	**25**
沈阳市	31	16	11	3	1	21	7	8	3	3
大连市	57	4	34	8	11	24	6	11	3	4
鞍山市	24	3	21			10	4	4		2
抚顺市	3	1			2	11	1	8		2
本溪市	1				1	5	1		2	2
丹东市	14		7	2	5	6	1	4		1
锦州市	6		4	2		6		2	1	3
营口市	2		1		1	1				1
阜新市	7		3	3	1	3		2	1	
辽阳市	2		2			11	1	7		3
盘锦市	5		4		1					
铁岭市	14		8	2	4	4		1		3
朝阳市	15	2	10	1	2	5	2	2		1
葫芦岛市	5	1	1	3		3	1	1	1	
辽宁省沈抚新区管委会										

7-1b　续表 10　　单位：人

现住地	省外									
	广东					广西				
	小计	乡	镇的村委会	镇的居委会	街道	小计	乡	镇的村委会	镇的居委会	街道
辽宁	**139**	**10**	**34**	**14**	**81**	**65**	**8**	**29**	**7**	**21**
沈阳市	17	7	3	1	6	3	2	1		
大连市	44		5	2	37	27	2	6	3	16
鞍山市	13	1	7	1	4	1		1		
抚顺市	1				1	2	1	1		
本溪市	9	1	1	4	3	2			2	
丹东市	12		5	2	5	16	2	8	1	5
锦州市	8		6	1	1	2		2		
营口市	2			1	1					
阜新市	3		1		2	2		1	1	
辽阳市	2		1		1	2		2		
盘锦市	1		1			2	1	1		
铁岭市	16	1	3		12	4		4		
朝阳市	6			2	4	1		1		
葫芦岛市	5		1		4	1		1		
辽宁省沈抚新区管委会										

7-1b　续表 11　　单位：人

现住地	省外									
	海南					重庆				
	小计	乡	镇的村委会	镇的居委会	街道	小计	乡	镇的村委会	镇的居委会	街道
辽宁	**22**		**3**	**4**	**15**	**126**	**22**	**67**	**11**	**26**
沈阳市	3			1	2	30	8	22		
大连市	6			1	5	20	5	7		8
鞍山市						14		9	1	4
抚顺市						12	4		6	2
本溪市	1		1			4	2	1	1	
丹东市	1			1		2			1	1
锦州市						2		2		
营口市										
阜新市	1		1			1				1
辽阳市						8	1	5		2
盘锦市	2				2	7		7		
铁岭市	4			1	3	17		10	2	5
朝阳市	2				2	2		1		1
葫芦岛市	2		1		1	7	2	3		2
辽宁省沈抚新区管委会										

7-1b 续表 12

单位：人

现住地	省外									
	四川					贵州				
	小计	乡	镇的村委会	镇的居委会	街道	小计	乡	镇的村委会	镇的居委会	街道
辽宁	**296**	**44**	**183**	**24**	**45**	**134**	**20**	**63**	**15**	**36**
沈阳市	46	14	19	4	9	8		5	2	1
大连市	57	10	33	2	12	51	10	15	7	19
鞍山市	39	4	30	2	3	8	1	7		
抚顺市	13		7	4	2	3	1		1	1
本溪市	5		5			1				1
丹东市	21	2	8	4	7	23	1	12	2	8
锦州市						2		2		
营口市	16		10	6		5	2		3	
阜新市	14	2	10		2					
辽阳市	4			1	3					
盘锦市	15	2	12	1		3		3		
铁岭市	19		15		4	15	1	11		3
朝阳市	8	1	5		2	8	2	4		2
葫芦岛市	39	9	29		1	7	2	4		1
辽宁省沈抚新区管委会										

7-1b 续表 13

单位：人

现住地	省外									
	云南					西藏				
	小计	乡	镇的村委会	镇的居委会	街道	小计	乡	镇的村委会	镇的居委会	街道
辽宁	**72**	**9**	**33**	**2**	**28**	**2**	**1**	**1**		
沈阳市	8	1	6		1	1		1		
大连市	13	1	4	1	7					
鞍山市	9		5	1	3					
抚顺市	2	2								
本溪市										
丹东市	10	2	6		2					
锦州市	1		1							
营口市						1	1			
阜新市	1		1							
辽阳市										
盘锦市										
铁岭市	14		8		6					
朝阳市	2	1	1							
葫芦岛市	12	2	1		9					
辽宁省沈抚新区管委会										

7−1b　续表 14　　　　单位：人

现住地	省外									
	陕西					甘肃				
	小计	乡	镇的村委会	镇的居委会	街道	小计	乡	镇的村委会	镇的居委会	街道
辽宁	**150**	**15**	**80**	**10**	**45**	**158**	**27**	**61**	**16**	**54**
沈阳市	25	7	12	1	5	11	2	4	3	2
大连市	32	2	11	2	17	72	16	23	5	28
鞍山市	17	1	15		1	9	1	5		3
抚顺市	3	1			2	3	1		2	
本溪市	10		4	4	2	1		1		
丹东市	9	1	7		1	22	2	7		13
锦州市	8			2	6					
营口市	3			1	2	3		1	2	
阜新市	3		3			6		3		3
辽阳市	1		1			2		1		1
盘锦市	4		3		1	9	3	6		
铁岭市	1		1			12		5	3	4
朝阳市	18		13		5	5	1	3	1	
葫芦岛市	16	3	10		3	3	1	2		
辽宁省沈抚新区管委会										

7−1b　续表 15　　　　单位：人

现住地	省外									
	青海					宁夏				
	小计	乡	镇的村委会	镇的居委会	街道	小计	乡	镇的村委会	镇的居委会	街道
辽宁	**32**	**6**	**15**	**4**	**7**	**12**	**2**	**4**	**1**	**5**
沈阳市	1	1				2	1			1
大连市	5	1	2	1	1	7	1	3		3
鞍山市	1		1			1		1		
抚顺市						1			1	
本溪市	1				1					
丹东市	3		1		2					
锦州市	1			1						
营口市										
阜新市										
辽阳市										
盘锦市										
铁岭市	8	1	5	1	1					
朝阳市	9		6	1	2					
葫芦岛市	3	3				1				1
辽宁省沈抚新区管委会										

7-1b 续表 16

单位：人

现住地	省外				
	新疆				
	小计	乡	镇的村委会	镇的居委会	街道
辽宁	**67**	**12**	**12**	**22**	**21**
沈阳市	2			2	
大连市	33	8	5	4	16
鞍山市	2		2		
抚顺市					
本溪市					
丹东市	5		1	3	1
锦州市	3			2	1
营口市	11	2		9	
阜新市	2		1		1
辽阳市					
盘锦市	1		1		
铁岭市	6	2	2		2
朝阳市					
葫芦岛市	2			2	
辽宁省沈抚新区管委会					

7-1c 全省按现住地、户口登记地类型分的户口登记地在外乡镇街道人口(乡村)

单位：人

现住地	合计					省内				
	合计	乡	镇的村委会	镇的居委会	街道	小计	乡	镇的村委会	镇的居委会	街道
辽宁	**97727**	**18527**	**50928**	**5071**	**23201**	**75750**	**13651**	**37958**	**4117**	**20024**
沈阳市	17120	3634	7958	697	4831	12725	2528	5689	531	3977
大连市	15246	3206	7614	655	3771	8953	1490	4060	464	2939
鞍山市	6549	774	4394	251	1130	4985	483	3255	222	1025
抚顺市	2765	777	1094	188	706	2350	616	899	171	664
本溪市	3112	339	1239	354	1180	2777	304	1053	328	1092
丹东市	4999	656	3283	201	859	4173	545	2679	170	779
锦州市	7340	1368	3397	530	2045	6698	1255	3022	498	1923
营口市	8775	935	4877	794	2169	7093	722	3838	603	1930
阜新市	2680	366	1722	98	494	2285	324	1431	81	449
辽阳市	5389	726	3393	229	1041	4201	508	2553	193	947
盘锦市	4067	647	2046	292	1082	3011	414	1580	210	807
铁岭市	5352	770	3462	271	849	4641	681	2965	238	757
朝阳市	6984	1879	3524	232	1349	5669	1640	2603	172	1254
葫芦岛市	6102	2265	2261	195	1381	5264	2011	1893	160	1200
辽宁省沈抚新区管委会	1247	185	664	84	314	925	130	438	76	281

7-1c 续表 1

单位：人

现住地	省外									
	小计					北京				
	小计	乡	镇的村委会	镇的居委会	街道	小计	乡	镇的村委会	镇的居委会	街道
辽宁	**21977**	**4876**	**12970**	**954**	**3177**	**98**	**7**	**19**	**9**	**63**
沈阳市	4395	1106	2269	166	854	15	1	3		11
大连市	6293	1716	3554	191	832	6		3	2	1
鞍山市	1564	291	1139	29	105	1		1		
抚顺市	415	161	195	17	42	2		1		1
本溪市	335	35	186	26	88	4		1		3
丹东市	826	111	604	31	80	6				6
锦州市	642	113	375	32	122	3	1	1	1	
营口市	1682	213	1039	191	239	5		2		3
阜新市	395	42	291	17	45	1				1
辽阳市	1188	218	840	36	94	1				1
盘锦市	1056	233	466	82	275	10				10
铁岭市	711	89	497	33	92	7		1		6
朝阳市	1315	239	921	60	95	3		1	1	1
葫芦岛市	838	254	368	35	181	34	5	5	5	19
辽宁省沈抚新区管委会	322	55	226	8	33					

7-1c 续表 2

单位：人

现住地	省外									
	天津					河北				
	小计	乡	镇的村委会	镇的居委会	街道	小计	乡	镇的村委会	镇的居委会	街道
辽宁	**96**	**6**	**23**	**1**	**66**	**1308**	**332**	**731**	**55**	**190**
沈阳市	31		3		28	257	64	139	7	47
大连市	13	3	1		9	201	67	99	6	29
鞍山市	2		2			45	8	33		4
抚顺市	4	2			2	36	11	20		5
本溪市	1				1	31	5	20	2	4
丹东市	4		3		1	35	8	18	3	6
锦州市	4		1		3	70	9	46	2	13
营口市	4		1	1	2	68	16	37	7	8
阜新市	2		1		1	25	8	15		2
辽阳市	3		2		1	45	12	28	3	2
盘锦市	12		2		10	93	29	41	6	17
铁岭市	3		2		1	43	17	19		7
朝阳市	4		1		3	167	32	122	8	5
葫芦岛市	8	1	3		4	181	46	84	11	40
辽宁省沈抚新区管委会	1		1			11		10		1

7-1c　续表 3　　　　单位：人

现住地	省外									
	山西					内蒙古				
	小计	乡	镇的村委会	镇的居委会	街道	小计	乡	镇的村委会	镇的居委会	街道
辽宁	**184**	**38**	**82**	**9**	**55**	**3390**	**646**	**2237**	**180**	**327**
沈阳市	63	15	24	3	21	542	130	321	25	66
大连市	24	4	5	2	13	738	159	466	36	77
鞍山市	13	1	12			276	55	202	10	9
抚顺市	2			2		34	14	14	3	3
本溪市	4	2			2	39	1	19	2	17
丹东市	4		3		1	84	13	60	2	9
锦州市	13	3	4		6	119	19	78	6	16
营口市	3	1	2			257	43	142	35	37
阜新市	2		1		1	160	19	128	1	12
辽阳市	7		5		2	176	38	134	1	3
盘锦市	16	3	5	2	6	158	40	83	14	21
铁岭市	3	1	2			104	11	84	3	6
朝阳市	15	4	10		1	605	86	441	39	39
葫芦岛市	12	2	8		2	63	14	35	3	11
辽宁省沈抚新区管委会	3	2	1			35	4	30		1

7-1c　续表 4　　　　单位：人

现住地	省外									
	吉林					黑龙江				
	小计	乡	镇的村委会	镇的居委会	街道	小计	乡	镇的村委会	镇的居委会	街道
辽宁	**4149**	**976**	**2499**	**183**	**491**	**7993**	**1940**	**4775**	**327**	**951**
沈阳市	679	173	386	30	90	1337	420	696	41	180
大连市	1435	441	800	42	152	2936	858	1638	76	364
鞍山市	313	57	224	10	22	630	100	476	6	48
抚顺市	136	37	80	6	13	87	43	34	2	8
本溪市	126	9	80	9	28	66	11	41	7	7
丹东市	162	22	120	7	13	401	45	316	15	25
锦州市	86	23	43	3	17	206	43	120	15	28
营口市	277	39	182	31	25	861	96	528	110	127
阜新市	47	2	33	8	4	51	7	37	4	3
辽阳市	201	48	137	4	12	507	64	389	14	40
盘锦市	62	11	36	5	10	251	70	138	11	32
铁岭市	343	38	237	14	54	123	13	86	12	12
朝阳市	88	21	54	2	11	184	44	116	5	19
葫芦岛市	134	35	57	10	32	263	105	104	4	50
辽宁省沈抚新区管委会	60	20	30	2	8	90	21	56	5	8

7-1c　续表 5　　　　单位：人

现住地	省外									
	上海					江苏				
	小计	乡	镇的村委会	镇的居委会	街道	小计	乡	镇的村委会	镇的居委会	街道
辽宁	**19**	**1**	**4**	**2**	**12**	**256**	**29**	**157**	**10**	**60**
沈阳市	11	1	1	1	8	108	20	56	5	27
大连市	1		1			42	2	20	3	17
鞍山市	1		1			8		7		1
抚顺市						2	1	1		
本溪市										
丹东市						8		3		5
锦州市						6	3	1		2
营口市	1			1		13		13		
阜新市						19		16		3
辽阳市	2				2	14	1	12		1
盘锦市	1				1	10		6	1	3
铁岭市						5	1	2	1	1
朝阳市	1				1	2		2		
葫芦岛市	1		1			4	1	3		
辽宁省沈抚新区管委会						15		15		

7-1c　续表 6　　　　单位：人

现住地	省外									
	浙江					安徽				
	小计	乡	镇的村委会	镇的居委会	街道	小计	乡	镇的村委会	镇的居委会	街道
辽宁	**205**	**10**	**118**	**5**	**72**	**488**	**97**	**304**	**15**	**72**
沈阳市	38		16	2	20	156	31	89	3	33
大连市	42		36		6	67	18	33	3	13
鞍山市	17	2	14		1	47	17	30		
抚顺市	7		6		1	7	3	4		
本溪市	5	1	3		1	2		1		1
丹东市	10		9		1	6	1	5		
锦州市	9	2	2		5	10	4	3		3
营口市	5	1	2		2	53	2	47		4
阜新市	5		5			11	2	6		3
辽阳市	32	2	13	3	14	36	9	24	2	1
盘锦市	20	1	2		17	55	3	36	5	11
铁岭市	1		1			5		5		
朝阳市	7		7			16	4	11	1	
葫芦岛市	5		2		3	6	2	3	1	
辽宁省沈抚新区管委会	2	1			1	11	1	7		3

7-1c 续表 7 单位：人

现住地	省外									
	福建					江西				
	小计	乡	镇的村委会	镇的居委会	街道	小计	乡	镇的村委会	镇的居委会	街道
辽宁	**172**	**23**	**96**	**8**	**45**	**95**	**13**	**55**	**4**	**23**
沈阳市	55	4	24	4	23	43	6	22	2	13
大连市	36	1	32	1	2	13	2	7		4
鞍山市	12	1	11			2	1	1		
抚顺市	2		2			2		1	1	
本溪市										
丹东市	2	1	1			1		1		
锦州市	13		10		3	3		2		1
营口市	3		3			10		10		
阜新市	3		2		1	1	1			
辽阳市	7	6			1	2		2		
盘锦市	29	8	3	3	15	6		1	1	4
铁岭市	1	1				2		2		
朝阳市	4		4			4	1	3		
葫芦岛市	5	1	4			5	2	3		
辽宁省沈抚新区管委会						1				1

7-1c 续表 8 单位：人

现住地	省外									
	山东					河南				
	小计	乡	镇的村委会	镇的居委会	街道	小计	乡	镇的村委会	镇的居委会	街道
辽宁	**935**	**213**	**536**	**26**	**160**	**899**	**232**	**485**	**40**	**142**
沈阳市	235	52	115	7	61	293	98	125	11	59
大连市	257	53	167	7	30	229	56	145	4	24
鞍山市	48	11	31	1	5	26	14	12		
抚顺市	62	40	18	1	3	7	1	5		1
本溪市	23	3	14		6	11		4	4	3
丹东市	27	2	22	2	1	34	5	19	1	9
锦州市	29	1	22		6	35	2	27	2	4
营口市	40	9	18		13	30		14	4	12
阜新市	17		10	1	6	6		5		1
辽阳市	26	2	20	1	3	53	16	30	1	6
盘锦市	53	12	20	2	19	70	20	27	11	12
铁岭市	14	1	11	1	1	26	2	20	1	3
朝阳市	32	6	23	2	1	41	8	28		5
葫芦岛市	44	16	23	1	4	20	10	8		2
辽宁省沈抚新区管委会	28	5	22		1	18		16	1	1

7-1c　续表 9　　单位：人

现住地	省外									
	湖北					湖南				
	小计	乡	镇的村委会	镇的居委会	街道	小计	乡	镇的村委会	镇的居委会	街道
辽宁	**222**	**37**	**127**	**5**	**53**	**121**	**28**	**62**	**1**	**30**
沈阳市	70	11	35	3	21	26	3	11		12
大连市	34	6	15		13	2		1		1
鞍山市	13	2	11			11		11		
抚顺市	1				1	3	1	1		1
本溪市	1				1					
丹东市	4		3		1	3	3			
锦州市	3		3			5		3		2
营口市	7		6	1		6	3	3		
阜新市	6		6			3		2		1
辽阳市	27	8	14	1	4	7	3	4		
盘锦市	13	4	2		7	19	2	5	1	11
铁岭市	4	1	3			4		4		
朝阳市	29	2	27			27	12	14		1
葫芦岛市	9	3	1		5	3		3		
辽宁省沈抚新区管委会	1		1			2	1			1

7-1c　续表 10　　单位：人

现住地	省外									
	广东					广西				
	小计	乡	镇的村委会	镇的居委会	街道	小计	乡	镇的村委会	镇的居委会	街道
辽宁	**94**	**13**	**23**	**5**	**53**	**66**	**10**	**27**	**6**	**23**
沈阳市	20	2	5	1	12	16	3	4		9
大连市	20	4			16	14		4	3	7
鞍山市	4		3		1	4	1	2		1
抚顺市	3		1	1	1	2	1	1		
本溪市	4	2			2	2				2
丹东市	3	1	1		1	3		3		
锦州市	4		1	1	2					
营口市	5	1	1		3	2		2		
阜新市	4	1	2		1					
辽阳市	1		1			6	3	3		
盘锦市	14		3	1	10	9	2	2	3	2
铁岭市	2		1	1		1				1
朝阳市	5	2	1		2	3		2		1
葫芦岛市	3		2		1					
辽宁省沈抚新区管委会	2		1		1	4		4		

7-1c 续表 11 单位：人

现住地	省外									
	海南					重庆				
	小计	乡	镇的村委会	镇的居委会	街道	小计	乡	镇的村委会	镇的居委会	街道
辽宁	**11**		**4**	**2**	**5**	**103**	**29**	**47**	**3**	**24**
沈阳市	2				2	29	12	6		11
大连市						35	9	23		3
鞍山市						9	1	3	2	3
抚顺市	2		1	1						
本溪市						3		1		2
丹东市						3	1	2		
锦州市	2		1		1	1		1		
营口市						5		5		
阜新市	2				2	3	1	1		1
辽阳市						2	1	1		
盘锦市	2		1	1		4		1		3
铁岭市	1		1			3	1	2		
朝阳市						4	1	1	1	1
葫芦岛市						2	2			
辽宁省沈抚新区管委会										

7-1c 续表 12 单位：人

现住地	省外									
	四川					贵州				
	小计	乡	镇的村委会	镇的居委会	街道	小计	乡	镇的村委会	镇的居委会	街道
辽宁	**430**	**70**	**274**	**17**	**69**	**109**	**13**	**54**	**6**	**36**
沈阳市	188	18	124	8	38	21	4	10	3	4
大连市	50	13	26	2	9	30	3	13		14
鞍山市	59	14	42		3	7		3		4
抚顺市	2		2			1		1		
本溪市	2		1		1	1				1
丹东市	6	2	4			4		4		
锦州市	5	1	2	1	1	2	1			1
营口市	19	1	15		3					
阜新市	10	1	8	1		2			1	1
辽阳市	15	4	9	1	1	5		5		
盘锦市	38	9	16	3	10	17	2	4	2	9
铁岭市	3	1	2			7	1	6		
朝阳市	16	3	11	1	1	3		2		1
葫芦岛市	7	3	2		2	6	2	4		
辽宁省沈抚新区管委会	10		10			3		2		1

7-1c　续表 13　　单位：人

现住地	省外									
	云南					西藏				
	小计	乡	镇的村委会	镇的居委会	街道	小计	乡	镇的村委会	镇的居委会	街道
辽宁	**97**	**15**	**59**	**4**	**19**	**7**	**1**			**6**
沈阳市	13	2	8	1	2	2				2
大连市	9	2	3		4					
鞍山市	2		1		1					
抚顺市	2		2							
本溪市	2	1			1	1				1
丹东市	1	1								
锦州市	1	1				3				3
营口市	3		3							
阜新市										
辽阳市	2		1	1						
盘锦市	28	6	12	2	8					
铁岭市										
朝阳市	7	2	5							
葫芦岛市	6		5		1	1	1			
辽宁省沈抚新区管委会	21		19		2					

7-1c　续表 14　　单位：人

现住地	省外									
	陕西					甘肃				
	小计	乡	镇的村委会	镇的居委会	街道	小计	乡	镇的村委会	镇的居委会	街道
辽宁	**166**	**38**	**86**	**9**	**33**	**102**	**26**	**42**	**4**	**30**
沈阳市	43	9	19	1	14	22	4	8		10
大连市	17	4	5	1	7	20	6	7	2	5
鞍山市	9	5	3		1	3	1	2		
抚顺市	3	3				5	3			2
本溪市	2			1	1	1			1	
丹东市	3	1	2			8	5	3		
锦州市	5		1	1	3	3		3		
营口市	4	1	2	1		1		1		
阜新市	11		9	1	1	2		2		
辽阳市	7		6	1		1	1			
盘锦市	16	5	4	2	5	15	3	5	1	6
铁岭市	4		4			1		1		
朝阳市	38	9	28		1	8	1	6		1
葫芦岛市	3	1	2			11	2	4		5
辽宁省沈抚新区管委会	1		1			1				1

7-1c 续表 15

单位：人

现住地	省外									
	青海					宁夏				
	小计	乡	镇的村委会	镇的居委会	街道	小计	乡	镇的村委会	镇的居委会	街道
辽宁	**19**	**6**	**4**	**4**	**5**	**12**		**6**		**6**
沈阳市						6		3		3
大连市	11	5	1	1	4					
鞍山市	1		1							
抚顺市										
本溪市										
丹东市	2		1		1	1		1		
锦州市						2				2
营口市										
阜新市										
辽阳市	3			3						
盘锦市						1				1
铁岭市										
朝阳市	1	1				1		1		
葫芦岛市	1		1			1		1		
辽宁省沈抚新区管委会										

7-1c 续表 16

单位：人

现住地	省外				
	新疆				
	小计	乡	镇的村委会	镇的居委会	街道
辽宁	**131**	**27**	**34**	**14**	**56**
沈阳市	74	23	16	8	27
大连市	11		3		8
鞍山市	1				1
抚顺市	1	1			
本溪市	4		1		3
丹东市	1			1	
锦州市					
营口市					
阜新市	2		2		
辽阳市					
盘锦市	34	3	11	5	15
铁岭市	1		1		
朝阳市					
葫芦岛市					
辽宁省沈抚新区管委会	2				2

7-2　全省按现住地、职业和性别分的户口登记地在本省其他乡镇街道人口

单位：人

现住地	合计			党的机关、国家机关、群众团体和社会组织、企事业单位负责人		
	合计	男	女	小计	男	女
辽宁	**508644**	**293027**	**215617**	**16800**	**11590**	**5210**
沈阳市	141641	81236	60405	5044	3443	1601
大连市	91883	52446	39437	4252	2930	1322
鞍山市	40879	23111	17768	1010	699	311
抚顺市	11828	6956	4872	362	253	109
本溪市	14633	8758	5875	422	292	130
丹东市	23194	13479	9715	873	629	244
锦州市	27841	16096	11745	651	453	198
营口市	29078	17209	11869	916	643	273
阜新市	12695	6948	5747	394	268	126
辽阳市	20552	11820	8732	792	533	259
盘锦市	21843	12691	9152	639	429	210
铁岭市	20922	12065	8857	491	348	143
朝阳市	26198	15368	10830	622	440	182
葫芦岛市	23081	13429	9652	272	188	84
辽宁省沈抚新区管委会	2376	1415	961	60	42	18

7-2　续表 1

单位：人

现住地	专业技术人员			办事人员和有关人员			社会生产服务和生活服务人员		
	小计	男	女	小计	男	女	小计	男	女
辽宁	**76723**	**31036**	**45687**	**52022**	**30430**	**21592**	**229204**	**126699**	**102505**
沈阳市	24780	10589	14191	15245	8718	6527	67865	38018	29847
大连市	15873	6529	9344	9007	5071	3936	36760	20070	16690
鞍山市	4497	1913	2584	3496	2136	1360	20989	11210	9779
抚顺市	1774	696	1078	1595	963	632	4942	2719	2223
本溪市	2102	855	1247	1635	984	651	6454	3535	2919
丹东市	3035	1100	1935	2153	1263	890	10493	5941	4552
锦州市	3787	1400	2387	2639	1653	986	12560	7094	5466
营口市	3148	1123	2025	2816	1589	1227	13624	7962	5662
阜新市	1905	673	1232	1328	790	538	5560	3000	2560
辽阳市	2750	1047	1703	2080	1222	858	8797	4720	4077
盘锦市	3321	1387	1934	2608	1486	1122	9860	5286	4574
铁岭市	2568	1084	1484	2045	1254	791	8644	4711	3933
朝阳市	3782	1392	2390	2510	1550	960	11272	6052	5220
葫芦岛市	3076	1115	1961	2595	1595	1000	10374	5833	4541
辽宁省沈抚新区管委会	325	133	192	270	156	114	1010	548	462

7-2 续表 2

单位：人

现住地	农、林、牧、渔业生产及辅助人员			生产制造及有关人员			不便分类的其他从业人员		
	小计	男	女	小计	男	女	小计	男	女
辽宁	**29481**	**15224**	**14257**	**101979**	**76516**	**25463**	**2435**	**1532**	**903**
沈阳市	4797	2322	2475	22687	17396	5291	1223	750	473
大连市	3320	2141	1179	22302	15455	6847	369	250	119
鞍山市	2041	981	1060	8737	6102	2635	109	70	39
抚顺市	772	410	362	2309	1863	446	74	52	22
本溪市	641	374	267	3323	2686	637	56	32	24
丹东市	2037	1269	768	4506	3217	1289	97	60	37
锦州市	3201	1518	1683	5003	3978	1025			
营口市	1758	845	913	6811	5042	1769	5	5	
阜新市	1479	639	840	2006	1562	444	23	16	7
辽阳市	1278	642	636	4786	3613	1173	69	43	26
盘锦市	918	534	384	4478	3551	927	19	18	1
铁岭市	3344	1586	1758	3706	3007	699	124	75	49
朝阳市	2186	1073	1113	5697	4776	921	129	85	44
葫芦岛市	1634	854	780	4996	3771	1225	134	73	61
辽宁省沈抚新区管委会	75	36	39	632	497	135	4	3	1

7-3 全省按现住地、职业和性别分的户口登记地在外省人口

单位：人

现住地	合计			党的机关、国家机关、群众团体和社会组织、企事业单位负责人		
	合计	男	女	小计	男	女
辽宁	**128342**	**79540**	**48802**	**3948**	**2865**	**1083**
沈阳市	36460	22778	13682	1307	965	342
大连市	57645	35459	22186	1782	1271	511
鞍山市	6456	3832	2624	110	77	33
抚顺市	1223	789	434	39	27	12
本溪市	1229	770	459	40	30	10
丹东市	2590	1743	847	70	48	22
锦州市	2198	1355	843	73	53	20
营口市	6843	4214	2629	173	124	49
阜新市	1135	702	433	38	31	7
辽阳市	2633	1617	1016	78	56	22
盘锦市	3584	2377	1207	85	63	22
铁岭市	1566	868	698	44	33	11
朝阳市	2168	1403	765	71	55	16
葫芦岛市	2032	1237	795	23	22	1
辽宁省沈抚新区管委会	580	396	184	15	10	5

7–3　续表 1

单位：人

现住地	专业技术人员			办事人员和有关人员			社会生产服务和生活服务人员		
	小计	男	女	小计	男	女	小计	男	女
辽宁	**9608**	**4761**	**4847**	**5118**	**3111**	**2007**	**60209**	**34561**	**25648**
沈阳市	3040	1535	1505	1539	871	668	19568	11489	8079
大连市	4184	2007	2177	2134	1299	835	24474	13738	10736
鞍山市	256	110	146	169	116	53	3071	1743	1328
抚顺市	94	61	33	67	40	27	535	302	233
本溪市	93	45	48	65	46	19	645	361	284
丹东市	152	79	73	94	60	34	1098	675	423
锦州市	271	146	125	130	92	38	1054	607	447
营口市	385	165	220	208	111	97	3592	2146	1446
阜新市	124	65	59	60	44	16	435	258	177
辽阳市	185	105	80	97	70	27	1187	639	548
盘锦市	292	173	119	189	139	50	1857	1068	789
铁岭市	147	72	75	70	35	35	682	379	303
朝阳市	161	88	73	105	72	33	851	483	368
葫芦岛市	196	96	100	160	96	64	950	545	405
辽宁省沈抚新区管委会	28	14	14	31	20	11	210	128	82

7–3　续表 2

单位：人

现住地	农、林、牧、渔业生产及辅助人员			生产制造及有关人员			不便分类的其他从业人员		
	小计	男	女	小计	男	女	小计	男	女
辽宁	**7639**	**4505**	**3134**	**41098**	**29268**	**11830**	**722**	**469**	**253**
沈阳市	1044	545	499	9604	7147	2457	358	226	132
大连市	3681	2458	1223	21111	14502	6609	279	184	95
鞍山市	466	244	222	2357	1521	836	27	21	6
抚顺市	107	56	51	372	297	75	9	6	3
本溪市	63	40	23	322	248	74	1		1
丹东市	475	364	111	687	505	182	14	12	2
锦州市	217	84	133	453	373	80			
营口市	271	137	134	2214	1531	683			
阜新市	180	62	118	296	242	54	2		2
辽阳市	178	86	92	899	656	243	9	5	4
盘锦市	189	120	69	967	812	155	5	2	3
铁岭市	317	112	205	302	234	68	4	3	1
朝阳市	297	126	171	675	574	101	8	5	3
葫芦岛市	133	58	75	564	415	149	6	5	1
辽宁省沈抚新区管委会	21	13	8	275	211	64			

7-4 全省按现住地、户口登记地类型、受教育程度分的户口登记地在本省其他乡镇街道人口

单位：人

现住地	合计					未上过学				
	合计	乡	镇的村委会	镇的居委会	街道	小计	乡	镇的村委会	镇的居委会	街道
辽宁	**1115104**	**120941**	**351127**	**87846**	**555190**	**10015**	**1346**	**3526**	**673**	**4470**
沈阳市	304402	30562	77233	21265	175342	1804	216	500	109	979
大连市	194347	20047	55784	14208	104308	2177	263	693	137	1084
鞍山市	81854	4337	25282	6930	45305	435	32	142	36	225
抚顺市	31368	3388	6031	2339	19610	366	43	93	23	207
本溪市	35014	1220	8397	2263	23134	458	29	136	30	263
丹东市	51288	3321	22189	6210	19568	628	44	281	79	224
锦州市	64117	9309	22034	4950	27824	370	61	146	22	141
营口市	61723	3421	23244	6956	28102	503	33	209	40	221
阜新市	30529	2424	12223	1728	14154	333	39	132	17	145
辽阳市	45462	2445	20033	3419	19565	403	19	183	29	172
盘锦市	44401	4209	15573	4793	19826	404	27	162	30	185
铁岭市	49290	5844	23361	5003	15082	476	81	232	45	118
朝阳市	60161	14223	23098	2134	20706	1045	255	445	29	316
葫芦岛市	55236	15362	14901	5293	19680	574	195	159	44	176
辽宁省沈抚新区管委会	5912	829	1744	355	2984	39	9	13	3	14

7-4 续表 1

单位：人

现住地	学前教育					小学				
	小计	乡	镇的村委会	镇的居委会	街道	小计	乡	镇的村委会	镇的居委会	街道
辽宁	**26714**	**3316**	**9793**	**1928**	**11677**	**131834**	**19715**	**55369**	**9178**	**47572**
沈阳市	6116	660	1779	389	3288	27307	4043	9644	1578	12042
大连市	5209	580	1724	331	2574	22888	3075	8695	1504	9614
鞍山市	1743	119	624	168	832	8238	589	3511	715	3423
抚顺市	708	97	174	50	387	3622	668	1203	256	1495
本溪市	765	35	284	33	413	3964	244	1502	300	1918
丹东市	1294	79	620	145	450	7663	659	4242	735	2027
锦州市	1430	230	582	100	518	7346	1435	3321	506	2084
营口市	1444	60	619	168	597	9403	651	4276	921	3555
阜新市	869	78	399	43	349	3533	318	1687	207	1321
辽阳市	997	48	506	61	382	6556	468	3665	420	2003
盘锦市	1162	88	443	128	503	5356	637	2321	588	1810
铁岭市	1178	150	619	113	296	7655	1175	4335	511	1634
朝阳市	2114	559	887	69	599	9687	2642	4231	293	2521
葫芦岛市	1535	506	493	120	416	7989	2971	2495	605	1918
辽宁省沈抚新区管委会	150	27	40	10	73	627	140	241	39	207

7-4　续表 2　　单位：人

现住地	初中					高中				
	小计	乡	镇的村委会	镇的居委会	街道	小计	乡	镇的村委会	镇的居委会	街道
辽宁	**425250**	**55163**	**164294**	**32668**	**173125**	**211530**	**20306**	**58414**	**17458**	**115352**
沈阳市	97249	13023	32327	6330	45569	60123	5352	13787	4498	36486
大连市	60871	8151	22420	4047	26253	38832	3742	10477	2998	21615
鞍山市	40335	2521	14600	3706	19508	15914	664	4164	1287	9799
抚顺市	13406	1722	3273	1073	7338	6014	532	758	454	4270
本溪市	14912	608	4278	977	9049	6542	123	1167	472	4780
丹东市	22032	1658	10736	2402	7236	9237	510	3656	1212	3859
锦州市	25864	4535	11123	2001	8205	11259	1447	3194	930	5688
营口市	28455	1797	12226	2868	11564	9205	390	2864	1080	4871
阜新市	11339	1132	5317	624	4266	7368	557	2663	426	3722
辽阳市	20332	1244	10261	1534	7293	7486	316	2794	696	3680
盘锦市	16831	1720	7258	1922	5931	8817	741	2637	937	4502
铁岭市	23184	3055	12025	2274	5830	8093	802	3374	1016	2901
朝阳市	24158	6200	10042	797	7119	12027	2886	4404	426	4311
葫芦岛市	24286	7403	7687	1982	7214	9703	2146	2306	971	4280
辽宁省沈抚新区管委会	1996	394	721	131	750	910	98	169	55	588

7-4　续表 3　　单位：人

现住地	大学专科					大学本科				
	小计	乡	镇的村委会	镇的居委会	街道	小计	乡	镇的村委会	镇的居委会	街道
辽宁	**152093**	**12612**	**36342**	**12784**	**90355**	**143671**	**8005**	**22275**	**12137**	**101254**
沈阳市	52567	4359	11606	3977	32625	52701	2727	7157	3983	38834
大连市	27277	2310	6623	2056	16288	33406	1777	4869	2818	23942
鞍山市	7874	278	1415	573	5608	6890	131	796	431	5532
抚顺市	3419	151	253	221	2794	3596	168	259	252	2917
本溪市	4294	91	515	242	3446	3780	86	494	190	3010
丹东市	5401	210	1537	772	2882	4715	155	1082	805	2673
锦州市	9116	910	2097	750	5359	8083	667	1483	597	5336
营口市	7545	303	2082	1292	3868	4923	182	943	559	3239
阜新市	3751	158	1194	235	2164	3065	130	788	166	1981
辽阳市	5383	253	1754	380	2996	4045	94	844	284	2823
盘锦市	6178	571	1807	607	3193	5328	404	920	550	3454
铁岭市	5285	369	1939	603	2374	3246	207	803	427	1809
朝阳市	6748	1144	2108	283	3213	4183	518	957	229	2479
葫芦岛市	6194	1413	1107	741	2933	4646	691	627	784	2544
辽宁省沈抚新区管委会	1061	92	305	52	612	1064	68	253	62	681

7-4 续表 4

单位：人

现住地	硕士研究生					博士研究生				
	小计	乡	镇的村委会	镇的居委会	街道	小计	乡	镇的村委会	镇的居委会	街道
辽宁	**12719**	**440**	**1059**	**918**	**10302**	**1278**	**38**	**55**	**102**	**1083**
沈阳市	5878	164	413	360	4941	657	18	20	41	578
大连市	3289	137	260	278	2614	398	12	23	39	324
鞍山市	397	3	30	13	351	28			1	27
抚顺市	222	6	17	9	190	15	1	1	1	12
本溪市	267	2	19	18	228	32	2	2	1	27
丹东市	298	5	33	56	204	20	1	2	4	13
锦州市	626	24	86	44	472	23		2		21
营口市	224	5	23	23	173	21		2	5	14
阜新市	239	10	42	9	178	32	2	1	1	28
辽阳市	251	3	26	14	208	9			1	8
盘锦市	313	21	25	29	238	12			2	10
铁岭市	163	4	33	13	113	10	1	1	1	7
朝阳市	194	19	23	8	144	5		1		4
葫芦岛市	293	36	27	41	189	16	1		5	10
辽宁省沈抚新区管委会	65	1	2	3	59					

7-5 全省按现住地、户口登记地类型、受教育程度分的户口登记地在外省人口

单位：人

现住地	合计					未上过学				
	合计	乡	镇的村委会	镇的居委会	街道	小计	乡	镇的村委会	镇的居委会	街道
辽宁	**247799**	**46959**	**115838**	**21325**	**63677**	**2816**	**646**	**1536**	**163**	**471**
沈阳市	69696	11883	32544	5933	19336	583	142	316	38	87
大连市	108677	24297	50024	8999	25357	1392	362	754	71	205
鞍山市	10348	1347	5789	768	2444	95	14	56		25
抚顺市	2945	502	1028	295	1120	39	8	21	2	8
本溪市	2949	259	1195	172	1323	46	6	22	3	15
丹东市	4978	675	2507	555	1241	74	17	34	7	16
锦州市	6570	1104	2360	536	2570	41	14	15	4	8
营口市	13397	1904	6858	1646	2989	144	23	71	16	34
阜新市	2624	261	1370	224	769	28	1	14	1	12
辽阳市	4834	733	2875	323	903	82	16	55	4	7
盘锦市	7170	1428	3178	699	1865	98	17	59	8	14
铁岭市	3317	386	1625	389	917	50	2	32	3	13
朝阳市	4039	818	2129	216	876	78	10	58	2	8
葫芦岛市	4909	1114	1668	491	1636	55	12	22	4	17
辽宁省沈抚新区管委会	1346	248	688	79	331	11	2	7		2

7-5　续表 1　　　　单位：人

现住地	学前教育					小学				
	小计	乡	镇的村委会	镇的居委会	街道	小计	乡	镇的村委会	镇的居委会	街道
辽宁	**4164**	**811**	**2215**	**294**	**844**	**41179**	**9855**	**23686**	**2328**	**5310**
沈阳市	1152	197	665	80	210	9313	1980	5628	511	1194
大连市	1857	442	961	118	336	20050	5682	11120	980	2268
鞍山市	178	29	104	8	37	1815	264	1145	125	281
抚顺市	48	8	16	6	18	447	94	224	34	95
本溪市	35	2	17	1	15	413	36	245	11	121
丹东市	85	5	46	7	27	978	152	616	77	133
锦州市	84	11	34	15	24	649	152	327	42	128
营口市	205	28	115	20	42	2846	481	1719	246	400
阜新市	61	5	27	11	18	297	32	208	26	31
辽阳市	74	13	48	1	12	1068	195	730	38	105
盘锦市	101	19	44	10	28	1228	318	615	108	187
铁岭市	54	5	24	7	18	554	93	327	53	81
朝阳市	108	25	56	3	24	683	150	403	25	105
葫芦岛市	96	19	43	6	28	681	192	290	47	152
辽宁省沈抚新区管委会	26	3	15	1	7	157	34	89	5	29

7-5　续表 2　　　　单位：人

现住地	初中					高中				
	小计	乡	镇的村委会	镇的居委会	街道	小计	乡	镇的村委会	镇的居委会	街道
辽宁	**101718**	**21995**	**54972**	**7583**	**17168**	**38098**	**6297**	**15826**	**4145**	**11830**
沈阳市	25758	5221	14506	1855	4176	12119	1970	5289	1234	3626
大连市	44373	11471	23413	2990	6499	16474	3158	6784	1759	4773
鞍山市	5988	855	3536	402	1195	1426	126	682	129	489
抚顺市	1179	244	502	122	311	414	55	109	50	200
本溪市	1089	84	502	68	435	301	22	107	35	137
丹东市	2356	378	1321	224	433	697	82	244	107	264
锦州市	1803	356	832	154	461	797	105	251	91	350
营口市	6655	993	3646	750	1266	1841	197	767	306	571
阜新市	896	100	546	56	194	370	34	153	30	153
辽阳市	2336	369	1489	145	333	590	78	279	69	164
盘锦市	3248	708	1636	325	579	1020	159	402	104	355
铁岭市	1627	198	835	196	398	455	41	173	64	177
朝阳市	1852	417	1040	84	311	658	116	304	46	192
葫芦岛市	2045	465	865	195	520	818	137	220	112	349
辽宁省沈抚新区管委会	513	136	303	17	57	118	17	62	9	30

7-5　续表 3　　　　　　　　　　　　　　　　　　　　　　　　　　　　　　单位：人

现 住 地	大学专科					大学本科				
	小计	乡	镇 的 村委会	镇 的 居委会	街道	小计	乡	镇 的 村委会	镇 的 居委会	街道
辽宁	**20678**	**2860**	**7416**	**2369**	**8033**	**34494**	**3901**	**9015**	**3966**	**17612**
沈阳市	6995	942	2567	770	2716	11934	1269	3120	1262	6283
大连市	8220	1294	2938	905	3083	14450	1587	3589	1953	7321
鞍山市	499	32	177	67	223	301	19	82	33	167
抚顺市	161	11	32	21	97	601	70	104	56	371
本溪市	221	14	49	16	142	670	79	205	27	359
丹东市	407	21	133	69	184	363	20	111	62	170
锦州市	595	73	175	71	276	2321	347	647	142	1185
营口市	967	90	323	212	342	707	92	213	90	312
阜新市	260	21	107	26	106	577	53	251	66	207
辽阳市	368	50	164	32	122	298	12	108	32	146
盘锦市	626	103	238	51	234	792	96	177	87	432
铁岭市	400	30	185	40	145	168	17	47	25	79
朝阳市	392	64	192	30	106	248	34	74	25	115
葫芦岛市	458	101	89	47	221	659	164	123	71	301
辽宁省沈抚新区管委会	109	14	47	12	36	405	42	164	35	164

7-5　续表 4　　　　　　　　　　　　　　　　　　　　　　　　　　　　　　单位：人

现 住 地	硕士研究生					博士研究生				
	小计	乡	镇 的 村委会	镇 的 居委会	街道	小计	乡	镇 的 村委会	镇 的 居委会	街道
辽宁	**4223**	**542**	**1064**	**434**	**2183**	**429**	**52**	**108**	**43**	**226**
沈阳市	1719	153	418	168	980	123	9	35	15	64
大连市	1622	265	407	197	753	239	36	58	26	119
鞍山市	37	8	7	3	19	9			1	8
抚顺市	53	11	20	4	18	3	1			2
本溪市	159	14	41	11	93	15	2	7		6
丹东市	17		2	2	13	1				1
锦州市	276	46	79	17	134	4				4
营口市	29		4	6	19	3				3
阜新市	116	15	57	7	37	19		7	1	11
辽阳市	17		2	2	13	1				1
盘锦市	53	4	7	6	36	4	4			
铁岭市	9		2	1	6					
朝阳市	16	2	1	1	12	4		1		3
葫芦岛市	94	24	16	9	45	3				3
辽宁省沈抚新区管委会	6		1		5	1				1

7–6　全省按现住地和出生地分的人口

单位：人

现住地	出生地							
	合计	省内		省外				
		本县市区	本省其他县市区	北京	天津	河北	山西	内蒙古
辽宁	**4078397**	**3122971**	**584263**	**2103**	**1853**	**22277**	**4739**	**35691**
沈阳市	858702	538349	215790	679	533	7006	1649	10304
大连市	695764	441730	110440	539	546	4677	1792	10893
鞍山市	330487	291585	26474	98	55	710	109	1520
抚顺市	162349	141757	12036	62	75	1006	84	383
本溪市	129603	110200	13247	50	34	634	104	386
丹东市	210355	187927	13752	90	39	376	70	638
锦州市	274096	227968	34570	119	67	1341	224	1239
营口市	217706	171157	27984	57	82	636	100	1892
阜新市	157064	134941	17228	58	40	656	72	1182
辽阳市	152010	121676	22048	47	26	375	106	950
盘锦市	137974	82356	35419	91	189	2068	174	2078
铁岭市	218046	192164	19950	31	24	415	36	772
朝阳市	287374	265095	15288	71	38	1048	69	2663
葫芦岛市	231201	205158	16907	108	78	1235	135	642
辽宁省沈抚新区管委会	15666	10908	3130	3	27	94	15	149

7–6　续表 1

单位：人

现住地	出生地							
	省外							
	吉林	黑龙江	上海	江苏	浙江	安徽	福建	江西
辽宁	**66957**	**119493**	**817**	**6774**	**3075**	**10547**	**2869**	**2074**
沈阳市	20771	28316	271	2438	1292	4325	1292	827
大连市	26017	55449	294	2166	812	3369	849	714
鞍山市	2336	3897	30	289	140	422	60	51
抚顺市	1810	1014	30	205	62	175	26	47
本溪市	951	1082	9	99	65	184	36	34
丹东市	1858	3023	29	116	73	120	39	44
锦州市	1702	2848	33	194	111	323	118	74
营口市	3258	9363	11	144	86	294	115	62
阜新市	506	659	16	84	60	116	50	27
辽阳市	1546	2610	18	153	84	295	58	31
盘锦市	2119	5397	38	530	121	519	95	41
铁岭市	1803	1339	7	92	33	94	12	15
朝阳市	570	1166	7	57	57	109	58	36
葫芦岛市	1364	2954	24	155	54	167	53	64
辽宁省沈抚新区管委会	346	376		52	25	35	8	7

7–6　续表 2　　单位：人

现住地	出生地								
	省外								
	山东	河南	湖北	湖南	广东	广西	海南	重庆	四川
辽宁	**38256**	**18234**	**4516**	**2820**	**1566**	**1406**	**354**	**1925**	**9374**
沈阳市	9540	4831	1470	961	598	385	101	616	2558
大连市	15184	8582	1568	932	434	489	150	774	3084
鞍山市	1105	434	141	108	50	30	9	69	416
抚顺市	2540	356	66	60	43	36	14	26	95
本溪市	1240	392	51	52	33	71	10	35	172
丹东市	937	341	92	59	49	30	10	31	203
锦州市	944	633	142	93	73	124	12	56	283
营口市	1114	417	91	55	64	38	6	29	378
阜新市	534	278	53	40	35	41	8	24	111
辽阳市	841	306	91	92	35	33	4	48	214
盘锦市	2328	845	520	198	48	57	11	110	1415
铁岭市	604	162	51	36	33	12	9	29	111
朝阳市	321	174	69	53	31	24	5	20	92
葫芦岛市	831	406	95	75	37	28	5	50	202
辽宁省沈抚新区管委会	193	77	16	6	3	8		8	40

7–6　续表 3　　单位：人

现住地	出生地								
	省外								港澳台或国外
	贵州	云南	西藏	陕西	甘肃	青海	宁夏	新疆	
辽宁	**2254**	**1200**	**128**	**2899**	**2894**	**666**	**411**	**2143**	**848**
沈阳市	623	302	57	895	789	231	122	590	191
大连市	733	426	27	894	881	185	161	744	229
鞍山市	60	36	2	118	65	25	10	23	10
抚顺市	55	20	12	39	75	14	12	71	43
本溪市	93	27	3	98	110	10	11	43	37
丹东市	48	22	5	41	62	24	7	23	177
锦州市	239	63	6	106	176	45	24	139	7
营口市	53	32		48	47	18	6	49	20
阜新市	63	27	5	50	47	11	2	29	11
辽阳市	41	33	3	97	77	17	4	23	28
盘锦市	113	50	2	285	372	29	21	289	46
铁岭市	38	42		25	57	15	4	12	19
朝阳市	27	29	3	84	42	21	9	24	14
葫芦岛市	56	62	3	84	81	21	18	38	11
辽宁省沈抚新区管委会	12	29		35	13			46	5

7-7　全省按现住地和五年前常住地分的人口

单位：人

现住地	五年前常住地							
	合计	省内		省外				
		本县市区	本省其他县市区	北京	天津	河北	山西	内蒙古
辽宁	**3947605**	**3693885**	**162323**	**4003**	**1317**	**5158**	**1897**	**7685**
沈阳市	827255	739058	60558	1298	397	1501	619	2132
大连市	670474	604221	31296	892	371	1324	732	2701
鞍山市	322029	314948	4654	130	41	124	38	295
抚顺市	158425	153715	2870	94	31	84	39	60
本溪市	126505	121414	3590	41	26	117	76	64
丹东市	204252	198166	3828	144	25	113	20	145
锦州市	266982	249689	12801	291	68	474	132	252
营口市	210802	200235	7119	178	47	138	33	374
阜新市	152526	145113	5749	117	42	171	47	234
辽阳市	147941	140288	5968	104	17	79	26	137
盘锦市	133007	123218	7447	139	43	199	30	213
铁岭市	212710	205397	5810	76	14	88	11	161
朝阳市	276306	269240	4760	214	88	316	29	680
葫芦岛市	223237	216291	4375	272	79	389	54	156
辽宁省沈抚新区管委会	15154	12892	1498	13	28	41	11	81

7-7　续表 1

单位：人

现住地	五年前常住地							
	省外							
	吉林	黑龙江	上海	江苏	浙江	安徽	福建	江西
辽宁	**13076**	**21716**	**783**	**2042**	**1264**	**2528**	**982**	**667**
沈阳市	4243	5338	268	754	458	980	365	256
大连市	5398	10900	225	649	357	790	296	233
鞍山市	373	686	19	71	44	90	21	4
抚顺市	212	167	29	31	32	63	19	12
本溪市	160	134	14	34	20	49	29	15
丹东市	413	492	35	41	47	27	28	20
锦州市	352	529	43	84	77	177	54	34
营口市	494	1376	28	46	21	77	10	8
阜新市	117	145	23	56	23	56	15	15
辽阳市	217	361	19	57	40	48	34	13
盘锦市	235	544	18	82	41	64	31	5
铁岭市	348	244	24	13	23	9	6	12
朝阳市	130	222	21	39	27	32	32	13
葫芦岛市	253	474	12	48	34	49	37	21
辽宁省沈抚新区管委会	131	104	5	37	20	17	5	6

7-7 续表 2

单位：人

现住地	五年前常住地								
	省外								
	山东	河南	湖北	湖南	广东	广西	海南	重庆	四川
辽宁	**4908**	**4647**	**1131**	**920**	**1396**	**986**	**268**	**675**	**2277**
沈阳市	1595	1475	411	338	484	277	83	223	803
大连市	1795	1801	420	309	433	373	119	276	771
鞍山市	88	69	31	16	29	9	1	25	37
抚顺市	151	103	15	33	25	21	8	9	33
本溪市	100	108	13	12	27	58	7	17	54
丹东市	106	87	29	20	58	25	8	11	42
锦州市	324	346	53	53	85	107	13	28	184
营口市	136	92	19	10	59	22	5	5	68
阜新市	86	93	17	21	31	33	3	12	43
辽阳市	52	80	20	24	37	12	2	7	26
盘锦市	133	116	37	28	35	12	2	9	67
铁岭市	70	51	5	9	37	7	4	14	27
朝阳市	96	71	28	22	27	6	6	8	34
葫芦岛市	149	112	29	23	27	18	7	25	61
辽宁省沈抚新区管委会	27	43	4	2	2	6		6	27

7-7 续表 3

单位：人

现住地	五年前常住地								
	省外								港澳台或国外
	贵州	云南	西藏	陕西	甘肃	青海	宁夏	新疆	
辽宁	**1652**	**828**	**125**	**946**	**1241**	**283**	**243**	**1319**	**4434**
沈阳市	487	211	56	324	402	134	79	384	1264
大连市	572	304	28	304	398	63	85	487	1551
鞍山市	19	8	2	23	10	4	3	10	107
抚顺市	37	10	11	15	35	10	9	63	379
本溪市	80	20	2	14	53	2	10	33	112
丹东市	32	17	1	18	37	7	1	8	201
锦州市	213	63	10	54	130	32	26	119	85
营口市	34	27		14	22	5	9	31	60
阜新市	58	25	4	30	38	3	3	30	73
辽阳市	20	15	2	16	33	1	1	8	177
盘锦市	25	31	1	20	22	1	1	42	116
铁岭市	15	15		11	7	3	1	7	191
朝阳市	12	14	4	47	12	12	4	20	40
葫芦岛市	39	41	4	31	33	6	11	31	46
辽宁省沈抚新区管委会	9	27		25	9			46	32

第二部分　长表数据资料

第八卷　老年人口

8-1　各地区分性别、健康状况的60岁及以上老年人口

单位：人

地　区	60岁及以上人口			健　康		
	合计	男	女	小计	男	女
辽宁	**1053493**	**502283**	**551210**	**572796**	**286220**	**286576**
沈阳市	198630	93591	105039	121326	59306	62020
大连市	175427	84595	90832	102320	51438	50882
鞍山市	89578	43018	46560	51007	25474	25533
抚顺市	51399	24102	27297	25361	12588	12773
本溪市	38024	17902	20122	20920	10328	10592
丹东市	62392	30210	32182	31629	16270	15359
锦州市	75698	36085	39613	41600	20700	20900
营口市	55979	26810	29169	28970	14620	14350
阜新市	41459	18968	22491	19273	9450	9823
辽阳市	42706	20394	22312	19999	10110	9889
盘锦市	30783	14711	16072	18613	9192	9421
铁岭市	60602	29372	31230	29861	15324	14537
朝阳市	68380	32311	36069	32021	16141	15880
葫芦岛市	58872	28480	30392	27991	14319	13672
辽宁省沈抚新区管委会	3564	1734	1830	1905	960	945

8-1　续表

单位：人

地　区	基本健康			不健康，但生活能自理			不健康，生活不能自理		
	小计	男	女	小计	男	女	小计	男	女
辽宁	**334574**	**149622**	**184952**	**124049**	**56101**	**67948**	**22074**	**10340**	**11734**
沈阳市	58602	25658	32944	15129	6868	8261	3573	1759	1814
大连市	52382	23797	28585	17446	7910	9536	3279	1450	1829
鞍山市	28527	12909	15618	8575	3921	4654	1469	714	755
抚顺市	18122	8032	10090	6557	2836	3721	1359	646	713
本溪市	12191	5350	6841	4087	1836	2251	826	388	438
丹东市	21431	9714	11717	8123	3688	4435	1209	538	671
锦州市	21471	9521	11950	10681	4911	5770	1946	953	993
营口市	19256	8638	10618	6674	3044	3630	1079	508	571
阜新市	14502	6220	8282	6558	2779	3779	1126	519	607
辽阳市	15656	7078	8578	6032	2728	3304	1019	478	541
盘锦市	9046	4035	5011	2540	1192	1348	584	292	292
铁岭市	20584	9377	11207	8930	4063	4867	1227	608	619
朝阳市	22328	9928	12400	12211	5454	6757	1820	788	1032
葫芦岛市	19190	8767	10423	10196	4730	5466	1495	664	831
辽宁省沈抚新区管委会	1286	598	688	310	141	169	63	35	28

8-1a 各地区分性别、健康状况的60岁及以上老年人口(城市)

单位：人

地　区	60岁及以上人口			健　康		
	合计	男	女	小计	男	女
辽宁	**571739**	**266932**	**304807**	**353959**	**171483**	**182476**
沈阳市	150971	70314	80657	96709	46463	50246
大连市	120883	57361	63522	77093	37971	39122
鞍山市	51373	24298	27075	31613	15485	16128
抚顺市	33484	15277	18207	18693	8955	9738
本溪市	21876	10048	11828	13652	6570	7082
丹东市	28839	13607	15232	16939	8382	8557
锦州市	29459	13585	15874	19497	9257	10240
营口市	29535	13837	15698	17269	8389	8880
阜新市	16822	7445	9377	9882	4612	5270
辽阳市	20246	9437	10809	11036	5348	5688
盘锦市	18649	8785	9864	11843	5737	6106
铁岭市	13323	6214	7109	7514	3637	3877
朝阳市	17146	7814	9332	10136	4843	5293
葫芦岛市	16508	7658	8850	10630	5116	5514
辽宁省沈抚新区管委会	2625	1252	1373	1453	718	735

8-1a 续表

单位：人

地　区	基本健康			不健康，但生活能自理			不健康，生活不能自理		
	小计	男	女	小计	男	女	小计	男	女
辽宁	**164602**	**71687**	**92915**	**42535**	**18752**	**23783**	**10643**	**5010**	**5633**
沈阳市	42681	18584	24097	9057	4060	4997	2524	1207	1317
大连市	33045	14594	18451	8601	3839	4762	2144	957	1187
鞍山市	15416	6839	8577	3583	1603	1980	761	371	390
抚顺市	10931	4673	6258	3034	1264	1770	826	385	441
本溪市	5984	2500	3484	1753	749	1004	487	229	258
丹东市	9086	3996	5090	2360	1020	1340	454	209	245
锦州市	6812	2886	3926	2447	1082	1365	703	360	343
营口市	9415	4162	5253	2401	1067	1334	450	219	231
阜新市	4936	1981	2955	1577	657	920	427	195	232
辽阳市	6692	2982	3710	2027	875	1152	491	232	259
盘锦市	5151	2260	2891	1304	603	701	351	185	166
铁岭市	4502	1987	2515	1080	491	589	227	99	128
朝阳市	4796	2012	2784	1818	776	1042	396	183	213
葫芦岛市	4222	1807	2415	1299	580	719	357	155	202
辽宁省沈抚新区管委会	933	424	509	194	86	108	45	24	21

8-1b　各地区分性别、健康状况的60岁及以上老年人口(镇)

单位：人

地　　区	60岁及以上人口			健　　康		
	合计	男	女	小计	男	女
辽宁	**118006**	**55672**	**62334**	**61449**	**30455**	**30994**
沈阳市	8974	4197	4777	5188	2545	2643
大连市	6684	3231	3453	3603	1817	1786
鞍山市	13028	6235	6793	7318	3623	3695
抚顺市	6144	2886	3258	2501	1276	1225
本溪市	6977	3245	3732	3453	1692	1761
丹东市	10995	5285	5710	5139	2614	2525
锦州市	8947	4166	4781	5341	2590	2751
营口市	3916	1944	1972	2072	1090	982
阜新市	7388	3322	4066	3218	1559	1659
辽阳市	4838	2267	2571	2026	1004	1022
盘锦市	2993	1449	1544	1851	921	930
铁岭市	16401	7788	8613	9171	4534	4637
朝阳市	9970	4581	5389	5212	2531	2681
葫芦岛市	10751	5076	5675	5356	2659	2697
辽宁省沈抚新区管委会						

8-1b　续表

单位：人

地　　区	基本健康			不健康，但生活能自理			不健康，生活不能自理		
	小计	男	女	小计	男	女	小计	男	女
辽宁	**39672**	**17496**	**22176**	**14342**	**6477**	**7865**	**2543**	**1244**	**1299**
沈阳市	2921	1254	1667	710	311	399	155	87	68
大连市	2143	991	1152	787	361	426	151	62	89
鞍山市	4307	1960	2347	1224	560	664	179	92	87
抚顺市	2598	1142	1456	842	360	482	203	108	95
本溪市	2741	1192	1549	669	295	374	114	66	48
丹东市	4164	1891	2273	1453	680	773	239	100	139
锦州市	2400	1011	1389	1023	469	554	183	96	87
营口市	1242	561	681	511	247	264	91	46	45
阜新市	2814	1181	1633	1165	495	670	191	87	104
辽阳市	2002	909	1093	701	298	403	109	56	53
盘锦市	811	364	447	279	133	146	52	31	21
铁岭市	5071	2260	2811	1860	848	1012	299	146	153
朝阳市	3029	1276	1753	1470	655	815	259	119	140
葫芦岛市	3429	1504	1925	1648	765	883	318	148	170
辽宁省沈抚新区管委会									

8-1c 各地区分性别、健康状况的60岁及以上老年人口(乡村)

单位：人

地区	60岁及以上人口			健康		
	合计	男	女	小计	男	女
辽宁	**363748**	**179679**	**184069**	**157388**	**84282**	**73106**
沈阳市	38685	19080	19605	19429	10298	9131
大连市	47860	24003	23857	21624	11650	9974
鞍山市	25177	12485	12692	12076	6366	5710
抚顺市	11771	5939	5832	4167	2357	1810
本溪市	9171	4609	4562	3815	2066	1749
丹东市	22558	11318	11240	9551	5274	4277
锦州市	37292	18334	18958	16762	8853	7909
营口市	22528	11029	11499	9629	5141	4488
阜新市	17249	8201	9048	6173	3279	2894
辽阳市	17622	8690	8932	6937	3758	3179
盘锦市	9141	4477	4664	4919	2534	2385
铁岭市	30878	15370	15508	13176	7153	6023
朝阳市	41264	19916	21348	16673	8767	7906
葫芦岛市	31613	15746	15867	12005	6544	5461
辽宁省沈抚新区管委会	939	482	457	452	242	210

8-1c 续表

单位：人

地区	基本健康			不健康，但生活能自理			不健康，生活不能自理		
	小计	男	女	小计	男	女	小计	男	女
辽宁	**130300**	**60439**	**69861**	**67172**	**30872**	**36300**	**8888**	**4086**	**4802**
沈阳市	13000	5820	7180	5362	2497	2865	894	465	429
大连市	17194	8212	8982	8058	3710	4348	984	431	553
鞍山市	8804	4110	4694	3768	1758	2010	529	251	278
抚顺市	4593	2217	2376	2681	1212	1469	330	153	177
本溪市	3466	1658	1808	1665	792	873	225	93	132
丹东市	8181	3827	4354	4310	1988	2322	516	229	287
锦州市	12259	5624	6635	7211	3360	3851	1060	497	563
营口市	8599	3915	4684	3762	1730	2032	538	243	295
阜新市	6752	3058	3694	3816	1627	2189	508	237	271
辽阳市	6962	3187	3775	3304	1555	1749	419	190	229
盘锦市	3084	1411	1673	957	456	501	181	76	105
铁岭市	11011	5130	5881	5990	2724	3266	701	363	338
朝阳市	14503	6640	7863	8923	4023	4900	1165	486	679
葫芦岛市	11539	5456	6083	7249	3385	3864	820	361	459
辽宁省沈抚新区管委会	353	174	179	116	55	61	18	11	7

8-2　全省分年龄、性别、健康状况的60岁及以上老年人口

单位：人

年　龄	60岁及以上人口			健　康		
	合计	男	女	小计	男	女
总　计	**1053493**	**502283**	**551210**	**572796**	**286220**	**286576**
60—64岁	**342612**	**167953**	**174659**	**235809**	**118004**	**117805**
60	70606	34833	35773	51252	25743	25509
61	58414	28878	29536	41041	20655	20386
62	71324	35068	36256	49057	24559	24498
63	73735	36048	37687	49662	24854	24808
64	68533	33126	35407	44797	22193	22604
65—69岁	**305565**	**147530**	**158035**	**180450**	**90315**	**90135**
65	71784	34946	36838	45482	22674	22808
66	68627	33341	35286	42172	21225	20947
67	57889	28083	29806	34006	17108	16898
68	56713	27031	29682	31630	15828	15802
69	50552	24129	26423	27160	13480	13680
70—74岁	**179915**	**85347**	**94568**	**83953**	**42466**	**41487**
70	47484	22817	24667	24229	12328	11901
71	41064	19636	21428	19487	9881	9606
72	32787	15346	17441	14951	7536	7415
73	30072	14049	16023	13206	6585	6621
74	28508	13499	15009	12080	6136	5944
75—79岁	**108135**	**50261**	**57874**	**40897**	**20320**	**20577**
75	23911	11150	12761	9792	4925	4867
76	23087	10734	12353	8931	4441	4490
77	21523	10132	11391	8093	4030	4063
78	20414	9421	10993	7488	3681	3807
79	19200	8824	10376	6593	3243	3350
80—84岁	**69483**	**30692**	**38791**	**20969**	**9984**	**10985**
80	17033	7594	9439	5618	2718	2900
81	14997	6562	8435	4544	2129	2415
82	14479	6411	8068	4356	2045	2311
83	12083	5323	6760	3418	1631	1787
84	10891	4802	6089	3033	1461	1572
85—89岁	**34022**	**14609**	**19413**	**8236**	**3903**	**4333**
85	9701	4133	5568	2525	1193	1332
86	7843	3381	4462	1944	902	1042
87	6842	2950	3892	1635	779	856
88	5467	2351	3116	1220	589	631
89	4169	1794	2375	912	440	472
90—94岁	**11369**	**4923**	**6446**	**2130**	**1071**	**1059**
90	3912	1692	2220	817	430	387
91	2668	1163	1505	497	246	251
92	2147	952	1195	384	192	192
93	1579	691	888	282	138	144
94	1063	425	638	150	65	85
95—99岁	**2202**	**909**	**1293**	**330**	**155**	**175**
95	860	351	509	137	60	77
96	547	225	322	82	39	43
97	378	155	223	57	27	30
98	246	100	146	31	17	14
99	171	78	93	23	12	11
100岁及以上	**190**	**59**	**131**	**22**	**2**	**20**

8-2 续表 单位：人

年 龄	基本健康			不健康，但生活能自理			不健康，生活不能自理		
	小计	男	女	小计	男	女	小计	男	女
总 计	**334574**	**149622**	**184952**	**124049**	**56101**	**67948**	**22074**	**10340**	**11734**
60—64岁	**84178**	**37936**	**46242**	**19810**	**10331**	**9479**	**2815**	**1682**	**1133**
60	15362	6896	8466	3478	1884	1594	514	310	204
61	13698	6249	7449	3203	1697	1506	472	277	195
62	17570	7965	9605	4112	2196	1916	585	348	237
63	19026	8548	10478	4440	2270	2170	607	376	231
64	18522	8278	10244	4577	2284	2293	637	371	266
65—69岁	**95133**	**42592**	**52541**	**26399**	**12575**	**13824**	**3583**	**2048**	**1535**
65	20446	9287	11159	5129	2551	2578	727	434	293
66	20389	9082	11307	5321	2590	2731	745	444	301
67	18296	8285	10011	4939	2330	2609	648	360	288
68	18767	8221	10546	5610	2584	3026	706	398	308
69	17235	7717	9518	5400	2520	2880	757	412	345
70—74岁	**67191**	**29966**	**37225**	**25270**	**11167**	**14103**	**3501**	**1748**	**1753**
70	16820	7494	9326	5660	2588	3072	775	407	368
71	15245	6872	8373	5555	2480	3075	777	403	374
72	12415	5414	7001	4782	2090	2692	639	306	333
73	11631	5221	6410	4612	1952	2660	623	291	332
74	11080	4965	6115	4661	2057	2604	687	341	346
75—79岁	**42876**	**19373**	**23503**	**20995**	**9028**	**11967**	**3367**	**1540**	**1827**
75	9325	4162	5163	4174	1785	2389	620	278	342
76	9215	4126	5089	4322	1893	2429	619	274	345
77	8589	3962	4627	4174	1826	2348	667	314	353
78	8081	3671	4410	4137	1741	2396	708	328	380
79	7666	3452	4214	4188	1783	2405	753	346	407
80—84岁	**27673**	**12064**	**15609**	**17162**	**7196**	**9966**	**3679**	**1448**	**2231**
80	6747	2913	3834	3898	1640	2258	770	323	447
81	6038	2600	3438	3695	1538	2157	720	295	425
82	5713	2544	3169	3639	1534	2105	771	288	483
83	4842	2115	2727	3124	1319	1805	699	258	441
84	4333	1892	2441	2806	1165	1641	719	284	435
85—89岁	**12963**	**5674**	**7289**	**9911**	**3976**	**5935**	**2912**	**1056**	**1856**
85	3771	1590	2181	2702	1079	1623	703	271	432
86	3013	1333	1680	2238	901	1337	648	245	403
87	2622	1179	1443	2002	786	1216	583	206	377
88	2032	901	1131	1664	674	990	551	187	364
89	1525	671	854	1305	536	769	427	147	280
90—94岁	**3853**	**1720**	**2133**	**3690**	**1481**	**2209**	**1696**	**651**	**1045**
90	1390	608	782	1225	466	759	480	188	292
91	934	430	504	856	344	512	381	143	238
92	701	315	386	729	316	413	333	129	204
93	481	221	260	522	214	308	294	118	176
94	347	146	201	358	141	217	208	73	135
95—99岁	**654**	**276**	**378**	**752**	**322**	**430**	**466**	**156**	**310**
95	263	109	154	291	127	164	169	55	114
96	158	63	95	193	85	108	114	38	76
97	100	41	59	135	54	81	86	33	53
98	77	39	38	79	27	52	59	17	42
99	56	24	32	54	29	25	38	13	25
100岁及以上	**53**	**21**	**32**	**60**	**25**	**35**	**55**	**11**	**44**

8−2a　全省分年龄、性别、健康状况的60岁及以上老年人口(城市)

单位：人

年　龄	60岁及以上人口			健　康		
	合计	男	女	小计	男	女
总　计	**571739**	**266932**	**304807**	**353959**	**171483**	**182476**
60−64岁	**192269**	**93380**	**98889**	**143075**	**70086**	**72989**
60	40191	19779	20412	30946	15352	15594
61	32795	16111	16684	24634	12153	12481
62	40338	19662	20676	29975	14675	15300
63	40910	19690	21220	30060	14608	15452
64	38035	18138	19897	27460	13298	14162
65−69岁	**161394**	**76719**	**84675**	**108995**	**52840**	**56155**
65	38999	18780	20219	27627	13454	14173
66	36698	17536	19162	25503	12404	13099
67	30844	14761	16083	20718	10098	10620
68	29136	13607	15529	18934	9109	9825
69	25717	12035	13682	16213	7775	8438
70−74岁	**89375**	**41546**	**47829**	**50830**	**24694**	**26136**
70	24401	11615	12786	14858	7325	7533
71	19829	9348	10481	11363	5547	5816
72	15858	7282	8576	8866	4298	4568
73	14797	6763	8034	8130	3881	4249
74	14490	6538	7952	7613	3643	3970
75−79岁	**57018**	**25337**	**31681**	**27153**	**12876**	**14277**
75	12165	5487	6678	6234	3004	3230
76	11604	5134	6470	5672	2684	2988
77	11386	5148	6238	5385	2585	2800
78	11233	4942	6291	5225	2435	2790
79	10630	4626	6004	4637	2168	2469
80−84岁	**41670**	**17102**	**24568**	**15532**	**7017**	**8515**
80	9789	4084	5705	4015	1860	2155
81	8869	3552	5317	3367	1488	1879
82	8656	3552	5104	3225	1424	1801
83	7428	3039	4389	2575	1166	1409
84	6928	2875	4053	2350	1079	1271
85−89岁	**21604**	**9176**	**12428**	**6477**	**3042**	**3435**
85	6166	2535	3631	1962	914	1048
86	5014	2105	2909	1558	712	846
87	4361	1885	2476	1265	601	664
88	3418	1487	1931	969	466	503
89	2645	1164	1481	723	349	374
90−94岁	**7033**	**3113**	**3920**	**1637**	**814**	**823**
90	2449	1089	1360	641	330	311
91	1678	728	950	385	191	194
92	1324	606	718	304	150	154
93	931	418	513	197	95	102
94	651	272	379	110	48	62
95−99岁	**1258**	**526**	**732**	**243**	**114**	**129**
95	491	198	293	101	44	57
96	322	138	184	66	31	35
97	210	84	126	38	19	19
98	143	60	83	21	10	11
99	92	46	46	17	10	7
100岁及以上	**118**	**33**	**85**	**17**		**17**

8-2a 续表 单位：人

年 龄	基本健康			不健康，但生活能自理			不健康，生活不能自理		
	小计	男	女	小计	男	女	小计	男	女
总 计	**164602**	**71687**	**92915**	**42535**	**18752**	**23783**	**10643**	**5010**	**5633**
60-64岁	**40456**	**18429**	**22027**	**7442**	**4026**	**3416**	**1296**	**839**	**457**
60	7567	3454	4113	1438	817	621	240	156	84
61	6629	3094	3535	1301	722	579	231	142	89
62	8526	3934	4592	1562	862	700	275	191	84
63	9025	4079	4946	1553	830	723	272	173	99
64	8709	3868	4841	1588	795	793	278	177	101
65-69岁	**42766**	**18971**	**23795**	**8146**	**4009**	**4137**	**1487**	**899**	**588**
65	9411	4276	5135	1655	866	789	306	184	122
66	9216	4096	5120	1648	841	807	331	195	136
67	8283	3718	4565	1576	784	792	267	161	106
68	8273	3551	4722	1647	774	873	282	173	109
69	7583	3330	4253	1620	744	876	301	186	115
70-74岁	**30135**	**13022**	**17113**	**7007**	**3093**	**3914**	**1403**	**737**	**666**
70	7574	3335	4239	1646	774	872	323	181	142
71	6680	2947	3733	1484	679	805	302	175	127
72	5462	2300	3162	1282	565	717	248	119	129
73	5211	2264	2947	1231	515	716	225	103	122
74	5208	2176	3032	1364	560	804	305	159	146
75-79岁	**21922**	**9248**	**12674**	**6449**	**2541**	**3908**	**1494**	**672**	**822**
75	4467	1885	2582	1211	488	723	253	110	143
76	4417	1814	2603	1253	522	731	262	114	148
77	4439	1929	2510	1279	511	768	283	123	160
78	4358	1855	2503	1305	481	824	345	171	174
79	4241	1765	2476	1401	539	862	351	154	197
80-84岁	**17243**	**6828**	**10415**	**6868**	**2486**	**4382**	**2027**	**771**	**1256**
80	3963	1542	2421	1413	513	900	398	169	229
81	3698	1415	2283	1418	501	917	386	148	238
82	3555	1448	2107	1454	526	928	422	154	268
83	3100	1242	1858	1354	491	863	399	140	259
84	2927	1181	1746	1229	455	774	422	160	262
85-89岁	**8924**	**3783**	**5141**	**4544**	**1753**	**2791**	**1659**	**598**	**1061**
85	2613	1032	1581	1204	441	763	387	148	239
86	2059	878	1181	1016	375	641	381	140	241
87	1799	807	992	958	357	601	339	120	219
88	1412	609	803	717	305	412	320	107	213
89	1041	457	584	649	275	374	232	83	149
90-94岁	**2702**	**1211**	**1491**	**1717**	**693**	**1024**	**977**	**395**	**582**
90	982	427	555	538	214	324	288	118	170
91	666	302	364	409	155	254	218	80	138
92	481	226	255	347	150	197	192	80	112
93	341	161	180	235	93	142	158	69	89
94	232	95	137	188	81	107	121	48	73
95-99岁	**420**	**177**	**243**	**335**	**142**	**193**	**260**	**93**	**167**
95	163	66	97	132	54	78	95	34	61
96	100	43	57	93	43	50	63	21	42
97	61	21	40	57	23	34	54	21	33
98	58	28	30	35	11	24	29	11	18
99	38	19	19	18	11	7	19	6	13
100岁及以上	**34**	**18**	**16**	**27**	**9**	**18**	**40**	**6**	**34**

8-2b 全省分年龄、性别、健康状况的60岁及以上老年人口(镇)

单位：人

年 龄	60岁及以上人口			健 康		
	合计	男	女	小计	男	女
总 计	**118006**	**55672**	**62334**	**61449**	**30455**	**30994**
60-64岁	**37723**	**18313**	**19410**	**24946**	**12376**	**12570**
60	7629	3711	3918	5356	2656	2700
61	6443	3161	3282	4381	2216	2165
62	7963	3876	4087	5255	2593	2662
63	8221	3977	4244	5271	2613	2658
64	7467	3588	3879	4683	2298	2385
65-69岁	**34431**	**16436**	**17995**	**19495**	**9661**	**9834**
65	7869	3712	4157	4748	2290	2458
66	7721	3717	4004	4603	2302	2301
67	6468	3118	3350	3618	1803	1815
68	6488	3098	3390	3547	1790	1757
69	5885	2791	3094	2979	1476	1503
70-74岁	**21119**	**9675**	**11444**	**9409**	**4616**	**4793**
70	5470	2503	2967	2640	1279	1361
71	4916	2248	2668	2296	1118	1178
72	3908	1773	2135	1737	868	869
73	3532	1601	1931	1435	691	744
74	3293	1550	1743	1301	660	641
75-79岁	**12693**	**5786**	**6907**	**4612**	**2281**	**2331**
75	2821	1276	1545	1142	545	597
76	2790	1274	1516	1014	483	531
77	2422	1132	1290	905	459	446
78	2341	1029	1312	813	407	406
79	2319	1075	1244	738	387	351
80-84岁	**7420**	**3455**	**3965**	**2061**	**1062**	**999**
80	1906	873	1033	586	288	298
81	1669	767	902	442	221	221
82	1540	733	807	444	235	209
83	1209	554	655	316	168	148
84	1096	528	568	273	150	123
85-89岁	**3305**	**1426**	**1879**	**695**	**330**	**365**
85	969	418	551	226	97	129
86	756	327	429	154	71	83
87	648	273	375	141	74	67
88	526	233	293	101	49	52
89	406	175	231	73	39	34
90-94岁	**1079**	**478**	**601**	**200**	**110**	**90**
90	394	170	224	77	48	29
91	235	102	133	40	19	21
92	198	93	105	32	18	14
93	155	69	86	35	16	19
94	97	44	53	16	9	7
95-99岁	**225**	**99**	**126**	**29**	**18**	**11**
95	78	32	46	9	6	3
96	56	29	27	8	4	4
97	38	15	23	5	3	2
98	27	11	16	5	3	2
99	26	12	14	2	2	
100岁及以上	**11**	**4**	**7**	**2**	**1**	**1**

8–2b 续表 单位：人

年龄	基本健康			不健康，但生活能自理			不健康，生活不能自理		
	小计	男	女	小计	男	女	小计	男	女
总 计	**39672**	**17496**	**22176**	**14342**	**6477**	**7865**	**2543**	**1244**	**1299**
60–64岁	**10145**	**4531**	**5614**	**2305**	**1211**	**1094**	**327**	**195**	**132**
60	1837	808	1029	377	209	168	59	38	21
61	1635	723	912	380	197	183	47	25	22
62	2169	987	1182	474	259	215	65	37	28
63	2336	1044	1292	541	275	266	73	45	28
64	2168	969	1199	533	271	262	83	50	33
65–69岁	**11398**	**5028**	**6370**	**3094**	**1479**	**1615**	**444**	**268**	**176**
65	2471	1092	1379	564	272	292	86	58	28
66	2420	1054	1366	616	306	310	82	55	27
67	2186	1002	1184	583	268	315	81	45	36
68	2222	970	1252	628	292	336	91	46	45
69	2099	910	1189	703	341	362	104	64	40
70–74岁	**8231**	**3478**	**4753**	**3050**	**1366**	**1684**	**429**	**215**	**214**
70	2030	861	1169	703	316	387	97	47	50
71	1858	773	1085	665	304	361	97	53	44
72	1516	618	898	573	249	324	82	38	44
73	1476	643	833	542	224	318	79	43	36
74	1351	583	768	567	273	294	74	34	40
75–79岁	**5196**	**2283**	**2913**	**2480**	**1031**	**1449**	**405**	**191**	**214**
75	1104	487	617	498	205	293	77	39	38
76	1193	545	648	514	220	294	69	26	43
77	968	442	526	465	193	272	84	38	46
78	957	381	576	499	209	290	72	32	40
79	974	428	546	504	204	300	103	56	47
80–84岁	**3052**	**1442**	**1610**	**1913**	**793**	**1120**	**394**	**158**	**236**
80	795	368	427	438	186	252	87	31	56
81	714	325	389	422	183	239	91	38	53
82	630	302	328	390	165	225	76	31	45
83	482	229	253	346	133	213	65	24	41
84	431	218	213	317	126	191	75	34	41
85–89岁	**1260**	**559**	**701**	**1027**	**406**	**621**	**323**	**131**	**192**
85	356	161	195	298	124	174	89	36	53
86	302	130	172	238	100	138	62	26	36
87	245	99	146	210	78	132	52	22	30
88	203	100	103	163	62	101	59	22	37
89	154	69	85	118	42	76	61	25	36
90–94岁	**323**	**148**	**175**	**386**	**152**	**234**	**170**	**68**	**102**
90	125	52	73	145	52	93	47	18	29
91	73	30	43	82	33	49	40	20	20
92	56	29	27	73	34	39	37	12	25
93	40	22	18	52	19	33	28	12	16
94	29	15	14	34	14	20	18	6	12
95–99岁	**65**	**27**	**38**	**82**	**36**	**46**	**49**	**18**	**31**
95	19	8	11	32	12	20	18	6	12
96	23	11	12	14	9	5	11	5	6
97	9	4	5	16	4	12	8	4	4
98	6	3	3	9	4	5	7	1	6
99	8	1	7	11	7	4	5	2	3
100岁及以上	**2**		**2**	**5**	**3**	**2**	**2**		**2**

8-2c　全省分年龄、性别、健康状况的60岁及以上老年人口(乡村)

单位：人

年　龄	60岁及以上人口			健　康		
	合计	男	女	小计	男	女
总　计	**363748**	**179679**	**184069**	**157388**	**84282**	**73106**
60-64岁	**112620**	**56260**	**56360**	**67788**	**35542**	**32246**
60	22786	11343	11443	14950	7735	7215
61	19176	9606	9570	12026	6286	5740
62	23023	11530	11493	13827	7291	6536
63	24604	12381	12223	14331	7633	6698
64	23031	11400	11631	12654	6597	6057
65-69岁	**109740**	**54375**	**55365**	**51960**	**27814**	**24146**
65	24916	12454	12462	13107	6930	6177
66	24208	12088	12120	12066	6519	5547
67	20577	10204	10373	9670	5207	4463
68	21089	10326	10763	9149	4929	4220
69	18950	9303	9647	7968	4229	3739
70-74岁	**69421**	**34126**	**35295**	**23714**	**13156**	**10558**
70	17613	8699	8914	6731	3724	3007
71	16319	8040	8279	5828	3216	2612
72	13021	6291	6730	4348	2370	1978
73	11743	5685	6058	3641	2013	1628
74	10725	5411	5314	3166	1833	1333
75-79岁	**38424**	**19138**	**19286**	**9132**	**5163**	**3969**
75	8925	4387	4538	2416	1376	1040
76	8693	4326	4367	2245	1274	971
77	7715	3852	3863	1803	986	817
78	6840	3450	3390	1450	839	611
79	6251	3123	3128	1218	688	530
80-84岁	**20393**	**10135**	**10258**	**3376**	**1905**	**1471**
80	5338	2637	2701	1017	570	447
81	4459	2243	2216	735	420	315
82	4283	2126	2157	687	386	301
83	3446	1730	1716	527	297	230
84	2867	1399	1468	410	232	178
85-89岁	**9113**	**4007**	**5106**	**1064**	**531**	**533**
85	2566	1180	1386	337	182	155
86	2073	949	1124	232	119	113
87	1833	792	1041	229	104	125
88	1523	631	892	150	74	76
89	1118	455	663	116	52	64
90-94岁	**3257**	**1332**	**1925**	**293**	**147**	**146**
90	1069	433	636	99	52	47
91	755	333	422	72	36	36
92	625	253	372	48	24	24
93	493	204	289	50	27	23
94	315	109	206	24	8	16
95-99岁	**719**	**284**	**435**	**58**	**23**	**35**
95	291	121	170	27	10	17
96	169	58	111	8	4	4
97	130	56	74	14	5	9
98	76	29	47	5	4	1
99	53	20	33	4		4
100岁及以上	**61**	**22**	**39**	**3**	**1**	**2**

8-2c 续表 单位：人

年 龄	基本健康			不健康，但生活能自理			不健康，生活不能自理		
	小计	男	女	小计	男	女	小计	男	女
总 计	**130300**	**60439**	**69861**	**67172**	**30872**	**36300**	**8888**	**4086**	**4802**
60-64岁	**33577**	**14976**	**18601**	**10063**	**5094**	**4969**	**1192**	**648**	**544**
60	5958	2634	3324	1663	858	805	215	116	99
61	5434	2432	3002	1522	778	744	194	110	84
62	6875	3044	3831	2076	1075	1001	245	120	125
63	7665	3425	4240	2346	1165	1181	262	158	104
64	7645	3441	4204	2456	1218	1238	276	144	132
65-69岁	**40969**	**18593**	**22376**	**15159**	**7087**	**8072**	**1652**	**881**	**771**
65	8564	3919	4645	2910	1413	1497	335	192	143
66	8753	3932	4821	3057	1443	1614	332	194	138
67	7827	3565	4262	2780	1278	1502	300	154	146
68	8272	3700	4572	3335	1518	1817	333	179	154
69	7553	3477	4076	3077	1435	1642	352	162	190
70-74岁	**28825**	**13466**	**15359**	**15213**	**6708**	**8505**	**1669**	**796**	**873**
70	7216	3298	3918	3311	1498	1813	355	179	176
71	6707	3152	3555	3406	1497	1909	378	175	203
72	5437	2496	2941	2927	1276	1651	309	149	160
73	4944	2314	2630	2839	1213	1626	319	145	174
74	4521	2206	2315	2730	1224	1506	308	148	160
75-79岁	**15758**	**7842**	**7916**	**12066**	**5456**	**6610**	**1468**	**677**	**791**
75	3754	1790	1964	2465	1092	1373	290	129	161
76	3605	1767	1838	2555	1151	1404	288	134	154
77	3182	1591	1591	2430	1122	1308	300	153	147
78	2766	1435	1331	2333	1051	1282	291	125	166
79	2451	1259	1192	2283	1040	1243	299	136	163
80-84岁	**7378**	**3794**	**3584**	**8381**	**3917**	**4464**	**1258**	**519**	**739**
80	1989	1003	986	2047	941	1106	285	123	162
81	1626	860	766	1855	854	1001	243	109	134
82	1528	794	734	1795	843	952	273	103	170
83	1260	644	616	1424	695	729	235	94	141
84	975	493	482	1260	584	676	222	90	132
85-89岁	**2779**	**1332**	**1447**	**4340**	**1817**	**2523**	**930**	**327**	**603**
85	802	397	405	1200	514	686	227	87	140
86	652	325	327	984	426	558	205	79	126
87	578	273	305	834	351	483	192	64	128
88	417	192	225	784	307	477	172	58	114
89	330	145	185	538	219	319	134	39	95
90-94岁	**828**	**361**	**467**	**1587**	**636**	**951**	**549**	**188**	**361**
90	283	129	154	542	200	342	145	52	93
91	195	98	97	365	156	209	123	43	80
92	164	60	104	309	132	177	104	37	67
93	100	38	62	235	102	133	108	37	71
94	86	36	50	136	46	90	69	19	50
95-99岁	**169**	**72**	**97**	**335**	**144**	**191**	**157**	**45**	**112**
95	81	35	46	127	61	66	56	15	41
96	35	9	26	86	33	53	40	12	28
97	30	16	14	62	27	35	24	8	16
98	13	8	5	35	12	23	23	5	18
99	10	4	6	25	11	14	14	5	9
100岁及以上	**17**	**3**	**14**	**28**	**13**	**15**	**13**	**5**	**8**

8-3　全省分性别、婚姻状况、健康状况的60岁及以上老年人口

单位：人

婚姻状况	60岁及以上人口			健康		
	合计	男	女	小计	男	女
总　计	**1053493**	**502283**	**551210**	**572796**	**286220**	**286576**
未　婚	12645	10336	2309	3831	2628	1203
有配偶	798849	419303	379546	475488	255286	220202
离　婚	31410	15052	16358	18577	8321	10256
丧　偶	210589	57592	152997	74900	19985	54915

8-3　续表

单位：人

婚姻状况	基本健康			不健康，但生活能自理			不健康，生活不能自理		
	小计	男	女	小计	男	女	小计	男	女
总　计	**334574**	**149622**	**184952**	**124049**	**56101**	**67948**	**22074**	**10340**	**11734**
未　婚	4044	3410	634	4130	3771	359	640	527	113
有配偶	240682	120128	120554	70936	37105	33831	11743	6784	4959
离　婚	9174	4483	4691	3193	1934	1259	466	314	152
丧　偶	80674	21601	59073	45790	13291	32499	9225	2715	6510

8-3a　全省分性别、婚姻状况、健康状况的60岁及以上老年人口(城市)

单位：人

婚姻状况	60岁及以上人口			健康		
	合计	男	女	小计	男	女
总　计	**571739**	**266932**	**304807**	**353959**	**171483**	**182476**
未　婚	4401	2589	1812	2068	1052	1016
有配偶	430169	226185	203984	287970	152598	135372
离　婚	25171	11240	13931	15671	6632	9039
丧　偶	111998	26918	85080	48250	11201	37049

8-3a　续表

单位：人

婚姻状况	基本健康			不健康，但生活能自理			不健康，生活不能自理		
	小计	男	女	小计	男	女	小计	男	女
总　计	**164602**	**71687**	**92915**	**42535**	**18752**	**23783**	**10643**	**5010**	**5633**
未　婚	1175	693	482	885	655	230	273	189	84
有配偶	113960	57745	56215	23059	12645	10414	5180	3197	1983
离　婚	6998	3172	3826	2138	1198	940	364	238	126
丧　偶	42469	10077	32392	16453	4254	12199	4826	1386	3440

8-3b 全省分性别、婚姻状况、健康状况的60岁及以上老年人口(镇)

单位：人

婚姻状况	60岁及以上人口			健康		
	合计	男	女	小计	男	女
总　计	**118006**	**55672**	**62334**	**61449**	**30455**	**30994**
未　婚	1292	1101	191	275	191	84
有配偶	90027	46929	43098	51794	27569	24225
离　婚	2521	1200	1321	1298	572	726
丧　偶	24166	6442	17724	8082	2123	5959

8-3b 续表

单位：人

婚姻状况	基本健康			不健康，但生活能自理			不健康，生活不能自理		
	小计	男	女	小计	男	女	小计	男	女
总　计	**39672**	**17496**	**22176**	**14342**	**6477**	**7865**	**2543**	**1244**	**1299**
未　婚	427	366	61	513	476	37	77	68	9
有配偶	28728	14219	14509	8126	4320	3806	1379	821	558
离　婚	854	407	447	331	198	133	38	23	15
丧　偶	9663	2504	7159	5372	1483	3889	1049	332	717

8-3c 全省分性别、婚姻状况、健康状况的60岁及以上老年人口(乡村)

单位：人

婚姻状况	60岁及以上人口			健康		
	合计	男	女	小计	男	女
总　计	**363748**	**179679**	**184069**	**157388**	**84282**	**73106**
未　婚	6952	6646	306	1488	1385	103
有配偶	278653	146189	132464	135724	75119	60605
离　婚	3718	2612	1106	1608	1117	491
丧　偶	74425	24232	50193	18568	6661	11907

8-3c 续表

单位：人

婚姻状况	基本健康			不健康，但生活能自理			不健康，生活不能自理		
	小计	男	女	小计	男	女	小计	男	女
总　计	**130300**	**60439**	**69861**	**67172**	**30872**	**36300**	**8888**	**4086**	**4802**
未　婚	2442	2351	91	2732	2640	92	290	270	20
有配偶	97994	48164	49830	39751	20140	19611	5184	2766	2418
离　婚	1322	904	418	724	538	186	64	53	11
丧　偶	28542	9020	19522	23965	7554	16411	3350	997	2353

8-4 全省分性别、主要生活来源、健康状况的60岁及以上老年人口

单位：人

主要生活来源	60岁及以上人口			健康		
	合计	男	女	小计	男	女
总　计	**1053493**	**502283**	**551210**	**572796**	**286220**	**286576**
劳动收入	187902	117513	70389	124150	78834	45316
离退休金/养老金	585959	284664	301295	361842	179230	182612
最低生活保障金	35887	18875	17012	4728	2304	2424
失业保险金	60	30	30	38	18	20
财产性收入	7687	3873	3814	3334	1768	1566
家庭其他成员供养	188981	56166	132815	57255	14193	43062
其　他	47017	21162	25855	21449	9873	11576

8-4 续表

单位：人

主要生活来源	基本健康			不健康，但生活能自理			不健康，生活不能自理		
	小计	男	女	小计	男	女	小计	男	女
总　计	**334574**	**149622**	**184952**	**124049**	**56101**	**67948**	**22074**	**10340**	**11734**
劳动收入	57457	34865	22592	6162	3736	2426	133	78	55
离退休金/养老金	173509	80466	93043	40993	19882	21111	9615	5086	4529
最低生活保障金	10182	5201	4981	18135	9867	8268	2842	1503	1339
失业保险金	13	9	4	8	2	6	1	1	
财产性收入	3092	1471	1621	1154	564	590	107	70	37
家庭其他成员供养	73072	20194	52878	50357	18685	31672	8297	3094	5203
其　他	17249	7416	9833	7240	3365	3875	1079	508	571

8-4a 全省分性别、主要生活来源、健康状况的60岁及以上老年人口(城市)

单位：人

主要生活来源	60岁及以上人口			健康		
	合计	男	女	小计	男	女
总　计	**571739**	**266932**	**304807**	**353959**	**171483**	**182476**
劳动收入	22621	15207	7414	17816	12105	5711
离退休金/养老金	481650	228576	253074	306339	149270	157069
最低生活保障金	7002	3174	3828	1712	723	989
失业保险金	23	12	11	16	7	9
财产性收入	1512	771	741	866	443	423
家庭其他成员供养	43621	12672	30949	18881	5203	13678
其　他	15310	6520	8790	8329	3732	4597

8-4a 续表

单位：人

主要生活来源	基本健康			不健康，但生活能自理			不健康，生活不能自理		
	小计	男	女	小计	男	女	小计	男	女
总　计	**164602**	**71687**	**92915**	**42535**	**18752**	**23783**	**10643**	**5010**	**5633**
劳动收入	4477	2882	1595	317	213	104	11	7	4
离退休金/养老金	137111	61404	75707	30383	13939	16444	7817	3963	3854
最低生活保障金	2263	978	1285	2581	1278	1303	446	195	251
失业保险金	6	4	2	1	1				
财产性收入	501	249	252	125	66	59	20	13	7
家庭其他成员供养	15479	4293	11186	7375	2540	4835	1886	636	1250
其　他	4765	1877	2888	1753	715	1038	463	196	267

8-4b　全省分性别、主要生活来源、健康状况的60岁及以上老年人口(镇)

单位：人

主要生活来源	60岁及以上人口			健　康		
	合计	男	女	小计	男	女
总　计	**118006**	**55672**	**62334**	**61449**	**30455**	**30994**
劳动收入	21134	13351	7783	14603	9325	5278
离退休金/养老金	57231	28900	28331	32975	16879	16096
最低生活保障金	4317	2160	2157	624	289	335
失业保险金	4	2	2	4	2	2
财产性收入	1115	560	555	581	307	274
家庭其他成员供养	27239	7608	19631	9360	2177	7183
其　他	6966	3091	3875	3302	1476	1826

8-4b　续表

单位：人

主要生活来源	基本健康			不健康，但生活能自理			不健康，生活不能自理		
	小计	男	女	小计	男	女	小计	男	女
总　计	**39672**	**17496**	**22176**	**14342**	**6477**	**7865**	**2543**	**1244**	**1299**
劳动收入	5922	3660	2262	598	360	238	11	6	5
离退休金/养老金	18916	9201	9715	4433	2273	2160	907	547	360
最低生活保障金	1241	579	662	2109	1104	1005	343	188	155
失业保险金									
财产性收入	391	183	208	134	63	71	9	7	2
家庭其他成员供养	10701	2823	7878	6063	2197	3866	1115	411	704
其　他	2501	1050	1451	1005	480	525	158	85	73

8-4c 全省分性别、主要生活来源、健康状况的60岁及以上老年人口(乡村)

单位：人

主要生活来源	60岁及以上人口			健康		
	合计	男	女	小计	男	女
总计	**363748**	**179679**	**184069**	**157388**	**84282**	**73106**
劳动收入	144147	88955	55192	91731	57404	34327
离退休金/养老金	47078	27188	19890	22528	13081	9447
最低生活保障金	24568	13541	11027	2392	1292	1100
失业保险金	33	16	17	18	9	9
财产性收入	5060	2542	2518	1887	1018	869
家庭其他成员供养	118121	35886	82235	29014	6813	22201
其他	24741	11551	13190	9818	4665	5153

8-4c 续表

单位：人

主要生活来源	基本健康			不健康，但生活能自理			不健康，生活不能自理		
	小计	男	女	小计	男	女	小计	男	女
总计	**130300**	**60439**	**69861**	**67172**	**30872**	**36300**	**8888**	**4086**	**4802**
劳动收入	47058	28323	18735	5247	3163	2084	111	65	46
离退休金/养老金	17482	9861	7621	6177	3670	2507	891	576	315
最低生活保障金	6678	3644	3034	13445	7485	5960	2053	1120	933
失业保险金	7	5	2	7	1	6	1	1	
财产性收入	2200	1039	1161	895	435	460	78	50	28
家庭其他成员供养	46892	13078	33814	36919	13948	22971	5296	2047	3249
其他	9983	4489	5494	4482	2170	2312	458	227	231

8-5　全省分性别、居住状况、健康状况的60岁及以上老年人口

单位：人

居住状况	60岁及以上人口			健康		
	合计	男	女	小计	男	女
总　计	**1053493**	**502283**	**551210**	**572796**	**286220**	**286576**
与配偶和子女同住	175760	93315	82445	108676	59039	49637
与配偶同住	568614	298138	270476	331885	178409	153476
与子女同住	132529	36051	96478	53608	14839	38769
独居(有保姆)	2245	1199	1046	623	343	280
独居(无保姆)	133924	52883	81041	59783	24486	35297
养老机构	7744	4434	3310	634	304	330
其　他	32677	16263	16414	17587	8800	8787

8-5　续表

单位：人

居住状况	基本健康			不健康，但生活能自理			不健康，生活不能自理		
	小计	男	女	小计	男	女	小计	男	女
总　计	**334574**	**149622**	**184952**	**124049**	**56101**	**67948**	**22074**	**10340**	**11734**
与配偶和子女同住	48155	24119	24036	15946	8390	7556	2983	1767	1216
与配偶同住	178023	88705	89318	50969	26572	24397	7737	4452	3285
与子女同住	46178	11950	34228	26354	7451	18903	6389	1811	4578
独居(有保姆)	707	401	306	548	288	260	367	167	200
独居(无保姆)	49871	18715	31156	22871	9150	13721	1399	532	867
养老机构	2002	1159	843	3158	1978	1180	1950	993	957
其　他	9638	4573	5065	4203	2272	1931	1249	618	631

8-5a 全省分性别、居住状况、健康状况的60岁及以上老年人口(城市)

单位：人

居住状况	60岁及以上人口			健康		
	合计	男	女	小计	男	女
总　计	**571739**	**266932**	**304807**	**353959**	**171483**	**182476**
与配偶和子女同住	96920	51848	45072	68139	36809	31330
与配偶同住	296281	156035	140246	194159	103198	90961
与子女同住	72918	17910	55008	36892	9296	27596
独居(有保姆)	1390	724	666	387	206	181
独居(无保姆)	78096	28130	49966	40977	15598	25379
养老机构	4930	2486	2444	467	222	245
其　他	21204	9799	11405	12938	6154	6784

8-5a 续表

单位：人

居住状况	基本健康			不健康，但生活能自理			不健康，生活不能自理		
	小计	男	女	小计	男	女	小计	男	女
总　计	**164602**	**71687**	**92915**	**42535**	**18752**	**23783**	**10643**	**5010**	**5633**
与配偶和子女同住	22791	11646	11145	4778	2638	2140	1212	755	457
与配偶同住	82388	41771	40617	16407	9004	7403	3327	2062	1265
与子女同住	24390	5653	18737	8682	2151	6531	2954	810	2144
独居(有保姆)	419	230	189	325	172	153	259	116	143
独居(无保姆)	27552	9238	18314	8869	3075	5794	698	219	479
养老机构	1282	647	635	1746	937	809	1435	680	755
其　他	5780	2502	3278	1728	775	953	758	368	390

8−5b 全省分性别、居住状况、健康状况的60岁及以上老年人口(镇)

单位：人

居住状况	60岁及以上人口			健康		
	合计	男	女	小计	男	女
总　计	**118006**	**55672**	**62334**	**61449**	**30455**	**30994**
与配偶和子女同住	17243	9084	8159	10129	5463	4666
与配偶同住	67216	35048	32168	38447	20487	17960
与子女同住	14604	3826	10778	5260	1407	3853
独居(有保姆)	280	158	122	81	43	38
独居(无保姆)	14544	5402	9142	6029	2334	3695
养老机构	1156	752	404	80	43	37
其　他	2963	1402	1561	1423	678	745

8−5b 续表

单位：人

居住状况	基本健康			不健康，但生活能自理			不健康，生活不能自理		
	小计	男	女	小计	男	女	小计	男	女
总　计	**39672**	**17496**	**22176**	**14342**	**6477**	**7865**	**2543**	**1244**	**1299**
与配偶和子女同住	5110	2522	2588	1682	912	770	322	187	135
与配偶同住	21856	10820	11036	5969	3169	2800	944	572	372
与子女同住	5522	1370	4152	3043	823	2220	779	226	553
独居(有保姆)	81	52	29	73	39	34	45	24	21
独居(无保姆)	5785	2065	3720	2595	951	1644	135	52	83
养老机构	344	223	121	545	371	174	187	115	72
其　他	974	444	530	435	212	223	131	68	63

8-5c 全省分性别、居住状况、健康状况的60岁及以上老年人口(乡村)

单位：人

居住状况	60岁及以上人口			健　康		
	合计	男	女	小计	男	女
总　计	**363748**	**179679**	**184069**	**157388**	**84282**	**73106**
与配偶和子女同住	61597	32383	29214	30408	16767	13641
与配偶同住	205117	107055	98062	99279	54724	44555
与子女同住	45007	14315	30692	11456	4136	7320
独居(有保姆)	575	317	258	155	94	61
独居(无保姆)	41284	19351	21933	12777	6554	6223
养老机构	1658	1196	462	87	39	48
其　他	8510	5062	3448	3226	1968	1258

8-5c 续表

单位：人

居住状况	基本健康			不健康，但生活能自理			不健康，生活不能自理		
	小计	男	女	小计	男	女	小计	男	女
总　计	**130300**	**60439**	**69861**	**67172**	**30872**	**36300**	**8888**	**4086**	**4802**
与配偶和子女同住	20254	9951	10303	9486	4840	4646	1449	825	624
与配偶同住	73779	36114	37665	28593	14399	14194	3466	1818	1648
与子女同住	16266	4927	11339	14629	4477	10152	2656	775	1881
独居(有保姆)	207	119	88	150	77	73	63	27	36
独居(无保姆)	16534	7412	9122	11407	5124	6283	566	261	305
养老机构	376	289	87	867	670	197	328	198	130
其　他	2884	1627	1257	2040	1285	755	360	182	178

8-6 各地区分性别、主要生活来源的60岁及以上老年人口

单位：人

地 区	60岁及以上人口			劳动收入		
	合计	男	女	小计	男	女
辽宁	**1053493**	**502283**	**551210**	**187902**	**117513**	**70389**
沈阳市	198630	93591	105039	23549	14298	9251
大连市	175427	84595	90832	24031	16087	7944
鞍山市	89578	43018	46560	15911	9603	6308
抚顺市	51399	24102	27297	6087	3943	2144
本溪市	38024	17902	20122	4653	3147	1506
丹东市	62392	30210	32182	11350	7873	3477
锦州市	75698	36085	39613	18677	11290	7387
营口市	55979	26810	29169	10576	6928	3648
阜新市	41459	18968	22491	9066	5198	3868
辽阳市	42706	20394	22312	7420	4705	2715
盘锦市	30783	14711	16072	3199	2069	1130
铁岭市	60602	29372	31230	17026	10281	6745
朝阳市	68380	32311	36069	21810	12631	9179
葫芦岛市	58872	28480	30392	14108	9189	4919
辽宁省沈抚新区管委会	3564	1734	1830	439	271	168

8-6 续表 1

单位：人

地 区	离退休金/养老金			最低生活保障金			失业保险金		
	小计	男	女	小计	男	女	小计	男	女
辽宁	**585959**	**284664**	**301295**	**35887**	**18875**	**17012**	**60**	**30**	**30**
沈阳市	140493	66523	73970	2941	1541	1400	10	6	4
大连市	109322	53996	55326	3636	1964	1672	5	3	2
鞍山市	50751	24994	25757	2230	1228	1002	7	3	4
抚顺市	35667	16806	18861	2331	1142	1189	1	1	
本溪市	25505	12198	13307	1052	532	520	1		1
丹东市	34889	16895	17994	2138	1174	964	2		2
锦州市	33031	15717	17314	3462	1896	1566	14	7	7
营口市	28570	13961	14609	1684	863	821	7	2	5
阜新市	20213	9554	10659	1880	876	1004			
辽阳市	21499	10943	10556	2352	1142	1210	1		1
盘锦市	24060	11402	12658	256	126	130			
铁岭市	21554	10700	10854	3328	1741	1587	4	2	2
朝阳市	18463	9921	8542	4484	2433	2051	4	3	1
葫芦岛市	19408	9805	9603	4031	2176	1855	3	2	1
辽宁省沈抚新区管委会	2534	1249	1285	82	41	41	1	1	

8-6 续表 2

单位：人

地区	财产性收入			家庭其他成员供养			其他		
	小计	男	女	小计	男	女	小计	男	女
辽宁	**7687**	**3873**	**3814**	**188981**	**56166**	**132815**	**47017**	**21162**	**25855**
沈阳市	1152	569	583	22848	7113	15735	7637	3541	4096
大连市	404	206	198	29944	8713	21231	8085	3626	4459
鞍山市	570	289	281	15574	4921	10653	4535	1980	2555
抚顺市	179	89	90	5510	1413	4097	1624	708	916
本溪市	159	82	77	5267	1366	3901	1387	577	810
丹东市	204	106	98	11963	3328	8635	1846	834	1012
锦州市	567	296	271	16873	5467	11406	3074	1412	1662
营口市	575	300	275	13454	4193	9261	1113	563	550
阜新市	546	261	285	7519	2173	5346	2235	906	1329
辽阳市	657	311	346	9295	2627	6668	1482	666	816
盘锦市	113	60	53	2588	781	1807	567	273	294
铁岭市	1516	759	757	12812	3845	8967	4362	2044	2318
朝阳市	498	265	233	18477	5057	13420	4644	2001	2643
葫芦岛市	531	271	260	16382	5013	11369	4409	2024	2385
辽宁省沈抚新区管委会	16	9	7	475	156	319	17	7	10

8-6a 各地区分性别、主要生活来源的60岁及以上老年人口(城市)

单位：人

地区	60岁及以上人口			劳动收入		
	合计	男	女	小计	男	女
辽宁	**571739**	**266932**	**304807**	**22621**	**15207**	**7414**
沈阳市	150971	70314	80657	4626	3109	1517
大连市	120883	57361	63522	5409	3764	1645
鞍山市	51373	24298	27075	2537	1551	986
抚顺市	33484	15277	18207	445	294	151
本溪市	21876	10048	11828	667	451	216
丹东市	28839	13607	15232	1191	915	276
锦州市	29459	13585	15874	1616	1089	527
营口市	29535	13837	15698	1676	1160	516
阜新市	16822	7445	9377	294	182	112
辽阳市	20246	9437	10809	879	540	339
盘锦市	18649	8785	9864	718	490	228
铁岭市	13323	6214	7109	782	488	294
朝阳市	17146	7814	9332	919	616	303
葫芦岛市	16508	7658	8850	741	477	264
辽宁省沈抚新区管委会	2625	1252	1373	121	81	40

8-6a　续表 1　　单位：人

地　　区	离退休金/养老金			最低生活保障金			失业保险金		
	小计	男	女	小计	男	女	小计	男	女
辽宁	**481650**	**228576**	**253074**	**7002**	**3174**	**3828**	**23**	**12**	**11**
沈阳市	131954	61766	70188	1226	612	614	2	2	
大连市	99672	48269	51403	1466	666	800	4	3	1
鞍山市	43356	20783	22573	724	347	377	4	1	3
抚顺市	30839	14295	16544	497	193	304			
本溪市	19133	8969	10164	253	103	150	1		1
丹东市	24825	11735	13090	353	167	186	1		1
锦州市	24151	11218	12933	263	112	151	1	1	
营口市	23369	11079	12290	466	228	238	4	1	3
阜新市	15118	6902	8216	302	97	205			
辽阳市	16556	8013	8543	409	160	249	1		1
盘锦市	16019	7645	8374	138	61	77			
铁岭市	9953	4804	5149	269	150	119	3	2	1
朝阳市	11605	5833	5772	412	175	237			
葫芦岛市	12918	6203	6715	183	85	98	1	1	
辽宁省沈抚新区管委会	2182	1062	1120	41	18	23	1	1	

8-6a　续表 2　　单位：人

地　　区	财产性收入			家庭其他成员供养			其　　他		
	小计	男	女	小计	男	女	小计	男	女
辽宁	**1512**	**771**	**741**	**43621**	**12672**	**30949**	**15310**	**6520**	**8790**
沈阳市	598	297	301	8893	2835	6058	3672	1693	1979
大连市	204	107	97	10373	2969	7404	3755	1583	2172
鞍山市	87	49	38	2943	858	2085	1722	709	1013
抚顺市	38	14	24	1059	270	789	606	211	395
本溪市	64	29	35	1186	280	906	572	216	356
丹东市	41	18	23	2016	595	1421	412	177	235
锦州市	65	30	35	2851	899	1952	512	236	276
营口市	138	76	62	3600	1162	2438	282	131	151
阜新市	29	15	14	713	150	563	366	99	267
辽阳市	81	45	36	1868	491	1377	452	188	264
盘锦市	33	18	15	1332	380	952	409	191	218
铁岭市	56	33	23	1565	414	1151	695	323	372
朝阳市	32	16	16	3031	710	2321	1147	464	683
葫芦岛市	37	19	18	1932	578	1354	696	295	401
辽宁省沈抚新区管委会	9	5	4	259	81	178	12	4	8

8-6b 各地区分性别、主要生活来源的60岁及以上老年人口(镇)

单位：人

地区	60岁及以上人口			劳动收入		
	合计	男	女	小计	男	女
辽宁	**118006**	**55672**	**62334**	**21134**	**13351**	**7783**
沈阳市	8974	4197	4777	1898	1121	777
大连市	6684	3231	3453	1027	751	276
鞍山市	13028	6235	6793	3140	1894	1246
抚顺市	6144	2886	3258	841	548	293
本溪市	6977	3245	3732	629	445	184
丹东市	10995	5285	5710	1832	1321	511
锦州市	8947	4166	4781	1385	859	526
营口市	3916	1944	1972	1082	701	381
阜新市	7388	3322	4066	1221	710	511
辽阳市	4838	2267	2571	711	473	238
盘锦市	2993	1449	1544	417	261	156
铁岭市	16401	7788	8613	2517	1539	978
朝阳市	9970	4581	5389	2638	1521	1117
葫芦岛市	10751	5076	5675	1796	1207	589
辽宁省沈抚新区管委会						

8-6b 续表 1

单位：人

地区	离退休金/养老金			最低生活保障金			失业保险金		
	小计	男	女	小计	男	女	小计	男	女
辽宁	**57231**	**28900**	**28331**	**4317**	**2160**	**2157**	**4**	**2**	**2**
沈阳市	4366	2249	2117	192	87	105	2	1	1
大连市	3033	1557	1476	275	139	136			
鞍山市	4765	2509	2256	310	168	142	2	1	1
抚顺市	3429	1715	1714	264	131	133			
本溪市	4817	2335	2482	126	46	80			
丹东市	5913	2951	2962	364	199	165			
锦州市	4787	2328	2459	325	167	158			
营口市	1281	688	593	150	78	72			
阜新市	3718	1842	1876	322	146	176			
辽阳市	2249	1202	1047	280	128	152			
盘锦市	2232	1058	1174	20	12	8			
铁岭市	9132	4554	4578	571	288	283			
朝阳市	3408	1829	1579	462	239	223			
葫芦岛市	4101	2083	2018	656	332	324			
辽宁省沈抚新区管委会									

8-6b 续表 2

单位：人

地区	财产性收入			家庭其他成员供养			其他		
	小计	男	女	小计	男	女	小计	男	女
辽宁	**1115**	**560**	**555**	**27239**	**7608**	**19631**	**6966**	**3091**	**3875**
沈阳市	43	22	21	1939	503	1436	534	214	320
大连市	48	21	27	1860	544	1316	441	219	222
鞍山市	191	92	99	3661	1145	2516	959	426	533
抚顺市	30	16	14	1212	311	901	368	165	203
本溪市	29	13	16	1063	282	781	313	124	189
丹东市	32	18	14	2478	654	1824	376	142	234
锦州市	75	37	38	1953	592	1361	422	183	239
营口市	18	12	6	1238	377	861	147	88	59
阜新市	71	32	39	1531	381	1150	525	211	314
辽阳市	87	40	47	1340	350	990	171	74	97
盘锦市	7	4	3	280	94	186	37	20	17
铁岭市	277	142	135	2783	766	2017	1121	499	622
朝阳市	82	43	39	2771	686	2085	609	263	346
葫芦岛市	125	68	57	3130	923	2207	943	463	480
辽宁省沈抚新区管委会									

8-6c 各地区分性别、主要生活来源的60岁及以上老年人口(乡村)

单位：人

地区	60岁及以上人口			劳动收入		
	合计	男	女	小计	男	女
辽宁	**363748**	**179679**	**184069**	**144147**	**88955**	**55192**
沈阳市	38685	19080	19605	17025	10068	6957
大连市	47860	24003	23857	17595	11572	6023
鞍山市	25177	12485	12692	10234	6158	4076
抚顺市	11771	5939	5832	4801	3101	1700
本溪市	9171	4609	4562	3357	2251	1106
丹东市	22558	11318	11240	8327	5637	2690
锦州市	37292	18334	18958	15676	9342	6334
营口市	22528	11029	11499	7818	5067	2751
阜新市	17249	8201	9048	7551	4306	3245
辽阳市	17622	8690	8932	5830	3692	2138
盘锦市	9141	4477	4664	2064	1318	746
铁岭市	30878	15370	15508	13727	8254	5473
朝阳市	41264	19916	21348	18253	10494	7759
葫芦岛市	31613	15746	15867	11571	7505	4066
辽宁省沈抚新区管委会	939	482	457	318	190	128

8–6c 续表 1

单位：人

地区	离退休金/养老金			最低生活保障金			失业保险金		
	小计	男	女	小计	男	女	小计	男	女
辽宁	**47078**	**27188**	**19890**	**24568**	**13541**	**11027**	**33**	**16**	**17**
沈阳市	4173	2508	1665	1523	842	681	6	3	3
大连市	6617	4170	2447	1895	1159	736	1		1
鞍山市	2630	1702	928	1196	713	483	1	1	
抚顺市	1399	796	603	1570	818	752	1	1	
本溪市	1555	894	661	673	383	290			
丹东市	4151	2209	1942	1421	808	613	1		1
锦州市	4093	2171	1922	2874	1617	1257	13	6	7
营口市	3920	2194	1726	1068	557	511	3	1	2
阜新市	1377	810	567	1256	633	623			
辽阳市	2694	1728	966	1663	854	809			
盘锦市	5809	2699	3110	98	53	45			
铁岭市	2469	1342	1127	2488	1303	1185	1		1
朝阳市	3450	2259	1191	3610	2019	1591	4	3	1
葫芦岛市	2389	1519	870	3192	1759	1433	2	1	1
辽宁省沈抚新区管委会	352	187	165	41	23	18			

8–6c 续表 2

单位：人

地区	财产性收入			家庭其他成员供养			其他		
	小计	男	女	小计	男	女	小计	男	女
辽宁	**5060**	**2542**	**2518**	**118121**	**35886**	**82235**	**24741**	**11551**	**13190**
沈阳市	511	250	261	12016	3775	8241	3431	1634	1797
大连市	152	78	74	17711	5200	12511	3889	1824	2065
鞍山市	292	148	144	8970	2918	6052	1854	845	1009
抚顺市	111	59	52	3239	832	2407	650	332	318
本溪市	66	40	26	3018	804	2214	502	237	265
丹东市	131	70	61	7469	2079	5390	1058	515	543
锦州市	427	229	198	12069	3976	8093	2140	993	1147
营口市	419	212	207	8616	2654	5962	684	344	340
阜新市	446	214	232	5275	1642	3633	1344	596	748
辽阳市	489	226	263	6087	1786	4301	859	404	455
盘锦市	73	38	35	976	307	669	121	62	59
铁岭市	1183	584	599	8464	2665	5799	2546	1222	1324
朝阳市	384	206	178	12675	3661	9014	2888	1274	1614
葫芦岛市	369	184	185	11320	3512	7808	2770	1266	1504
辽宁省沈抚新区管委会	7	4	3	216	75	141	5	3	2

8-7 全省分年龄、性别、主要生活来源的人口

单位：人

年 龄	15岁及以上人口			劳动收入		
	合计	男	女	小计	男	女
总 计	**3633278**	**1809089**	**1824189**	**1844721**	**1105213**	**739508**
45岁以下	**1469536**	**751858**	**717678**	**960385**	**552496**	**407889**
45-49岁	**342562**	**173115**	**169447**	**265209**	**150324**	**114885**
45	56545	28651	27894	44702	25201	19501
46	63621	32066	31555	50049	28049	22000
47	72202	36486	35716	56132	31717	24415
48	72463	36566	35897	55696	31636	24060
49	77731	39346	38385	58630	33721	24909
50-54岁	**378904**	**189587**	**189317**	**242926**	**155127**	**87799**
50	80884	40529	40355	55742	34364	21378
51	75816	38152	37664	49422	31604	17818
52	81654	41023	40631	51742	33505	18237
53	64206	31949	32257	40336	25818	14518
54	76344	37934	38410	45684	29836	15848
55-59岁	**388783**	**192246**	**196537**	**188299**	**129753**	**58546**
55	85418	42555	42863	45916	31160	14756
56	87446	43272	44174	43800	30225	13575
57	109908	54639	55269	52022	36350	15672
58	65420	32203	33217	30445	21025	9420
59	40591	19577	21014	16116	10993	5123
60-64岁	**342612**	**167953**	**174659**	**90422**	**55253**	**35169**
60	70606	34833	35773	20968	12822	8146
61	58414	28878	29536	16065	9851	6214
62	71324	35068	36256	18347	11141	7206
63	73735	36048	37687	18703	11524	7179
64	68533	33126	35407	16339	9915	6424
65-69岁	**305565**	**147530**	**158035**	**63414**	**39476**	**23938**
65	71784	34946	36838	16396	10034	6362
66	68627	33341	35286	14918	9189	5729
67	57889	28083	29806	11873	7468	4405
68	56713	27031	29682	11084	7014	4070
69	50552	24129	26423	9143	5771	3372

8-7 续表 1 单位：人

年 龄	15岁及以上人口			劳动收入		
	合计	男	女	小计	男	女
70-74岁	**179915**	**85347**	**94568**	**24498**	**16124**	**8374**
70	47484	22817	24667	7391	4825	2566
71	41064	19636	21428	6089	3961	2128
72	32787	15346	17441	4396	2836	1560
73	30072	14049	16023	3610	2422	1188
74	28508	13499	15009	3012	2080	932
75-79岁	**108135**	**50261**	**57874**	**7388**	**5210**	**2178**
75	23911	11150	12761	2183	1536	647
76	23087	10734	12353	1874	1325	549
77	21523	10132	11391	1407	977	430
78	20414	9421	10993	1132	827	305
79	19200	8824	10376	792	545	247
80-84岁	**69483**	**30692**	**38791**	**1699**	**1161**	**538**
80	17033	7594	9439	532	367	165
81	14997	6562	8435	411	278	133
82	14479	6411	8068	339	235	104
83	12083	5323	6760	224	151	73
84	10891	4802	6089	193	130	63
85-89岁	**34022**	**14609**	**19413**	**389**	**237**	**152**
85	9701	4133	5568	114	68	46
86	7843	3381	4462	94	65	29
87	6842	2950	3892	86	51	35
88	5467	2351	3116	50	28	22
89	4169	1794	2375	45	25	20
90-94岁	**11369**	**4923**	**6446**	**74**	**43**	**31**
90	3912	1692	2220	25	11	14
91	2668	1163	1505	22	13	9
92	2147	952	1195	8	5	3
93	1579	691	888	13	9	4
94	1063	425	638	6	5	1
95-99岁	**2202**	**909**	**1293**	**18**	**9**	**9**
95	860	351	509	6	3	3
96	547	225	322	4	1	3
97	378	155	223	2	1	1
98	246	100	146	5	3	2
99	171	78	93	1	1	
100岁及以上	**190**	**59**	**131**			

8-7 续表 2 单位：人

年 龄	离退休金/养老金			最低生活保障金			失业保险金		
	小计	男	女	小计	男	女	小计	男	女
总 计	**777409**	**319516**	**457893**	**62833**	**35568**	**27265**	**2920**	**1731**	**1189**
45岁以下	**174**	**107**	**67**	**9606**	**5465**	**4141**	**1650**	**860**	**790**
45—49岁	**4138**	**297**	**3841**	**5172**	**3095**	**2077**	**624**	**300**	**324**
45	213	23	190	768	440	328	86	48	38
46	358	43	315	924	532	392	91	43	48
47	631	52	579	1105	670	435	133	64	69
48	916	68	848	1159	704	455	125	61	64
49	2020	111	1909	1216	749	467	189	84	105
50—54岁	**61079**	**5411**	**55668**	**6024**	**4071**	**1953**	**367**	**332**	**35**
50	9509	475	9034	1244	805	439	91	69	22
51	11973	816	11157	1251	857	394	53	50	3
52	13902	1173	12729	1277	874	403	87	83	4
53	10668	1065	9603	1014	677	337	52	48	4
54	15027	1882	13145	1238	858	380	84	82	2
55—59岁	**126059**	**29037**	**97022**	**6144**	**4062**	**2082**	**219**	**209**	**10**
55	22959	4340	18619	1402	962	440	67	64	3
56	27338	5817	21521	1321	882	439	37	36	1
57	37062	8572	28490	1698	1145	553	54	51	3
58	22045	5306	16739	1075	694	381	39	37	2
59	16655	5002	11653	648	379	269	22	21	1
60—64岁	**192169**	**92233**	**99936**	**7263**	**4182**	**3081**	**19**	**10**	**9**
60	38086	17929	20157	1307	769	538	4	3	1
61	32772	15764	17008	1117	670	447	6	3	3
62	40690	19757	20933	1484	847	637	3	3	
63	41698	20019	21679	1646	949	697	3		3
64	38923	18764	20159	1709	947	762	3	1	2
65—69岁	**168124**	**82545**	**85579**	**10041**	**5341**	**4700**	**23**	**12**	**11**
65	40526	19803	20723	2002	1099	903	4	2	2
66	38420	18900	19520	2105	1137	968	5	3	2
67	31858	15774	16084	1966	1042	924	4	3	1
68	30318	14789	15529	2126	1093	1033	4	2	2
69	27002	13279	13723	1842	970	872	6	2	4

8-7 续表 3 单位：人

年 龄	离退休金/养老金			最低生活保障金			失业保险金		
	小计	男	女	小计	男	女	小计	男	女
70—74岁	**93588**	**46840**	**46748**	**8506**	**4368**	**4138**	**6**	**3**	**3**
70	25663	12907	12756	1960	1034	926	2	1	1
71	21082	10595	10487	1948	1018	930	1	1	
72	16729	8335	8394	1617	786	831	1		1
73	15232	7594	7638	1570	788	782	1		1
74	14882	7409	7473	1411	742	669	1	1	
75—79岁	**59216**	**29030**	**30186**	**5382**	**2733**	**2649**	**6**	**2**	**4**
75	12438	6186	6252	1207	612	595	3	1	2
76	12132	5948	6184	1159	572	587			
77	11785	5842	5943	1163	588	575			
78	11670	5625	6045	962	496	466			
79	11191	5429	5762	891	465	426	3	1	2
80—84岁	**43186**	**19602**	**23584**	**2852**	**1461**	**1391**	**2**	**2**	
80	10227	4751	5476	713	362	351			
81	9227	4104	5123	631	324	307			
82	8945	4023	4922	629	332	297	1	1	
83	7679	3472	4207	463	235	228	1	1	
84	7108	3252	3856	416	208	208			
85—89岁	**21684**	**10235**	**11449**	**1260**	**571**	**689**	**4**	**1**	**3**
85	6245	2793	3452	368	182	186	2		2
86	5016	2339	2677	291	136	155	1		1
87	4378	2080	2298	254	104	150			
88	3431	1693	1738	198	91	107	1	1	
89	2614	1330	1284	149	58	91			
90—94岁	**6820**	**3555**	**3265**	**466**	**178**	**288**			
90	2443	1243	1200	156	65	91			
91	1632	832	800	107	39	68			
92	1269	690	579	88	31	57			
93	898	491	407	71	23	48			
94	578	299	279	44	20	24			
95—99岁	**1088**	**590**	**498**	**102**	**36**	**66**			
95	413	224	189	46	14	32			
96	289	149	140	18	5	13			
97	171	92	79	15	8	7			
98	122	67	55	13	5	8			
99	93	58	35	10	4	6			
100岁及以上	**84**	**34**	**50**	**15**	**5**	**10**			

8-7　续表 4　　　　单位：人

年　龄	财产性收入			家庭其他成员供养			其　他		
	小计	男	女	小计	男	女	小计	男	女
总　计	**26377**	**13953**	**12424**	**723746**	**237172**	**486574**	**195272**	**95936**	**99336**
45岁以下	**9100**	**4824**	**4276**	**403295**	**146756**	**256539**	**85326**	**41350**	**43976**
45-49岁	**3237**	**1604**	**1633**	**42776**	**7278**	**35498**	**21406**	**10217**	**11189**
45	508	253	255	6876	1103	5773	3392	1583	1809
46	614	301	313	7688	1259	6429	3897	1839	2058
47	688	340	348	8978	1502	7476	4535	2141	2394
48	689	352	337	9227	1564	7663	4651	2181	2470
49	738	358	380	10007	1850	8157	4931	2473	2458
50-54岁	**3319**	**1843**	**1476**	**43513**	**11093**	**32420**	**21676**	**11710**	**9966**
50	712	388	324	8877	1955	6922	4709	2473	2236
51	674	383	291	8119	2080	6039	4324	2362	1962
52	718	405	313	9328	2449	6879	4600	2534	2066
53	566	306	260	7850	2032	5818	3720	2003	1717
54	649	361	288	9339	2577	6762	4323	2338	1985
55-59岁	**3034**	**1809**	**1225**	**45181**	**15879**	**29302**	**19847**	**11497**	**8350**
55	683	419	264	9841	3058	6783	4550	2552	1998
56	661	392	269	9935	3385	6550	4354	2535	1819
57	843	493	350	12652	4748	7904	5577	3280	2297
58	542	329	213	7898	2861	5037	3376	1951	1425
59	305	176	129	4855	1827	3028	1990	1179	811
60-64岁	**2371**	**1191**	**1180**	**36834**	**8743**	**28091**	**13534**	**6341**	**7193**
60	467	240	227	6937	1691	5246	2837	1379	1458
61	383	197	186	5877	1364	4513	2194	1029	1165
62	506	248	258	7500	1762	5738	2794	1310	1484
63	476	240	236	8301	1986	6315	2908	1330	1578
64	539	266	273	8219	1940	6279	2801	1293	1508
65-69岁	**2501**	**1234**	**1267**	**47572**	**12635**	**34937**	**13890**	**6287**	**7603**
65	514	253	261	9277	2360	6917	3065	1395	1670
66	550	256	294	9703	2507	7196	2926	1349	1577
67	495	257	238	9002	2323	6679	2691	1216	1475
68	478	243	235	10034	2719	7315	2669	1171	1498
69	464	225	239	9556	2726	6830	2539	1156	1383

8-7 续表 5 单位：人

年 龄	财产性收入			家庭其他成员供养			其 他		
	小计	男	女	小计	男	女	小计	男	女
70-74岁	**1568**	**784**	**784**	**42389**	**13031**	**29358**	**9360**	**4197**	**5163**
70	417	211	206	9758	2799	6959	2293	1040	1253
71	355	180	175	9485	2882	6603	2104	999	1105
72	308	147	161	7962	2484	5478	1774	758	1016
73	256	119	137	7756	2405	5351	1647	721	926
74	232	127	105	7428	2461	4967	1542	679	863
75-79岁	**785**	**419**	**366**	**29825**	**10439**	**19386**	**5533**	**2428**	**3105**
75	194	95	99	6622	2155	4467	1264	565	699
76	184	95	89	6496	2267	4229	1242	527	715
77	160	91	69	5881	2130	3751	1127	504	623
78	140	74	66	5541	1974	3567	969	425	544
79	107	64	43	5285	1913	3372	931	407	524
80-84岁	**299**	**177**	**122**	**18599**	**7031**	**11568**	**2846**	**1258**	**1588**
80	90	53	37	4716	1731	2985	755	330	425
81	68	43	25	4008	1522	2486	652	291	361
82	56	33	23	3936	1533	2403	573	254	319
83	44	26	18	3204	1231	1973	468	207	261
84	41	22	19	2735	1014	1721	398	176	222
85-89岁	**113**	**52**	**61**	**9282**	**3049**	**6233**	**1290**	**464**	**826**
85	37	19	18	2556	915	1641	379	156	223
86	24	13	11	2129	728	1401	288	100	188
87	18	3	15	1858	614	1244	248	98	150
88	22	12	10	1537	463	1074	228	63	165
89	12	5	7	1202	329	873	147	47	100
90-94岁	**42**	**15**	**27**	**3519**	**970**	**2549**	**448**	**162**	**286**
90	10	4	6	1129	312	817	149	57	92
91	14	6	8	778	229	549	115	44	71
92	9	3	6	694	196	498	79	27	52
93	8	2	6	540	149	391	49	17	32
94	1		1	378	84	294	56	17	39
95-99岁	**8**	**1**	**7**	**884**	**249**	**635**	**102**	**24**	**78**
95	5	1	4	354	100	254	36	9	27
96	1		1	207	64	143	28	6	22
97				168	47	121	22	7	15
98	2		2	95	24	71	9	1	8
99				60	14	46	7	1	6
100岁及以上				**77**	**19**	**58**	**14**	**1**	**13**

8—7a　全省分年龄、性别、主要生活来源的人口(城市)

单位：人

年　龄	15岁及以上人口			劳动收入		
	合计	男	女	小计	男	女
总　计	**2175490**	**1065593**	**1109897**	**1000210**	**593039**	**407171**
45岁以下	**982165**	**491921**	**490244**	**638892**	**354981**	**283911**
45—49岁	**200520**	**99492**	**101028**	**151528**	**84496**	**67032**
45	34032	16805	17227	26506	14579	11927
46	37390	18496	18894	28927	15895	13032
47	42447	21027	21420	32233	17903	14330
48	42095	20950	21145	31461	17650	13811
49	44556	22214	22342	32401	18469	13932
50—54岁	**202695**	**99680**	**103015**	**111895**	**76919**	**34976**
50	45445	22321	23124	28336	18228	10108
51	42174	20910	21264	24031	16506	7525
52	44188	21835	22353	23990	16838	7152
53	32011	15716	16295	16765	11820	4945
54	38877	18898	19979	18773	13527	5246
55—59岁	**218371**	**107568**	**110803**	**75274**	**61436**	**13838**
55	45594	22492	23102	18288	14437	3851
56	49276	24197	25079	17956	14554	3402
57	63480	31493	31987	21425	17755	3670
58	36182	17784	18398	11671	9696	1975
59	23839	11602	12237	5934	4994	940
60—64岁	**192269**	**93380**	**98889**	**13454**	**9126**	**4328**
60	40191	19779	20412	3803	2665	1138
61	32795	16111	16684	2415	1624	791
62	40338	19662	20676	2655	1774	881
63	40910	19690	21220	2528	1704	824
64	38035	18138	19897	2053	1359	694
65—69岁	**161394**	**76719**	**84675**	**6536**	**4336**	**2200**
65	38999	18780	20219	1910	1277	633
66	36698	17536	19162	1607	1059	548
67	30844	14761	16083	1224	823	401
68	29136	13607	15529	1024	676	348
69	25717	12035	13682	771	501	270

8-7a 续表 1

单位：人

年龄	15岁及以上人口			劳动收入		
	合计	男	女	小计	男	女
70-74岁	**89375**	**41546**	**47829**	**1886**	**1238**	**648**
70	24401	11615	12786	642	415	227
71	19829	9348	10481	433	295	138
72	15858	7282	8576	306	203	103
73	14797	6763	8034	270	176	94
74	14490	6538	7952	235	149	86
75-79岁	**57018**	**25337**	**31681**	**548**	**371**	**177**
75	12165	5487	6678	148	103	45
76	11604	5134	6470	112	72	40
77	11386	5148	6238	105	77	28
78	11233	4942	6291	118	74	44
79	10630	4626	6004	65	45	20
80-84岁	**41670**	**17102**	**24568**	**151**	**107**	**44**
80	9789	4084	5705	37	25	12
81	8869	3552	5317	36	26	10
82	8656	3552	5104	37	28	9
83	7428	3039	4389	20	12	8
84	6928	2875	4053	21	16	5
85-89岁	**21604**	**9176**	**12428**	**36**	**25**	**11**
85	6166	2535	3631	7	4	3
86	5014	2105	2909	10	7	3
87	4361	1885	2476	12	8	4
88	3418	1487	1931	3	3	
89	2645	1164	1481	4	3	1
90-94岁	**7033**	**3113**	**3920**	**8**	**4**	**4**
90	2449	1089	1360	2	1	1
91	1678	728	950	2	2	
92	1324	606	718	3	1	2
93	931	418	513	1		1
94	651	272	379			
95-99岁	**1258**	**526**	**732**	**2**		**2**
95	491	198	293	1		1
96	322	138	184			
97	210	84	126			
98	143	60	83	1		1
99	92	46	46			
100岁及以上	**118**	**33**	**85**			

8-7a　续表 2　　　　单位：人

年　龄	离退休金/养老金			最低生活保障金			失业保险金		
	小计	男	女	小计	男	女	小计	男	女
总　计	**647275**	**258782**	**388493**	**19575**	**11079**	**8496**	**2691**	**1595**	**1096**
45岁以下	**151**	**94**	**57**	**4690**	**2549**	**2141**	**1578**	**818**	**760**
45–49岁	**3661**	**253**	**3408**	**2727**	**1552**	**1175**	**565**	**273**	**292**
45	192	18	174	372	192	180	76	41	35
46	318	39	279	483	262	221	83	41	42
47	558	45	513	596	344	252	120	57	63
48	804	60	744	616	360	256	114	57	57
49	1789	91	1698	660	394	266	172	77	95
50–54岁	**53214**	**4647**	**48567**	**2704**	**1935**	**769**	**328**	**300**	**28**
50	8504	408	8096	638	441	197	85	66	19
51	10609	703	9906	587	426	161	48	45	3
52	12192	1018	11174	618	444	174	84	81	3
53	9092	899	8193	396	275	121	41	39	2
54	12817	1619	11198	465	349	116	70	69	1
55–59岁	**108599**	**25212**	**83387**	**2452**	**1869**	**583**	**197**	**192**	**5**
55	19636	3716	15920	604	476	128	58	56	2
56	23661	5081	18580	538	405	133	34	33	1
57	32194	7484	24710	670	519	151	52	50	2
58	18716	4559	14157	401	300	101	33	33	
59	14392	4372	10020	239	169	70	20	20	
60–64岁	**162128**	**77770**	**84358**	**1488**	**822**	**666**	**8**	**6**	**2**
60	32783	15555	17228	328	188	140	3	3	
61	27663	13392	14271	249	150	99	3	2	1
62	34300	16607	17693	310	167	143			
63	34833	16676	18157	307	173	134	1		1
64	32549	15540	17009	294	144	150	1	1	
65–69岁	**137059**	**66057**	**71002**	**1891**	**899**	**992**	**10**	**4**	**6**
65	33478	16194	17284	365	194	171			
66	31387	15149	16238	392	183	209	3	2	1
67	26126	12725	13401	388	185	203	2	1	1
68	24434	11626	12808	399	176	223	3	1	2
69	21634	10363	11271	347	161	186	2		2

8-7a 续表 3 单位：人

年 龄	离退休金/养老金			最低生活保障金			失业保险金		
	小计	男	女	小计	男	女	小计	男	女
70—74岁	**73802**	**35732**	**38070**	**1571**	**663**	**908**	**3**	**1**	**2**
70	20482	10089	10393	354	156	198	1		1
71	16404	7992	8412	333	149	184	1	1	
72	13011	6245	6766	316	123	193	1		1
73	12066	5803	6263	277	113	164			
74	11839	5603	6236	291	122	169			
75—79岁	**47206**	**21948**	**25258**	**1078**	**451**	**627**	**1**	**1**	
75	9883	4694	5189	253	103	150			
76	9522	4409	5113	248	104	144			
77	9436	4455	4981	222	90	132			
78	9395	4290	5105	182	80	102			
79	8970	4100	4870	173	74	99	1	1	
80—84岁	**35977**	**15280**	**20697**	**564**	**223**	**341**			
80	8391	3647	4744	125	39	86			
81	7603	3139	4464	130	57	73			
82	7452	3134	4318	129	56	73			
83	6467	2735	3732	101	45	56			
84	6064	2625	3439	79	26	53			
85—89岁	**18697**	**8425**	**10272**	**261**	**81**	**180**	**1**		**1**
85	5383	2304	3079	72	25	47			
86	4349	1933	2416	63	22	41	1		1
87	3779	1725	2054	64	19	45			
88	2947	1386	1561	35	8	27			
89	2239	1077	1162	27	7	20			
90—94岁	**5787**	**2867**	**2920**	**121**	**29**	**92**			
90	2077	997	1080	39	12	27			
91	1385	670	715	25	7	18			
92	1082	565	517	27	7	20			
93	751	392	359	19		19			
94	492	243	249	11	3	8			
95—99岁	**918**	**467**	**451**	**24**	**6**	**18**			
95	355	176	179	8	2	6			
96	248	122	126	4		4			
97	136	70	66	6	1	5			
98	107	57	50	4	1	3			
99	72	42	30	2	2				
100岁及以上	**76**	**30**	**46**	**4**		**4**			

8-7a　续表 4　　　　单位：人

年　龄	财产性收入			家庭其他成员供养			其　他		
	小计	男	女	小计	男	女	小计	男	女
总　计	**11575**	**6465**	**5110**	**388622**	**140949**	**247673**	**105542**	**53684**	**51858**
45岁以下	**5602**	**2999**	**2603**	**275762**	**103478**	**172284**	**55490**	**27002**	**28488**
45-49岁	**1797**	**870**	**927**	**26851**	**5529**	**21322**	**13391**	**6519**	**6872**
45	283	135	148	4443	831	3612	2160	1009	1151
46	343	164	179	4825	940	3885	2411	1155	1256
47	380	179	201	5708	1141	4567	2852	1358	1494
48	397	198	199	5756	1189	4567	2947	1436	1511
49	394	194	200	6119	1428	4691	3021	1561	1460
50-54岁	**1460**	**938**	**522**	**21617**	**7977**	**13640**	**11477**	**6964**	**4513**
50	360	214	146	4832	1449	3383	2690	1515	1175
51	324	208	116	4165	1535	2630	2410	1487	923
52	321	219	102	4578	1752	2826	2405	1483	922
53	236	149	87	3688	1404	2284	1793	1130	663
54	219	148	71	4354	1837	2517	2179	1349	830
55-59岁	**1204**	**887**	**317**	**20771**	**11293**	**9478**	**9874**	**6679**	**3195**
55	270	196	74	4476	2162	2314	2262	1449	813
56	273	198	75	4627	2434	2193	2187	1492	695
57	340	258	82	5984	3459	2525	2815	1968	847
58	213	148	65	3510	1956	1554	1638	1092	546
59	108	87	21	2174	1282	892	972	678	294
60-64岁	**547**	**291**	**256**	**10031**	**3114**	**6917**	**4613**	**2251**	**2362**
60	115	72	43	2149	756	1393	1010	540	470
61	89	47	42	1640	533	1107	736	363	373
62	126	64	62	2007	598	1409	940	452	488
63	94	54	40	2185	632	1553	962	451	511
64	123	54	69	2050	595	1455	965	445	520
65-69岁	**487**	**241**	**246**	**11157**	**3276**	**7881**	**4254**	**1906**	**2348**
65	113	51	62	2214	639	1575	919	425	494
66	113	54	59	2310	680	1630	886	409	477
67	88	49	39	2154	607	1547	862	371	491
68	98	55	43	2323	695	1628	855	378	477
69	75	32	43	2156	655	1501	732	323	409

8—7a 续表 5 单位：人

年 龄	财产性收入			家庭其他成员供养			其 他		
	小计	男	女	小计	男	女	小计	男	女
70—74岁	**248**	**121**	**127**	**9073**	**2624**	**6449**	**2792**	**1167**	**1625**
70	77	39	38	2139	615	1524	706	301	405
71	53	25	28	1993	606	1387	612	280	332
72	43	18	25	1665	493	1172	516	200	316
73	42	20	22	1662	445	1217	480	206	274
74	33	19	14	1614	465	1149	478	180	298
75—79岁	**148**	**79**	**69**	**6177**	**1831**	**4346**	**1860**	**656**	**1204**
75	36	17	19	1440	423	1017	405	147	258
76	37	20	17	1286	382	904	399	147	252
77	36	21	15	1199	368	831	388	137	251
78	19	12	7	1177	365	812	342	121	221
79	20	9	11	1075	293	782	326	104	222
80—84岁	**46**	**26**	**20**	**3945**	**1129**	**2816**	**987**	**337**	**650**
80	13	8	5	979	282	697	244	83	161
81	10	4	6	850	231	619	240	95	145
82	11	8	3	829	270	559	198	56	142
83	5	2	3	683	192	491	152	53	99
84	7	4	3	604	154	450	153	50	103
85—89岁	**23**	**9**	**14**	**2070**	**499**	**1571**	**516**	**137**	**379**
85	10	3	7	555	152	403	139	47	92
86	3	3		483	114	369	105	26	79
87	4		4	402	104	298	100	29	71
88	5	3	2	333	69	264	95	18	77
89	1		1	297	60	237	77	17	60
90—94岁	**9**	**3**	**6**	**887**	**157**	**730**	**221**	**53**	**168**
90	2	1	1	265	62	203	64	16	48
91	3	2	1	200	28	172	63	19	44
92	3		3	170	28	142	39	5	34
93	1		1	134	19	115	25	7	18
94				118	20	98	30	6	24
95—99岁	**4**	**1**	**3**	**254**	**40**	**214**	**56**	**12**	**44**
95	3	1	2	106	14	92	18	5	13
96				58	15	43	12	1	11
97				51	7	44	17	6	11
98	1		1	24	2	22	6		6
99				15	2	13	3		3
100岁及以上				**27**	**2**	**25**	**11**	**1**	**10**

8-7b　全省分年龄、性别、主要生活来源的人口(镇)

单位：人

年　龄	15岁及以上人口			劳动收入		
	合计	男	女	小计	男	女
总　计	**437231**	**216526**	**220705**	**223807**	**135668**	**88139**
45岁以下	**182022**	**92305**	**89717**	**115214**	**67747**	**47467**
45-49岁	**44355**	**22383**	**21972**	**34079**	**19576**	**14503**
45	7476	3812	3664	5871	3373	2498
46	8427	4306	4121	6614	3793	2821
47	9339	4675	4664	7194	4100	3094
48	9224	4585	4639	6999	4003	2996
49	9889	5005	4884	7401	4307	3094
50-54岁	**47285**	**23684**	**23601**	**30625**	**19476**	**11149**
50	10075	5037	5038	7019	4273	2746
51	9172	4628	4544	6119	3849	2270
52	10161	5172	4989	6556	4256	2300
53	8210	4076	4134	5119	3287	1832
54	9667	4771	4896	5812	3811	2001
55-59岁	**45563**	**22482**	**23081**	**22755**	**15518**	**7237**
55	10535	5203	5332	5758	3847	1911
56	10323	5091	5232	5332	3612	1720
57	12454	6163	6291	6133	4231	1902
58	7795	3881	3914	3646	2554	1092
59	4456	2144	2312	1886	1274	612
60-64岁	**37723**	**18313**	**19410**	**10605**	**6676**	**3929**
60	7629	3711	3918	2483	1538	945
61	6443	3161	3282	1888	1203	685
62	7963	3876	4087	2198	1367	831
63	8221	3977	4244	2137	1373	764
64	7467	3588	3879	1899	1195	704
65-69岁	**34431**	**16436**	**17995**	**7086**	**4446**	**2640**
65	7869	3712	4157	1854	1133	721
66	7721	3717	4004	1735	1076	659
67	6468	3118	3350	1319	855	464
68	6488	3098	3390	1204	772	432
69	5885	2791	3094	974	610	364

8-7b 续表 1 单位：人

年 龄	15岁及以上人口			劳动收入		
	合计	男	女	小计	男	女
70-74岁	**21119**	**9675**	**11444**	**2481**	**1592**	**889**
70	5470	2503	2967	779	499	280
71	4916	2248	2668	583	369	214
72	3908	1773	2135	456	284	172
73	3532	1601	1931	379	251	128
74	3293	1550	1743	284	189	95
75-79岁	**12693**	**5786**	**6907**	**737**	**493**	**244**
75	2821	1276	1545	214	138	76
76	2790	1274	1516	178	109	69
77	2422	1132	1290	132	93	39
78	2341	1029	1312	121	88	33
79	2319	1075	1244	92	65	27
80-84岁	**7420**	**3455**	**3965**	**167**	**116**	**51**
80	1906	873	1033	53	35	18
81	1669	767	902	39	26	13
82	1540	733	807	33	27	6
83	1209	554	655	23	16	7
84	1096	528	568	19	12	7
85-89岁	**3305**	**1426**	**1879**	**47**	**21**	**26**
85	969	418	551	17	9	8
86	756	327	429	10	7	3
87	648	273	375	8	3	5
88	526	233	293	6		6
89	406	175	231	6	2	4
90-94岁	**1079**	**478**	**601**	**10**	**6**	**4**
90	394	170	224	4	2	2
91	235	102	133	2	1	1
92	198	93	105			
93	155	69	86	3	2	1
94	97	44	53	1	1	
95-99岁	**225**	**99**	**126**	**1**	**1**	
95	78	32	46			
96	56	29	27			
97	38	15	23			
98	27	11	16	1	1	
99	26	12	14			
100岁及以上	**11**	**4**	**7**			

8−7b　续表 2　　　　单位：人

年　龄	离退休金/养老金			最低生活保障金			失业保险金		
	小计	男	女	小计	男	女	小计	男	女
总　计	**75857**	**32380**	**43477**	**7757**	**4256**	**3501**	**101**	**56**	**45**
45岁以下	**13**	**9**	**4**	**1262**	**720**	**542**	**41**	**22**	**19**
45−49岁	**376**	**32**	**344**	**678**	**394**	**284**	**25**	**7**	**18**
45	15	3	12	106	60	46	5	3	2
46	31	2	29	124	70	54	3	1	2
47	53	5	48	144	84	60	6	1	5
48	85	5	80	143	80	63	5	1	4
49	192	17	175	161	100	61	6	1	5
50−54岁	**5905**	**561**	**5344**	**791**	**513**	**278**	**18**	**14**	**4**
50	813	46	767	176	105	71	3	1	2
51	1045	84	961	165	105	60	3	3	
52	1284	117	1167	148	99	49	2	1	1
53	1147	123	1024	134	91	43	3	3	
54	1616	191	1425	168	113	55	7	6	1
55−59岁	**12332**	**2878**	**9454**	**709**	**469**	**240**	**13**	**11**	**2**
55	2435	480	1955	154	105	49	5	4	1
56	2637	551	2086	172	126	46	3	3	
57	3446	847	2599	202	124	78	1		1
58	2283	551	1732	114	76	38	3	3	
59	1531	449	1082	67	38	29	1	1	
60−64岁	**18159**	**8721**	**9438**	**819**	**433**	**386**	**2**	**1**	**1**
60	3395	1582	1813	144	80	64			
61	3116	1487	1629	128	70	58	2	1	1
62	3933	1920	2013	166	88	78			
63	4089	1958	2131	198	98	100			
64	3626	1774	1852	183	97	86			
65−69岁	**16572**	**8347**	**8225**	**1209**	**615**	**594**			
65	3827	1861	1966	224	105	119			
66	3768	1917	1851	259	134	125			
67	3101	1579	1522	221	115	106			
68	3100	1578	1522	279	149	130			
69	2776	1412	1364	226	112	114			

8-7b 续表 3 单位：人

年 龄	离退休金/养老金			最低生活保障金			失业保险金		
	小计	男	女	小计	男	女	小计	男	女
70-74岁	**9986**	**5139**	**4847**	**1076**	**540**	**536**			
70	2630	1342	1288	251	117	134			
71	2389	1227	1162	255	134	121			
72	1846	939	907	204	100	104			
73	1576	809	767	181	93	88			
74	1545	822	723	185	96	89			
75-79岁	**6278**	**3264**	**3014**	**639**	**300**	**339**	**1**		**1**
75	1314	680	634	117	60	57			
76	1347	721	626	147	64	83			
77	1218	634	584	155	78	77			
78	1206	599	607	127	57	70			
79	1193	630	563	93	41	52	1		1
80-84岁	**3983**	**2139**	**1844**	**368**	**186**	**182**	**1**	**1**	
80	1013	554	459	96	44	52			
81	881	459	422	79	45	34			
82	849	446	403	71	41	30			
83	650	360	290	61	26	35	1	1	
84	590	320	270	61	30	31			
85-89岁	**1660**	**909**	**751**	**143**	**60**	**83**			
85	502	255	247	46	25	21			
86	377	200	177	34	15	19			
87	321	176	145	24	6	18			
88	255	150	105	24	12	12			
89	205	128	77	15	2	13			
90-94岁	**514**	**325**	**189**	**48**	**20**	**28**			
90	183	117	66	18	8	10			
91	120	76	44	9	3	6			
92	93	58	35	9	4	5			
93	71	46	25	9	3	6			
94	47	28	19	3	2	1			
95-99岁	**77**	**54**	**23**	**13**	**6**	**7**			
95	24	19	5	6	2	4			
96	20	13	7	2		2			
97	16	10	6	2	2				
98	5	3	2	3	2	1			
99	12	9	3						
100岁及以上	**2**	**2**		**2**		**2**			

8-7b　续表 4　　　　单位：人

年　龄	财产性收入			家庭其他成员供养			其　他		
	小计	男	女	小计	男	女	小计	男	女
总　计	**3528**	**1768**	**1760**	**98644**	**29159**	**69485**	**27537**	**13239**	**14298**
45岁以下	**1154**	**574**	**580**	**52342**	**17477**	**34865**	**11996**	**5756**	**6240**
45–49岁	**401**	**196**	**205**	**5994**	**830**	**5164**	**2802**	**1348**	**1454**
45	60	27	33	955	136	819	464	210	254
46	89	49	40	1050	143	907	516	248	268
47	85	42	43	1288	167	1121	569	276	293
48	71	35	36	1306	177	1129	615	284	331
49	96	43	53	1395	207	1188	638	330	308
50–54岁	**462**	**228**	**234**	**6466**	**1371**	**5095**	**3018**	**1521**	**1497**
50	97	47	50	1302	239	1063	665	326	339
51	82	45	37	1178	236	942	580	306	274
52	122	56	66	1392	311	1081	657	332	325
53	73	36	37	1202	275	927	532	261	271
54	88	44	44	1392	310	1082	584	296	288
55–59岁	**396**	**210**	**186**	**6603**	**1873**	**4730**	**2755**	**1523**	**1232**
55	87	50	37	1468	371	1097	628	346	282
56	92	44	48	1458	401	1057	629	354	275
57	99	51	48	1802	503	1299	771	407	364
58	74	46	28	1200	382	818	475	269	206
59	44	19	25	675	216	459	252	147	105
60–64岁	**340**	**173**	**167**	**5770**	**1351**	**4419**	**2028**	**958**	**1070**
60	66	36	30	1107	269	838	434	206	228
61	71	37	34	895	204	691	343	159	184
62	59	22	37	1182	266	916	425	213	212
63	67	37	30	1310	313	997	420	198	222
64	77	41	36	1276	299	977	406	182	224
65–69岁	**406**	**205**	**201**	**7077**	**1883**	**5194**	**2081**	**940**	**1141**
65	88	45	43	1439	380	1059	437	188	249
66	97	37	60	1432	350	1082	430	203	227
67	79	43	36	1336	342	994	412	184	228
68	77	41	36	1446	392	1054	382	166	216
69	65	39	26	1424	419	1005	420	199	221

8-7b 续表 5

单位：人

年　龄	财产性收入			家庭其他成员供养			其　他		
	小计	男	女	小计	男	女	小计	男	女
70—74岁	**217**	**103**	**114**	**5955**	**1715**	**4240**	**1404**	**586**	**818**
70	46	23	23	1416	376	1040	348	146	202
71	59	29	30	1323	357	966	307	132	175
72	42	25	17	1085	313	772	275	112	163
73	38	13	25	1108	331	777	250	104	146
74	32	13	19	1023	338	685	224	92	132
75—79岁	**90**	**44**	**46**	**4162**	**1340**	**2822**	**786**	**345**	**441**
75	21	7	14	958	298	660	197	93	104
76	14	9	5	930	293	637	174	78	96
77	22	9	13	746	251	495	149	67	82
78	15	7	8	737	227	510	135	51	84
79	18	12	6	791	271	520	131	56	75
80—84岁	**39**	**25**	**14**	**2460**	**821**	**1639**	**402**	**167**	**235**
80	12	8	4	617	180	437	115	52	63
81	8	4	4	573	195	378	89	38	51
82	6	5	1	496	178	318	85	36	49
83	5	3	2	410	126	284	59	22	37
84	8	5	3	364	142	222	54	19	35
85—89岁	**17**	**7**	**10**	**1244**	**354**	**890**	**194**	**75**	**119**
85	10	5	5	339	99	240	55	25	30
86	3	1	2	287	87	200	45	17	28
87	1	1		255	73	182	39	14	25
88	1		1	200	54	146	40	17	23
89	2		2	163	41	122	15	2	13
90—94岁	**6**	**3**	**3**	**446**	**106**	**340**	**55**	**18**	**37**
90	1	1		162	32	130	26	10	16
91	2	1	1	94	21	73	8		8
92	1		1	88	29	59	7	2	5
93	2	1	1	63	14	49	7	3	4
94				39	10	29	7	3	4
95—99岁				**119**	**36**	**83**	**15**	**2**	**13**
95				41	10	31	7	1	6
96				30	15	15	4	1	3
97				19	3	16	1		1
98				17	5	12	1		1
99				12	3	9	2		2
100岁及以上				**6**	**2**	**4**	**1**		**1**

8-7c　全省分年龄、性别、主要生活来源的人口(乡村)

单位：人

年　龄	15岁及以上人口			劳动收入		
	合计	男	女	小计	男	女
总　计	**1020557**	**526970**	**493587**	**620704**	**376506**	**244198**
45岁以下	**305349**	**167632**	**137717**	**206279**	**129768**	**76511**
45-49岁	**97687**	**51240**	**46447**	**79602**	**46252**	**33350**
45	15037	8034	7003	12325	7249	5076
46	17804	9264	8540	14508	8361	6147
47	20416	10784	9632	16705	9714	6991
48	21144	11031	10113	17236	9983	7253
49	23286	12127	11159	18828	10945	7883
50-54岁	**128924**	**66223**	**62701**	**100406**	**58732**	**41674**
50	25364	13171	12193	20387	11863	8524
51	24470	12614	11856	19272	11249	8023
52	27305	14016	13289	21196	12411	8785
53	23985	12157	11828	18452	10711	7741
54	27800	14265	13535	21099	12498	8601
55-59岁	**124849**	**62196**	**62653**	**90270**	**52799**	**37471**
55	29289	14860	14429	21870	12876	8994
56	27847	13984	13863	20512	12059	8453
57	33974	16983	16991	24464	14364	10100
58	21443	10538	10905	15128	8775	6353
59	12296	5831	6465	8296	4725	3571
60-64岁	**112620**	**56260**	**56360**	**66363**	**39451**	**26912**
60	22786	11343	11443	14682	8619	6063
61	19176	9606	9570	11762	7024	4738
62	23023	11530	11493	13494	8000	5494
63	24604	12381	12223	14038	8447	5591
64	23031	11400	11631	12387	7361	5026
65-69岁	**109740**	**54375**	**55365**	**49792**	**30694**	**19098**
65	24916	12454	12462	12632	7624	5008
66	24208	12088	12120	11576	7054	4522
67	20577	10204	10373	9330	5790	3540
68	21089	10326	10763	8856	5566	3290
69	18950	9303	9647	7398	4660	2738

8-7c 续表 1 单位：人

年 龄	15岁及以上人口			劳动收入		
	合计	男	女	小计	男	女
70-74岁	**69421**	**34126**	**35295**	**20131**	**13294**	**6837**
70	17613	8699	8914	5970	3911	2059
71	16319	8040	8279	5073	3297	1776
72	13021	6291	6730	3634	2349	1285
73	11743	5685	6058	2961	1995	966
74	10725	5411	5314	2493	1742	751
75-79岁	**38424**	**19138**	**19286**	**6103**	**4346**	**1757**
75	8925	4387	4538	1821	1295	526
76	8693	4326	4367	1584	1144	440
77	7715	3852	3863	1170	807	363
78	6840	3450	3390	893	665	228
79	6251	3123	3128	635	435	200
80-84岁	**20393**	**10135**	**10258**	**1381**	**938**	**443**
80	5338	2637	2701	442	307	135
81	4459	2243	2216	336	226	110
82	4283	2126	2157	269	180	89
83	3446	1730	1716	181	123	58
84	2867	1399	1468	153	102	51
85-89岁	**9113**	**4007**	**5106**	**306**	**191**	**115**
85	2566	1180	1386	90	55	35
86	2073	949	1124	74	51	23
87	1833	792	1041	66	40	26
88	1523	631	892	41	25	16
89	1118	455	663	35	20	15
90-94岁	**3257**	**1332**	**1925**	**56**	**33**	**23**
90	1069	433	636	19	8	11
91	755	333	422	18	10	8
92	625	253	372	5	4	1
93	493	204	289	9	7	2
94	315	109	206	5	4	1
95-99岁	**719**	**284**	**435**	**15**	**8**	**7**
95	291	121	170	5	3	2
96	169	58	111	4	1	3
97	130	56	74	2	1	1
98	76	29	47	3	2	1
99	53	20	33	1	1	
100岁及以上	**61**	**22**	**39**			

8-7c　续表 2　　　　单位：人

年　龄	离退休金/养老金			最低生活保障金			失业保险金		
	小计	男	女	小计	男	女	小计	男	女
总　计	**54277**	**28354**	**25923**	**35501**	**20233**	**15268**	**128**	**80**	**48**
45岁以下	**10**	**4**	**6**	**3654**	**2196**	**1458**	**31**	**20**	**11**
45-49岁	**101**	**12**	**89**	**1767**	**1149**	**618**	**34**	**20**	**14**
45	6	2	4	290	188	102	5	4	1
46	9	2	7	317	200	117	5	1	4
47	20	2	18	365	242	123	7	6	1
48	27	3	24	400	264	136	6	3	3
49	39	3	36	395	255	140	11	6	5
50-54岁	**1960**	**203**	**1757**	**2529**	**1623**	**906**	**21**	**18**	**3**
50	192	21	171	430	259	171	3	2	1
51	319	29	290	499	326	173	2	2	
52	426	38	388	511	331	180	1	1	
53	429	43	386	484	311	173	8	6	2
54	594	72	522	605	396	209	7	7	
55-59岁	**5128**	**947**	**4181**	**2983**	**1724**	**1259**	**9**	**6**	**3**
55	888	144	744	644	381	263	4	4	
56	1040	185	855	611	351	260			
57	1422	241	1181	826	502	324	1	1	
58	1046	196	850	560	318	242	3	1	2
59	732	181	551	342	172	170	1		1
60-64岁	**11882**	**5742**	**6140**	**4956**	**2927**	**2029**	**9**	**3**	**6**
60	1908	792	1116	835	501	334	1		1
61	1993	885	1108	740	450	290	1		1
62	2457	1230	1227	1008	592	416	3	3	
63	2776	1385	1391	1141	678	463	2		2
64	2748	1450	1298	1232	706	526	2		2
65-69岁	**14493**	**8141**	**6352**	**6941**	**3827**	**3114**	**13**	**8**	**5**
65	3221	1748	1473	1413	800	613	4	2	2
66	3265	1834	1431	1454	820	634	2	1	1
67	2631	1470	1161	1357	742	615	2	2	
68	2784	1585	1199	1448	768	680	1	1	
69	2592	1504	1088	1269	697	572	4	2	2

8-7c 续表 3

单位：人

年 龄	离退休金/养老金			最低生活保障金			失业保险金		
	小计	男	女	小计	男	女	小计	男	女
70-74岁	**9800**	**5969**	**3831**	**5859**	**3165**	**2694**	**3**	**2**	**1**
70	2551	1476	1075	1355	761	594	1	1	
71	2289	1376	913	1360	735	625			
72	1872	1151	721	1097	563	534			
73	1590	982	608	1112	582	530	1		1
74	1498	984	514	935	524	411	1	1	
75-79岁	**5732**	**3818**	**1914**	**3665**	**1982**	**1683**	**4**	**1**	**3**
75	1241	812	429	837	449	388	3	1	2
76	1263	818	445	764	404	360			
77	1131	753	378	786	420	366			
78	1069	736	333	653	359	294			
79	1028	699	329	625	350	275	1		1
80-84岁	**3226**	**2183**	**1043**	**1920**	**1052**	**868**	**1**	**1**	
80	823	550	273	492	279	213			
81	743	506	237	422	222	200			
82	644	443	201	429	235	194	1	1	
83	562	377	185	301	164	137			
84	454	307	147	276	152	124			
85-89岁	**1327**	**901**	**426**	**856**	**430**	**426**	**3**	**1**	**2**
85	360	234	126	250	132	118	2		2
86	290	206	84	194	99	95			
87	278	179	99	166	79	87			
88	229	157	72	139	71	68	1	1	
89	170	125	45	107	49	58			
90-94岁	**519**	**363**	**156**	**297**	**129**	**168**			
90	183	129	54	99	45	54			
91	127	86	41	73	29	44			
92	94	67	27	52	20	32			
93	76	53	23	43	20	23			
94	39	28	11	30	15	15			
95-99岁	**93**	**69**	**24**	**65**	**24**	**41**			
95	34	29	5	32	10	22			
96	21	14	7	12	5	7			
97	19	12	7	7	5	2			
98	10	7	3	6	2	4			
99	9	7	2	8	2	6			
100岁及以上	**6**	**2**	**4**	**9**	**5**	**4**			

8-7c 续表 4　　单位：人

年 龄	财产性收入			家庭其他成员供养			其 他		
	小计	男	女	小计	男	女	小计	男	女
总 计	**11274**	**5720**	**5554**	**236480**	**67064**	**169416**	**62193**	**29013**	**33180**
45岁以下	**2344**	**1251**	**1093**	**75191**	**25801**	**49390**	**17840**	**8592**	**9248**
45-49岁	**1039**	**538**	**501**	**9931**	**919**	**9012**	**5213**	**2350**	**2863**
45	165	91	74	1478	136	1342	768	364	404
46	182	88	94	1813	176	1637	970	436	534
47	223	119	104	1982	194	1788	1114	507	607
48	221	119	102	2165	198	1967	1089	461	628
49	248	121	127	2493	215	2278	1272	582	690
50-54岁	**1397**	**677**	**720**	**15430**	**1745**	**13685**	**7181**	**3225**	**3956**
50	255	127	128	2743	267	2476	1354	632	722
51	268	130	138	2776	309	2467	1334	569	765
52	275	130	145	3358	386	2972	1538	719	819
53	257	121	136	2960	353	2607	1395	612	783
54	342	169	173	3593	430	3163	1560	693	867
55-59岁	**1434**	**712**	**722**	**17807**	**2713**	**15094**	**7218**	**3295**	**3923**
55	326	173	153	3897	525	3372	1660	757	903
56	296	150	146	3850	550	3300	1538	689	849
57	404	184	220	4866	786	4080	1991	905	1086
58	255	135	120	3188	523	2665	1263	590	673
59	153	70	83	2006	329	1677	766	354	412
60-64岁	**1484**	**727**	**757**	**21033**	**4278**	**16755**	**6893**	**3132**	**3761**
60	286	132	154	3681	666	3015	1393	633	760
61	223	113	110	3342	627	2715	1115	507	608
62	321	162	159	4311	898	3413	1429	645	784
63	315	149	166	4806	1041	3765	1526	681	845
64	339	171	168	4893	1046	3847	1430	666	764
65-69岁	**1608**	**788**	**820**	**29338**	**7476**	**21862**	**7555**	**3441**	**4114**
65	313	157	156	5624	1341	4283	1709	782	927
66	340	165	175	5961	1477	4484	1610	737	873
67	328	165	163	5512	1374	4138	1417	661	756
68	303	147	156	6265	1632	4633	1432	627	805
69	324	154	170	5976	1652	4324	1387	634	753

8-7c 续表 5　　　　单位：人

年龄	财产性收入			家庭其他成员供养			其他		
	小计	男	女	小计	男	女	小计	男	女
70-74岁	**1103**	**560**	**543**	**27361**	**8692**	**18669**	**5164**	**2444**	**2720**
70	294	149	145	6203	1808	4395	1239	593	646
71	243	126	117	6169	1919	4250	1185	587	598
72	223	104	119	5212	1678	3534	983	446	537
73	176	86	90	4986	1629	3357	917	411	506
74	167	95	72	4791	1658	3133	840	407	433
75-79岁	**547**	**296**	**251**	**19486**	**7268**	**12218**	**2887**	**1427**	**1460**
75	137	71	66	4224	1434	2790	662	325	337
76	133	66	67	4280	1592	2688	669	302	367
77	102	61	41	3936	1511	2425	590	300	290
78	106	55	51	3627	1382	2245	492	253	239
79	69	43	26	3419	1349	2070	474	247	227
80-84岁	**214**	**126**	**88**	**12194**	**5081**	**7113**	**1457**	**754**	**703**
80	65	37	28	3120	1269	1851	396	195	201
81	50	35	15	2585	1096	1489	323	158	165
82	39	20	19	2611	1085	1526	290	162	128
83	34	21	13	2111	913	1198	257	132	125
84	26	13	13	1767	718	1049	191	107	84
85-89岁	**73**	**36**	**37**	**5968**	**2196**	**3772**	**580**	**252**	**328**
85	17	11	6	1662	664	998	185	84	101
86	18	9	9	1359	527	832	138	57	81
87	13	2	11	1201	437	764	109	55	54
88	16	9	7	1004	340	664	93	28	65
89	9	5	4	742	228	514	55	28	27
90-94岁	**27**	**9**	**18**	**2186**	**707**	**1479**	**172**	**91**	**81**
90	7	2	5	702	218	484	59	31	28
91	9	3	6	484	180	304	44	25	19
92	5	3	2	436	139	297	33	20	13
93	5	1	4	343	116	227	17	7	10
94	1		1	221	54	167	19	8	11
95-99岁	**4**		**4**	**511**	**173**	**338**	**31**	**10**	**21**
95	2		2	207	76	131	11	3	8
96	1		1	119	34	85	12	4	8
97				98	37	61	4	1	3
98	1		1	54	17	37	2	1	1
99				33	9	24	2	1	1
100岁及以上				**44**	**15**	**29**	**2**		**2**

8-8　全省分性别、婚姻状况、主要生活来源的60岁及以上老年人口

单位：人

婚姻状况	60岁及以上人口			劳动收入		
	合计	男	女	小计	男	女
总　计	**1053493**	**502283**	**551210**	**187902**	**117513**	**70389**
未　婚	12645	10336	2309	1886	1725	161
有配偶	798849	419303	379546	165414	105279	60135
离　婚	31410	15052	16358	2855	2092	763
丧　偶	210589	57592	152997	17747	8417	9330

8-8　续表 1

单位：人

婚姻状况	离退休金/养老金			最低生活保障金			失业保险金		
	小计	男	女	小计	男	女	小计	男	女
总　计	**585959**	**284664**	**301295**	**35887**	**18875**	**17012**	**60**	**30**	**30**
未　婚	3020	1571	1449	5254	5035	219			
有配偶	450886	243553	207333	19282	10049	9233	51	26	25
离　婚	24073	10502	13571	1320	884	436	2	1	1
丧　偶	107980	29038	78942	10031	2907	7124	7	3	4

8-8　续表 2

单位：人

婚姻状况	财产性收入			家庭其他成员供养			其　他		
	小计	男	女	小计	男	女	小计	男	女
总　计	**7687**	**3873**	**3814**	**188981**	**56166**	**132815**	**47017**	**21162**	**25855**
未　婚	73	66	7	582	461	121	1830	1478	352
有配偶	6137	3308	2829	123566	40622	82944	33513	16466	17047
离　婚	123	71	52	2007	920	1087	1030	582	448
丧　偶	1354	428	926	62826	14163	48663	10644	2636	8008

8–8a 全省分性别、婚姻状况、主要生活来源的60岁及以上老年人口(城市)

单位：人

婚姻状况	60岁及以上人口			劳动收入		
	合计	男	女	小计	男	女
总 计	**571739**	**266932**	**304807**	**22621**	**15207**	**7414**
未 婚	4401	2589	1812	319	241	78
有配偶	430169	226185	203984	19371	13488	5883
离 婚	25171	11240	13931	1037	667	370
丧 偶	111998	26918	85080	1894	811	1083

8–8a 续表 1

单位：人

婚姻状况	离退休金/养老金			最低生活保障金			失业保险金		
	小计	男	女	小计	男	女	小计	男	女
总 计	**481650**	**228576**	**253074**	**7002**	**3174**	**3828**	**23**	**12**	**11**
未 婚	2567	1230	1337	639	538	101			
有配偶	367979	195541	172438	3433	1708	1725	20	11	9
离 婚	21904	9445	12459	727	446	281	2	1	1
丧 偶	89200	22360	66840	2203	482	1721	1		1

8–8a 续表 2

单位：人

婚姻状况	财产性收入			家庭其他成员供养			其 他		
	小计	男	女	小计	男	女	小计	男	女
总 计	**1512**	**771**	**741**	**43621**	**12672**	**30949**	**15310**	**6520**	**8790**
未 婚	19	14	5	223	156	67	634	410	224
有配偶	1195	662	533	27894	9632	18262	10277	5143	5134
离 婚	54	25	29	910	376	534	537	280	257
丧 偶	244	70	174	14594	2508	12086	3862	687	3175

8-8b 全省分性别、婚姻状况、主要生活来源的60岁及以上老年人口(镇)

单位：人

婚姻状况	60岁及以上人口			劳动收入		
	合计	男	女	小计	男	女
总　计	**118006**	**55672**	**62334**	**21134**	**13351**	**7783**
未　婚	1292	1101	191	156	139	17
有配偶	90027	46929	43098	18621	12123	6498
离　婚	2521	1200	1321	351	244	107
丧　偶	24166	6442	17724	2006	845	1161

8-8b 续表 1

单位：人

婚姻状况	离退休金/养老金			最低生活保障金			失业保险金		
	小计	男	女	小计	男	女	小计	男	女
总　计	**57231**	**28900**	**28331**	**4317**	**2160**	**2157**	**4**	**2**	**2**
未　婚	177	92	85	578	558	20			
有配偶	45336	25119	20217	2315	1203	1112	4	2	2
离　婚	1561	671	890	151	87	64			
丧　偶	10157	3018	7139	1273	312	961			

8-8b 续表 2

单位：人

婚姻状况	财产性收入			家庭其他成员供养			其　他		
	小计	男	女	小计	男	女	小计	男	女
总　计	**1115**	**560**	**555**	**27239**	**7608**	**19631**	**6966**	**3091**	**3875**
未　婚	2	2		88	65	23	291	245	46
有配偶	909	487	422	17993	5580	12413	4849	2415	2434
离　婚	14	9	5	314	126	188	130	63	67
丧　偶	190	62	128	8844	1837	7007	1696	368	1328

8-8c 全省分性别、婚姻状况、主要生活来源的60岁及以上老年人口(乡村)

单位：人

婚姻状况	60岁及以上人口			劳动收入		
	合计	男	女	小计	男	女
总　计	**363748**	**179679**	**184069**	**144147**	**88955**	**55192**
未　婚	6952	6646	306	1411	1345	66
有配偶	278653	146189	132464	127422	79668	47754
离　婚	3718	2612	1106	1467	1181	286
丧　偶	74425	24232	50193	13847	6761	7086

8-8c 续表 1

单位：人

婚姻状况	离退休金/养老金			最低生活保障金			失业保险金		
	小计	男	女	小计	男	女	小计	男	女
总　计	**47078**	**27188**	**19890**	**24568**	**13541**	**11027**	**33**	**16**	**17**
未　婚	276	249	27	4037	3939	98			
有配偶	37571	22893	14678	13534	7138	6396	27	13	14
离　婚	608	386	222	442	351	91			
丧　偶	8623	3660	4963	6555	2113	4442	6	3	3

8-8c 续表 2

单位：人

婚姻状况	财产性收入			家庭其他成员供养			其　他		
	小计	男	女	小计	男	女	小计	男	女
总　计	**5060**	**2542**	**2518**	**118121**	**35886**	**82235**	**24741**	**11551**	**13190**
未　婚	52	50	2	271	240	31	905	823	82
有配偶	4033	2159	1874	77679	25410	52269	18387	8908	9479
离　婚	55	37	18	783	418	365	363	239	124
丧　偶	920	296	624	39388	9818	29570	5086	1581	3505

8-9　全省分性别、居住状况、主要生活来源的60岁及以上老年人口

单位：人

居住状况	60岁及以上人口			劳动收入		
	合计	男	女	小计	男	女
总　计	**1053493**	**502283**	**551210**	**187902**	**117513**	**70389**
与配偶和子女同住	175760	93315	82445	36617	23596	13021
与配偶同住	568614	298138	270476	119825	75465	44360
与子女同住	132529	36051	96478	10968	5411	5557
独居(有保姆)	2245	1199	1046	185	115	70
独居(无保姆)	133924	52883	81041	15024	9375	5649
养老机构	7744	4434	3310	51	24	27
其　他	32677	16263	16414	5232	3527	1705

8-9　续表 1

单位：人

居住状况	离退休金/养老金			最低生活保障金			失业保险金		
	小计	男	女	小计	男	女	小计	男	女
总　计	**585959**	**284664**	**301295**	**35887**	**18875**	**17012**	**60**	**30**	**30**
与配偶和子女同住	96354	52606	43748	3955	2084	1871	10	6	4
与配偶同住	320881	173948	146933	14556	7551	7005	38	19	19
与子女同住	66834	18028	48806	5272	1496	3776	5	1	4
独居(有保姆)	1487	853	634	103	68	35	1	1	
独居(无保姆)	78513	29046	49467	8603	5001	3602	5	3	2
养老机构	3946	1928	2018	1116	919	197	1		1
其　他	17944	8255	9689	2282	1756	526			

8-9　续表 2

单位：人

居住状况	财产性收入			家庭其他成员供养			其　他		
	小计	男	女	小计	男	女	小计	男	女
总　计	**7687**	**3873**	**3814**	**188981**	**56166**	**132815**	**47017**	**21162**	**25855**
与配偶和子女同住	1156	629	527	31638	11326	20312	6030	3068	2962
与配偶同住	4682	2508	2174	84196	26682	57514	24436	11965	12471
与子女同住	713	246	467	43503	9532	33971	5234	1337	3897
独居(有保姆)	5	4	1	383	119	264	81	39	42
独居(无保姆)	990	404	586	23980	6637	17343	6809	2417	4392
养老机构	11	7	4	1544	711	833	1075	845	230
其　他	130	75	55	3737	1159	2578	3352	1491	1861

8-9a　全省分性别、居住状况、主要生活来源的60岁及以上老年人口(城市)

单位：人

居住状况	60岁及以上人口			劳动收入		
	合计	男	女	小计	男	女
总　计	**571739**	**266932**	**304807**	**22621**	**15207**	**7414**
与配偶和子女同住	96920	51848	45072	4114	2967	1147
与配偶同住	296281	156035	140246	12407	8468	3939
与子女同住	72918	17910	55008	1459	713	746
独居(有保姆)	1390	724	666	22	13	9
独居(无保姆)	78096	28130	49966	2549	1717	832
养老机构	4930	2486	2444	25	14	11
其　他	21204	9799	11405	2045	1315	730

8-9a　续表 1

单位：人

居住状况	离退休金/养老金			最低生活保障金			失业保险金		
	小计	男	女	小计	男	女	小计	男	女
总　计	**481650**	**228576**	**253074**	**7002**	**3174**	**3828**	**23**	**12**	**11**
与配偶和子女同住	82358	44364	37994	656	335	321	4	3	1
与配偶同住	256320	136726	119594	2558	1272	1286	13	7	6
与子女同住	56715	14459	42256	1177	248	929	3	1	2
独居(有保姆)	1200	646	554	27	18	9			
独居(无保姆)	65697	23553	42144	1824	822	1002	3	1	2
养老机构	3472	1677	1795	320	232	88			
其　他	15888	7151	8737	440	247	193			

8-9a　续表 2

单位：人

居住状况	财产性收入			家庭其他成员供养			其　他		
	小计	男	女	小计	男	女	小计	男	女
总　计	**1512**	**771**	**741**	**43621**	**12672**	**30949**	**15310**	**6520**	**8790**
与配偶和子女同住	294	166	128	7286	2831	4455	2208	1182	1026
与配偶同住	814	447	367	17546	5827	11719	6623	3288	3335
与子女同住	155	48	107	11160	1971	9189	2249	470	1779
独居(有保姆)	1	1		105	31	74	35	15	20
独居(无保姆)	193	76	117	5467	1277	4190	2363	684	1679
养老机构	5	3	2	732	317	415	376	243	133
其　他	50	30	20	1325	418	907	1456	638	818

8–9b　全省分性别、居住状况、主要生活来源的60岁及以上老年人口(镇)

单位：人

居住状况	60岁及以上人口			劳动收入		
	合计	男	女	小计	男	女
总　计	**118006**	**55672**	**62334**	**21134**	**13351**	**7783**
与配偶和子女同住	17243	9084	8159	4153	2735	1418
与配偶同住	67216	35048	32168	13355	8631	4724
与子女同住	14604	3826	10778	1312	601	711
独居(有保姆)	280	158	122	29	18	11
独居(无保姆)	14544	5402	9142	1682	981	701
养老机构	1156	752	404	11	6	5
其　他	2963	1402	1561	592	379	213

8–9b　续表 1

单位：人

居住状况	离退休金/养老金			最低生活保障金			失业保险金		
	小计	男	女	小计	男	女	小计	男	女
总　计	**57231**	**28900**	**28331**	**4317**	**2160**	**2157**	**4**	**2**	**2**
与配偶和子女同住	7393	4156	3237	444	235	209	2	1	1
与配偶同住	35292	19564	15728	1775	914	861	2	1	1
与子女同住	5598	1668	3930	651	157	494			
独居(有保姆)	168	116	52	12	8	4			
独居(无保姆)	7373	2705	4668	994	493	501			
养老机构	265	141	124	226	199	27			
其　他	1142	550	592	215	154	61			

8–9b　续表 2

单位：人

居住状况	财产性收入			家庭其他成员供养			其　他		
	小计	男	女	小计	男	女	小计	男	女
总　计	**1115**	**560**	**555**	**27239**	**7608**	**19631**	**6966**	**3091**	**3875**
与配偶和子女同住	170	91	79	4233	1420	2813	848	446	402
与配偶同住	683	366	317	12538	3788	8750	3571	1784	1787
与子女同住	111	38	73	6128	1192	4936	804	170	634
独居(有保姆)	1	1		57	12	45	13	3	10
独居(无保姆)	132	57	75	3348	860	2488	1015	306	709
养老机构	2		2	407	201	206	245	205	40
其　他	16	7	9	528	135	393	470	177	293

8-9c 全省分性别、居住状况、主要生活来源的60岁及以上老年人口(乡村)

单位：人

居住状况	60岁及以上人口			劳动收入		
	合计	男	女	小计	男	女
总　计	**363748**	**179679**	**184069**	**144147**	**88955**	**55192**
与配偶和子女同住	61597	32383	29214	28350	17894	10456
与配偶同住	205117	107055	98062	94063	58366	35697
与子女同住	45007	14315	30692	8197	4097	4100
独居(有保姆)	575	317	258	134	84	50
独居(无保姆)	41284	19351	21933	10793	6677	4116
养老机构	1658	1196	462	15	4	11
其　他	8510	5062	3448	2595	1833	762

8-9c 续表 1

单位：人

居住状况	离退休金/养老金			最低生活保障金			失业保险金		
	小计	男	女	小计	男	女	小计	男	女
总　计	**47078**	**27188**	**19890**	**24568**	**13541**	**11027**	**33**	**16**	**17**
与配偶和子女同住	6603	4086	2517	2855	1514	1341	4	2	2
与配偶同住	29269	17658	11611	10223	5365	4858	23	11	12
与子女同住	4521	1901	2620	3444	1091	2353	2		2
独居(有保姆)	119	91	28	64	42	22	1	1	
独居(无保姆)	5443	2788	2655	5785	3686	2099	2	2	
养老机构	209	110	99	570	488	82	1		1
其　他	914	554	360	1627	1355	272			

8-9c 续表 2

单位：人

居住状况	财产性收入			家庭其他成员供养			其　他		
	小计	男	女	小计	男	女	小计	男	女
总　计	**5060**	**2542**	**2518**	**118121**	**35886**	**82235**	**24741**	**11551**	**13190**
与配偶和子女同住	692	372	320	20119	7075	13044	2974	1440	1534
与配偶同住	3185	1695	1490	54112	17067	37045	14242	6893	7349
与子女同住	447	160	287	26215	6369	19846	2181	697	1484
独居(有保姆)	3	2	1	221	76	145	33	21	12
独居(无保姆)	665	271	394	15165	4500	10665	3431	1427	2004
养老机构	4	4		405	193	212	454	397	57
其　他	64	38	26	1884	606	1278	1426	676	750

8−10　各地区分性别、居住状况的60岁及以上老年人口

单位：人

地　区	60岁及以上人口			与配偶和子女同住		
	合计	男	女	小计	男	女
辽宁	**1053493**	**502283**	**551210**	**175760**	**93315**	**82445**
沈阳市	198630	93591	105039	34849	18641	16208
大连市	175427	84595	90832	30643	16445	14198
鞍山市	89578	43018	46560	15102	8067	7035
抚顺市	51399	24102	27297	7046	3758	3288
本溪市	38024	17902	20122	5732	3027	2705
丹东市	62392	30210	32182	12779	6806	5973
锦州市	75698	36085	39613	12311	6463	5848
营口市	55979	26810	29169	10494	5511	4983
阜新市	41459	18968	22491	6485	3384	3101
辽阳市	42706	20394	22312	5454	2920	2534
盘锦市	30783	14711	16072	4595	2461	2134
铁岭市	60602	29372	31230	9766	5154	4612
朝阳市	68380	32311	36069	11050	5647	5403
葫芦岛市	58872	28480	30392	8923	4745	4178
辽宁省沈抚新区管委会	3564	1734	1830	531	286	245

8−10　续表 1

单位：人

地　区	与配偶同住			与子女同住			独居(有保姆)		
	小计	男	女	小计	男	女	小计	男	女
辽宁	**568614**	**298138**	**270476**	**132529**	**36051**	**96478**	**2245**	**1199**	**1046**
沈阳市	101668	53541	48127	25910	6596	19314	430	222	208
大连市	96151	50596	45555	20472	5634	14838	323	167	156
鞍山市	45707	23995	21712	11432	3342	8090	202	114	88
抚顺市	27344	14468	12876	6400	1592	4808	98	46	52
本溪市	20791	11048	9743	4844	1194	3650	57	30	27
丹东市	31925	16960	14965	8513	2451	6062	123	64	59
锦州市	42420	22124	20296	9620	2655	6965	164	89	75
营口市	30144	15778	14366	7298	2007	5291	120	76	44
阜新市	22298	11519	10779	5928	1470	4458	63	28	35
辽阳市	25079	13188	11891	4714	1244	3470	118	61	57
盘锦市	18381	9638	8743	3355	845	2510	87	60	27
铁岭市	33556	17661	15895	7883	2314	5569	147	83	64
朝阳市	37585	19086	18499	8552	2483	6069	157	74	83
葫芦岛市	33532	17458	16074	7153	2112	5041	147	80	67
辽宁省沈抚新区管委会	2033	1078	955	455	112	343	9	5	4

8-10 续表 2

单位：人

地　区	独居(无保姆)			养老机构			其　他		
	小计	男	女	小计	男	女	小计	男	女
辽宁	**133924**	**52883**	**81041**	**7744**	**4434**	**3310**	**32677**	**16263**	**16414**
沈阳市	26899	10283	16616	1395	731	664	7479	3577	3902
大连市	21082	8311	12771	1529	814	715	5227	2628	2599
鞍山市	12323	5093	7230	542	310	232	4270	2097	2173
抚顺市	8314	3152	5162	538	289	249	1659	797	862
本溪市	5033	1812	3221	386	209	177	1181	582	599
丹东市	6791	2717	4074	459	281	178	1802	931	871
锦州市	9015	3624	5391	383	224	159	1785	906	879
营口市	6648	2783	3865	373	214	159	902	441	461
阜新市	5327	1903	3424	241	136	105	1117	528	589
辽阳市	6100	2337	3763	276	164	112	965	480	485
盘锦市	3448	1221	2227	158	108	50	759	378	381
铁岭市	7041	2930	4111	627	400	227	1582	830	752
朝阳市	8372	3559	4813	505	358	147	2159	1104	1055
葫芦岛市	7062	2942	4120	315	186	129	1740	957	783
辽宁省沈抚新区管委会	469	216	253	17	10	7	50	27	23

8-10a　各地区分性别、居住状况的60岁及以上老年人口(城市)

单位：人

地　区	60岁及以上人口			与配偶和子女同住		
	合计	男	女	小计	男	女
辽宁	**571739**	**266932**	**304807**	**96920**	**51848**	**45072**
沈阳市	150971	70314	80657	28602	15322	13280
大连市	120883	57361	63522	23917	12923	10994
鞍山市	51373	24298	27075	8209	4421	3788
抚顺市	33484	15277	18207	4533	2408	2125
本溪市	21876	10048	11828	2996	1587	1409
丹东市	28839	13607	15232	5419	2896	2523
锦州市	29459	13585	15874	3987	2105	1882
营口市	29535	13837	15698	5117	2692	2425
阜新市	16822	7445	9377	2049	1073	976
辽阳市	20246	9437	10809	2707	1461	1246
盘锦市	18649	8785	9864	2598	1396	1202
铁岭市	13323	6214	7109	1911	1010	901
朝阳市	17146	7814	9332	2400	1229	1171
葫芦岛市	16508	7658	8850	2076	1109	967
辽宁省沈抚新区管委会	2625	1252	1373	399	216	183

8-10a　续表 1　　单位：人

地　　区	与配偶同住			与子女同住			独居(有保姆)		
	小计	男	女	小计	男	女	小计	男	女
辽宁	**296281**	**156035**	**140246**	**72918**	**17910**	**55008**	**1390**	**724**	**666**
沈阳市	73537	38757	34780	20313	4943	15370	336	169	167
大连市	61609	32589	29020	15133	3796	11337	248	127	121
鞍山市	24916	13120	11796	6618	1866	4752	115	57	58
抚顺市	17104	9036	8068	4245	982	3263	58	26	32
本溪市	11869	6302	5567	2799	609	2190	40	19	21
丹东市	14550	7724	6826	3844	1017	2827	73	37	36
锦州市	16695	8728	7967	3575	881	2694	78	45	33
营口市	15823	8304	7519	3901	942	2959	75	45	30
阜新市	9107	4732	4375	2265	492	1773	32	14	18
辽阳市	11478	6034	5444	2278	550	1728	69	37	32
盘锦市	11161	5854	5307	1942	438	1504	67	46	21
铁岭市	7277	3855	3422	1669	379	1290	58	31	27
朝阳市	9808	5059	4749	2106	508	1598	73	27	46
葫芦岛市	9884	5171	4713	1864	421	1443	62	40	22
辽宁省沈抚新区管委会	1463	770	693	366	86	280	6	4	2

8-10a　续表 2　　单位：人

地　　区	独居(无保姆)			养老机构			其　　他		
	小计	男	女	小计	男	女	小计	男	女
辽宁	**78096**	**28130**	**49966**	**4930**	**2486**	**2444**	**21204**	**9799**	**11405**
沈阳市	20676	7613	13063	1076	499	577	6431	3011	3420
大连市	14650	5385	9265	1223	583	640	4103	1958	2145
鞍山市	7953	3104	4849	359	189	170	3203	1541	1662
抚顺市	5928	2107	3821	363	167	196	1253	551	702
本溪市	3154	1067	2087	299	145	154	719	319	400
丹东市	3652	1308	2344	268	140	128	1033	485	548
锦州市	4113	1361	2752	161	77	84	850	388	462
营口市	3821	1477	2344	230	127	103	568	250	318
阜新市	2731	857	1874	132	67	65	506	210	296
辽阳市	2980	1029	1951	190	101	89	544	225	319
盘锦市	2255	724	1531	104	71	33	522	256	266
铁岭市	1710	582	1128	304	185	119	394	172	222
朝阳市	2007	667	1340	134	83	51	618	241	377
葫芦岛市	2128	700	1428	75	46	29	419	171	248
辽宁省沈抚新区管委会	338	149	189	12	6	6	41	21	20

8-10b 各地区分性别、居住状况的60岁及以上老年人口(镇)

单位：人

地　区	60岁及以上人口			与配偶和子女同住		
	合计	男	女	小计	男	女
辽宁	**118006**	**55672**	**62334**	**17243**	**9084**	**8159**
沈阳市	8974	4197	4777	1176	626	550
大连市	6684	3231	3453	900	469	431
鞍山市	13028	6235	6793	2314	1227	1087
抚顺市	6144	2886	3258	715	381	334
本溪市	6977	3245	3732	1042	547	495
丹东市	10995	5285	5710	2119	1118	1001
锦州市	8947	4166	4781	1164	605	559
营口市	3916	1944	1972	764	409	355
阜新市	7388	3322	4066	971	506	465
辽阳市	4838	2267	2571	502	266	236
盘锦市	2993	1449	1544	433	236	197
铁岭市	16401	7788	8613	2139	1132	1007
朝阳市	9970	4581	5389	1521	766	755
葫芦岛市	10751	5076	5675	1483	796	687
辽宁省沈抚新区管委会						

8-10b 续表 1

单位：人

地　区	与配偶同住			与子女同住			独居(有保姆)		
	小计	男	女	小计	男	女	小计	男	女
辽宁	**67216**	**35048**	**32168**	**14604**	**3826**	**10778**	**280**	**158**	**122**
沈阳市	4980	2618	2362	1103	262	841	26	15	11
大连市	4105	2141	1964	690	209	481	7	2	5
鞍山市	6964	3634	3330	1667	456	1211	28	19	9
抚顺市	3629	1913	1716	687	155	532	13	9	4
本溪市	3855	2049	1806	932	244	688	8	5	3
丹东市	5884	3109	2775	1498	419	1079	23	14	9
锦州市	5264	2729	2535	1081	260	821	31	13	18
营口市	2107	1107	1000	515	156	359	6	5	1
阜新市	4206	2154	2052	1019	227	792	15	6	9
辽阳市	2997	1572	1425	551	133	418	12	6	6
盘锦市	1842	959	883	327	87	240	9	8	1
铁岭市	9572	5031	4541	1989	529	1460	49	27	22
朝阳市	5583	2795	2788	1208	340	868	27	16	11
葫芦岛市	6228	3237	2991	1337	349	988	26	13	13
辽宁省沈抚新区管委会									

8-10b　续表 2　单位：人

地　区	独居(无保姆)			养老机构			其　他		
	小计	男	女	小计	男	女	小计	男	女
辽宁	**14544**	**5402**	**9142**	**1156**	**752**	**404**	**2963**	**1402**	**1561**
沈阳市	1402	517	885	51	39	12	236	120	116
大连市	789	300	489	53	43	10	140	67	73
鞍山市	1498	611	887	133	85	48	424	203	221
抚顺市	888	320	568	67	39	28	145	69	76
本溪市	901	286	615	43	30	13	196	84	112
丹东市	1119	426	693	109	83	26	243	116	127
锦州市	1165	447	718	53	28	25	189	84	105
营口市	431	206	225	58	40	18	35	21	14
阜新市	889	296	593	59	36	23	229	97	132
辽阳市	674	241	433	13	5	8	89	44	45
盘锦市	301	112	189	21	14	7	60	33	27
铁岭市	2047	755	1292	184	120	64	421	194	227
朝阳市	1198	436	762	145	97	48	288	131	157
葫芦岛市	1242	449	793	167	93	74	268	139	129
辽宁省沈抚新区管委会									

8-10c　各地区分性别、居住状况的60岁及以上老年人口(乡村)

单位：人

地　区	60岁及以上人口			与配偶和子女同住		
	合计	男	女	小计	男	女
辽宁	**363748**	**179679**	**184069**	**61597**	**32383**	**29214**
沈阳市	38685	19080	19605	5071	2693	2378
大连市	47860	24003	23857	5826	3053	2773
鞍山市	25177	12485	12692	4579	2419	2160
抚顺市	11771	5939	5832	1798	969	829
本溪市	9171	4609	4562	1694	893	801
丹东市	22558	11318	11240	5241	2792	2449
锦州市	37292	18334	18958	7160	3753	3407
营口市	22528	11029	11499	4613	2410	2203
阜新市	17249	8201	9048	3465	1805	1660
辽阳市	17622	8690	8932	2245	1193	1052
盘锦市	9141	4477	4664	1564	829	735
铁岭市	30878	15370	15508	5716	3012	2704
朝阳市	41264	19916	21348	7129	3652	3477
葫芦岛市	31613	15746	15867	5364	2840	2524
辽宁省沈抚新区管委会	939	482	457	132	70	62

8-10c 续表 1

单位：人

地区	与配偶同住			与子女同住			独居(有保姆)		
	小计	男	女	小计	男	女	小计	男	女
辽宁	**205117**	**107055**	**98062**	**45007**	**14315**	**30692**	**575**	**317**	**258**
沈阳市	23151	12166	10985	4494	1391	3103	68	38	30
大连市	30437	15866	14571	4649	1629	3020	68	38	30
鞍山市	13827	7241	6586	3147	1020	2127	59	38	21
抚顺市	6611	3519	3092	1468	455	1013	27	11	16
本溪市	5067	2697	2370	1113	341	772	9	6	3
丹东市	11491	6127	5364	3171	1015	2156	27	13	14
锦州市	20461	10667	9794	4964	1514	3450	55	31	24
营口市	12214	6367	5847	2882	909	1973	39	26	13
阜新市	8985	4633	4352	2644	751	1893	16	8	8
辽阳市	10604	5582	5022	1885	561	1324	37	18	19
盘锦市	5378	2825	2553	1086	320	766	11	6	5
铁岭市	16707	8775	7932	4225	1406	2819	40	25	15
朝阳市	22194	11232	10962	5238	1635	3603	57	31	26
葫芦岛市	17420	9050	8370	3952	1342	2610	59	27	32
辽宁省沈抚新区管委会	570	308	262	89	26	63	3	1	2

8-10c 续表 2

单位：人

地区	独居(无保姆)			养老机构			其他		
	小计	男	女	小计	男	女	小计	男	女
辽宁	**41284**	**19351**	**21933**	**1658**	**1196**	**462**	**8510**	**5062**	**3448**
沈阳市	4821	2153	2668	268	193	75	812	446	366
大连市	5643	2626	3017	253	188	65	984	603	381
鞍山市	2872	1378	1494	50	36	14	643	353	290
抚顺市	1498	725	773	108	83	25	261	177	84
本溪市	978	459	519	44	34	10	266	179	87
丹东市	2020	983	1037	82	58	24	526	330	196
锦州市	3737	1816	1921	169	119	50	746	434	312
营口市	2396	1100	1296	85	47	38	299	170	129
阜新市	1707	750	957	50	33	17	382	221	161
辽阳市	2446	1067	1379	73	58	15	332	211	121
盘锦市	892	385	507	33	23	10	177	89	88
铁岭市	3284	1593	1691	139	95	44	767	464	303
朝阳市	5167	2456	2711	226	178	48	1253	732	521
葫芦岛市	3692	1793	1899	73	47	26	1053	647	406
辽宁省沈抚新区管委会	131	67	64	5	4	1	9	6	3

8-11　全省分年龄、性别、居住状况的60岁及以上老年人口

单位：人

年　龄	60岁及以上人口			与配偶和子女同住		
	合计	男	女	小计	男	女
总　计	**1053493**	**502283**	**551210**	**175760**	**93315**	**82445**
60-64岁	**342612**	**167953**	**174659**	**68555**	**35522**	**33033**
60	70606	34833	35773	15045	7895	7150
61	58414	28878	29536	11740	6137	5603
62	71324	35068	36256	14296	7451	6845
63	73735	36048	37687	14472	7406	7066
64	68533	33126	35407	13002	6633	6369
65-69岁	**305565**	**147530**	**158035**	**54168**	**28250**	**25918**
65	71784	34946	36838	13389	6983	6406
66	68627	33341	35286	12462	6488	5974
67	57889	28083	29806	10346	5431	4915
68	56713	27031	29682	9666	5019	4647
69	50552	24129	26423	8305	4329	3976
70-74岁	**179915**	**85347**	**94568**	**27979**	**14809**	**13170**
70	47484	22817	24667	7722	4060	3662
71	41064	19636	21428	6511	3464	3047
72	32787	15346	17441	5046	2584	2462
73	30072	14049	16023	4529	2409	2120
74	28508	13499	15009	4171	2292	1879
75-79岁	**108135**	**50261**	**57874**	**14150**	**7996**	**6154**
75	23911	11150	12761	3294	1794	1500
76	23087	10734	12353	3157	1749	1408
77	21523	10132	11391	2724	1534	1190
78	20414	9421	10993	2611	1528	1083
79	19200	8824	10376	2364	1391	973
80-84岁	**69483**	**30692**	**38791**	**7574**	**4519**	**3055**
80	17033	7594	9439	2028	1167	861
81	14997	6562	8435	1689	964	725
82	14479	6411	8068	1572	964	608
83	12083	5323	6760	1242	776	466
84	10891	4802	6089	1043	648	395
85-89岁	**34022**	**14609**	**19413**	**2619**	**1710**	**909**
85	9701	4133	5568	787	494	293
86	7843	3381	4462	668	425	243
87	6842	2950	3892	515	356	159
88	5467	2351	3116	381	253	128
89	4169	1794	2375	268	182	86
90-94岁	**11369**	**4923**	**6446**	**644**	**459**	**185**
90	3912	1692	2220	246	182	64
91	2668	1163	1505	157	106	51
92	2147	952	1195	117	88	29
93	1579	691	888	78	53	25
94	1063	425	638	46	30	16
95-99岁	**2202**	**909**	**1293**	**67**	**46**	**21**
95	860	351	509	31	20	11
96	547	225	322	15	10	5
97	378	155	223	8	5	3
98	246	100	146	7	5	2
99	171	78	93	6	6	
100岁及以上	**190**	**59**	**131**	**4**	**4**	

8-11 续表 1 单位：人

年龄	与配偶同住			与子女同住			独居(有保姆)		
	小计	男	女	小计	男	女	小计	男	女
总　计	**568614**	**298138**	**270476**	**132529**	**36051**	**96478**	**2245**	**1199**	**1046**
60-64岁	**201477**	**101692**	**99785**	**24596**	**7026**	**17570**	**253**	**132**	**121**
60	40554	20324	20230	4926	1462	3464	52	29	23
61	34267	17298	16969	4137	1205	2932	33	18	15
62	42049	21233	20816	5080	1468	3612	51	28	23
63	43825	22327	21498	5366	1496	3870	60	28	32
64	40782	20510	20272	5087	1395	3692	57	29	28
65-69岁	**183241**	**93507**	**89734**	**25477**	**6809**	**18668**	**292**	**166**	**126**
65	43183	21992	21191	5412	1470	3942	52	27	25
66	41375	21120	20255	5393	1457	3936	55	34	21
67	34812	17799	17013	4762	1248	3514	71	40	31
68	33875	17253	16622	5080	1334	3746	59	30	29
69	29996	15343	14653	4830	1300	3530	55	35	20
70-74岁	**100502**	**53306**	**47196**	**22299**	**5673**	**16626**	**268**	**129**	**139**
70	27607	14511	13096	5013	1298	3715	68	34	34
71	23472	12369	11103	4759	1193	3566	43	21	22
72	18105	9497	8608	4247	1113	3134	48	22	26
73	16282	8644	7638	4117	1016	3101	55	24	31
74	15036	8285	6751	4163	1053	3110	54	28	26
75-79岁	**50653**	**28805**	**21848**	**20042**	**5139**	**14903**	**376**	**187**	**189**
75	12098	6686	5412	3792	967	2825	66	32	34
76	11343	6337	5006	3907	1026	2881	64	27	37
77	10159	5827	4332	3902	1002	2900	82	43	39
78	8997	5184	3813	4131	1083	3048	77	38	39
79	8056	4771	3285	4310	1061	3249	87	47	40
80-84岁	**23586**	**14533**	**9053**	**19847**	**5244**	**14603**	**442**	**243**	**199**
80	6579	3904	2675	4280	1148	3132	84	44	40
81	5430	3247	2183	4079	1039	3040	92	46	46
82	4820	2990	1830	4197	1100	3097	91	47	44
83	3646	2336	1310	3725	992	2733	86	53	33
84	3111	2056	1055	3566	965	2601	89	53	36
85-89岁	**7520**	**5077**	**2443**	**13233**	**3839**	**9394**	**364**	**198**	**166**
85	2461	1590	871	3426	948	2478	79	41	38
86	1821	1225	596	2950	861	2089	85	51	34
87	1470	997	473	2723	806	1917	75	35	40
88	1027	730	297	2310	689	1621	68	38	30
89	741	535	206	1824	535	1289	57	33	24
90-94岁	**1475**	**1092**	**383**	**5612**	**1837**	**3775**	**206**	**126**	**80**
90	614	441	173	1841	584	1257	59	37	22
91	352	271	81	1283	421	862	37	23	14
92	251	190	61	1078	360	718	50	30	20
93	170	125	45	801	277	524	41	21	20
94	88	65	23	609	195	414	19	15	4
95-99岁	**155**	**122**	**33**	**1300**	**451**	**849**	**38**	**16**	**22**
95	67	55	12	501	167	334	15	6	9
96	36	31	5	317	110	207	8	4	4
97	20	12	8	234	83	151	7	4	3
98	19	15	4	148	50	98	4	2	2
99	13	9	4	100	41	59	4		4
100岁及以上	**5**	**4**	**1**	**123**	**33**	**90**	**6**	**2**	**4**

8-11 续表 2

单位：人

年龄	独居(无保姆)			养老机构			其他		
	小计	男	女	小计	男	女	小计	男	女
总计	**133924**	**52883**	**81041**	**7744**	**4434**	**3310**	**32677**	**16263**	**16414**
60—64岁	**33549**	**15744**	**17805**	**1106**	**803**	**303**	**13076**	**7034**	**6042**
60	6793	3278	3515	198	157	41	3038	1688	1350
61	5775	2862	2913	178	124	54	2284	1234	1050
62	6907	3278	3629	213	147	66	2728	1463	1265
63	7099	3205	3894	239	173	66	2674	1413	1261
64	6975	3121	3854	278	202	76	2352	1236	1116
65—69岁	**32515**	**13448**	**19067**	**1312**	**939**	**373**	**8560**	**4411**	**4149**
65	7231	3092	4139	246	179	67	2271	1203	1068
66	7081	3009	4072	291	205	86	1970	1028	942
67	6093	2577	3516	244	178	66	1561	810	751
68	6313	2506	3807	259	179	80	1461	710	751
69	5797	2264	3533	272	198	74	1297	660	637
70—74岁	**23411**	**8545**	**14866**	**1281**	**799**	**482**	**4175**	**2086**	**2089**
70	5647	2124	3523	295	198	97	1132	592	540
71	5018	1897	3121	272	183	89	989	509	480
72	4387	1621	2766	237	150	87	717	359	358
73	4177	1493	2684	225	135	90	687	328	359
74	4182	1410	2772	252	133	119	650	298	352
75—79岁	**19104**	**6354**	**12750**	**1235**	**635**	**600**	**2575**	**1145**	**1430**
75	3863	1290	2573	227	137	90	571	244	327
76	3891	1260	2631	228	111	117	497	224	273
77	3869	1356	2513	262	130	132	525	240	285
78	3836	1243	2593	260	132	128	502	213	289
79	3645	1205	2440	258	125	133	480	224	256
80—84岁	**14605**	**4744**	**9861**	**1361**	**652**	**709**	**2068**	**757**	**1311**
80	3379	1041	2338	293	150	143	390	140	250
81	3024	998	2026	257	107	150	426	161	265
82	3102	1021	2081	268	134	134	429	155	274
83	2685	891	1794	271	123	148	428	152	276
84	2415	793	1622	272	138	134	395	149	246
85—89岁	**7877**	**2864**	**5013**	**974**	**421**	**553**	**1435**	**500**	**935**
85	2309	819	1490	252	112	140	387	129	258
86	1793	618	1175	216	93	123	310	108	202
87	1564	565	999	205	87	118	290	104	186
88	1270	484	786	164	65	99	247	92	155
89	941	378	563	137	64	73	201	67	134
90—94岁	**2417**	**992**	**1425**	**386**	**149**	**237**	**629**	**268**	**361**
90	823	317	506	130	44	86	199	87	112
91	604	250	354	90	37	53	145	55	90
92	452	193	259	73	31	42	126	60	66
93	339	145	194	59	26	33	91	44	47
94	199	87	112	34	11	23	68	22	46
95—99岁	**416**	**180**	**236**	**82**	**35**	**47**	**144**	**59**	**85**
95	166	76	90	32	11	21	48	16	32
96	105	41	64	26	11	15	40	18	22
97	68	33	35	16	7	9	25	11	14
98	41	15	26	6	5	1	21	8	13
99	36	15	21	2	1	1	10	6	4
100岁及以上	**30**	**12**	**18**	**7**	**1**	**6**	**15**	**3**	**12**

8-11a 全省分年龄、性别、居住状况的60岁及以上老年人口(城市)

单位：人

年 龄	60岁及以上人口			与配偶和子女同住		
	合计	男	女	小计	男	女
总 计	**571739**	**266932**	**304807**	**96920**	**51848**	**45072**
60-64岁	**192269**	**93380**	**98889**	**39827**	**21020**	**18807**
60	40191	19779	20412	8914	4835	4079
61	32795	16111	16684	6825	3630	3195
62	40338	19662	20676	8345	4419	3926
63	40910	19690	21220	8328	4323	4005
64	38035	18138	19897	7415	3813	3602
65-69岁	**161394**	**76719**	**84675**	**28993**	**15270**	**13723**
65	38999	18780	20219	7455	3943	3512
66	36698	17536	19162	6840	3602	3238
67	30844	14761	16083	5488	2914	2574
68	29136	13607	15529	4957	2581	2376
69	25717	12035	13682	4253	2230	2023
70-74岁	**89375**	**41546**	**47829**	**13923**	**7404**	**6519**
70	24401	11615	12786	3981	2133	1848
71	19829	9348	10481	3133	1675	1458
72	15858	7282	8576	2440	1263	1177
73	14797	6763	8034	2230	1186	1044
74	14490	6538	7952	2139	1147	992
75-79岁	**57018**	**25337**	**31681**	**7539**	**4135**	**3404**
75	12165	5487	6678	1721	909	812
76	11604	5134	6470	1593	864	729
77	11386	5148	6238	1440	790	650
78	11233	4942	6291	1452	825	627
79	10630	4626	6004	1333	747	586
80-84岁	**41670**	**17102**	**24568**	**4510**	**2602**	**1908**
80	9789	4084	5705	1143	633	510
81	8869	3552	5317	953	520	433
82	8656	3552	5104	938	555	383
83	7428	3039	4389	775	480	295
84	6928	2875	4053	701	414	287
85-89岁	**21604**	**9176**	**12428**	**1678**	**1095**	**583**
85	6166	2535	3631	516	315	201
86	5014	2105	2909	424	261	163
87	4361	1885	2476	327	231	96
88	3418	1487	1931	234	166	68
89	2645	1164	1481	177	122	55
90-94岁	**7033**	**3113**	**3920**	**410**	**293**	**117**
90	2449	1089	1360	163	116	47
91	1678	728	950	99	69	30
92	1324	606	718	73	54	19
93	931	418	513	44	34	10
94	651	272	379	31	20	11
95-99岁	**1258**	**526**	**732**	**39**	**28**	**11**
95	491	198	293	19	13	6
96	322	138	184	8	5	3
97	210	84	126	3	3	
98	143	60	83	5	3	2
99	92	46	46	4	4	
100岁及以上	**118**	**33**	**85**	**1**	**1**	

8-11a　续表 1　　　　单位：人

年　龄	与配偶同住			与子女同住			独居(有保姆)		
	小计	男	女	小计	男	女	小计	男	女
总　计	**296281**	**156035**	**140246**	**72918**	**17910**	**55008**	**1390**	**724**	**666**
60–64岁	**105518**	**53689**	**51829**	**15666**	**4194**	**11472**	**123**	**64**	**59**
60	21335	10821	10514	3295	937	2358	20	10	10
61	17822	9082	8740	2675	766	1909	20	12	8
62	22151	11304	10847	3254	868	2386	29	14	15
63	22753	11604	11149	3355	863	2492	30	14	16
64	21457	10878	10579	3087	760	2327	24	14	10
65–69岁	**93355**	**47958**	**45397**	**14158**	**3412**	**10746**	**125**	**63**	**62**
65	22296	11492	10804	3236	811	2425	22	10	12
66	21115	10813	10302	3077	748	2329	26	15	11
67	18084	9369	8715	2649	621	2028	29	13	16
68	16919	8629	8290	2707	647	2060	25	11	14
69	14941	7655	7286	2489	585	1904	23	14	9
70–74岁	**49513**	**26323**	**23190**	**10853**	**2428**	**8425**	**134**	**58**	**76**
70	13930	7407	6523	2582	598	1984	39	16	23
71	11195	5977	5218	2289	501	1788	24	13	11
72	8728	4571	4157	1995	473	1522	22	10	12
73	8017	4255	3762	1961	407	1554	26	10	16
74	7643	4113	3530	2026	449	1577	23	9	14
75–79岁	**27153**	**15093**	**12060**	**9706**	**2128**	**7578**	**188**	**90**	**98**
75	6204	3348	2856	1801	428	1373	30	15	15
76	5797	3151	2646	1769	373	1396	29	12	17
77	5483	3093	2390	1868	420	1448	42	19	23
78	5047	2848	2199	2073	454	1619	43	23	20
79	4622	2653	1969	2195	453	1742	44	21	23
80–84岁	**14554**	**8679**	**5875**	**11095**	**2415**	**8680**	**324**	**164**	**160**
80	3891	2234	1657	2293	527	1766	53	23	30
81	3319	1911	1408	2270	459	1811	71	33	38
82	2981	1766	1215	2374	508	1866	68	34	34
83	2290	1419	871	2112	461	1651	65	38	27
84	2073	1349	724	2046	460	1586	67	36	31
85–89岁	**5046**	**3427**	**1619**	**7638**	**2071**	**5567**	**296**	**169**	**127**
85	1616	1034	582	2023	518	1505	57	29	28
86	1251	844	407	1694	435	1259	73	48	25
87	987	683	304	1597	447	1150	63	30	33
88	686	497	189	1311	376	935	56	32	24
89	506	369	137	1013	295	718	47	30	17
90–94岁	**1037**	**779**	**258**	**3058**	**1015**	**2043**	**167**	**102**	**65**
90	426	309	117	1025	337	688	48	31	17
91	252	192	60	710	222	488	28	17	11
92	179	141	38	582	198	384	45	27	18
93	118	91	27	409	139	270	35	19	16
94	62	46	16	332	119	213	11	8	3
95–99岁	**104**	**86**	**18**	**671**	**230**	**441**	**29**	**12**	**17**
95	44	37	7	257	81	176	14	5	9
96	27	23	4	171	61	110	5	2	3
97	10	8	2	126	44	82	5	3	2
98	15	12	3	71	23	48	2	2	
99	8	6	2	46	21	25	3		3
100岁及以上	**1**	**1**		**73**	**17**	**56**	**4**	**2**	**2**

8-11a 续表 2 单位：人

年 龄	独居(无保姆)			养老机构			其 他		
	小计	男	女	小计	男	女	小计	男	女
总 计	**78096**	**28130**	**49966**	**4930**	**2486**	**2444**	**21204**	**9799**	**11405**
60-64岁	**21596**	**9477**	**12119**	**657**	**448**	**209**	**8882**	**4488**	**4394**
60	4424	1986	2438	108	89	19	2095	1101	994
61	3793	1762	2031	107	68	39	1553	791	762
62	4519	1998	2521	136	91	45	1904	968	936
63	4535	1928	2607	128	78	50	1781	880	901
64	4325	1803	2522	178	122	56	1549	748	801
65-69岁	**18580**	**6977**	**11603**	**729**	**462**	**267**	**5454**	**2577**	**2877**
65	4376	1707	2669	136	87	49	1478	730	748
66	4197	1632	2565	156	97	59	1287	629	658
67	3468	1309	2159	135	84	51	991	451	540
68	3476	1253	2223	142	86	56	910	400	510
69	3063	1076	1987	160	108	52	788	367	421
70-74岁	**11867**	**3871**	**7996**	**707**	**388**	**319**	**2378**	**1074**	**1304**
70	2990	1007	1983	166	102	64	713	352	361
71	2497	838	1659	154	97	57	537	247	290
72	2174	744	1430	122	63	59	377	158	219
73	2068	674	1394	117	62	55	378	169	209
74	2138	608	1530	148	64	84	373	148	225
75-79岁	**10120**	**2911**	**7209**	**761**	**339**	**422**	**1551**	**641**	**910**
75	1945	597	1348	126	63	63	338	127	211
76	1998	560	1438	140	54	86	278	120	158
77	2096	628	1468	154	70	84	303	128	175
78	2119	588	1531	172	75	97	327	129	198
79	1962	538	1424	169	77	92	305	137	168
80-84岁	**8867**	**2387**	**6480**	**917**	**384**	**533**	**1403**	**471**	**932**
80	1956	495	1461	191	87	104	262	85	177
81	1791	474	1317	178	61	117	287	94	193
82	1835	518	1317	167	77	90	293	94	199
83	1716	473	1243	186	73	113	284	95	189
84	1569	427	1142	195	86	109	277	103	174
85-89岁	**5188**	**1775**	**3413**	**772**	**323**	**449**	**986**	**316**	**670**
85	1489	476	1013	197	83	114	268	80	188
86	1194	380	814	164	70	94	214	67	147
87	1020	360	660	168	69	99	199	65	134
88	847	311	536	125	47	78	159	58	101
89	638	248	390	118	54	64	146	46	100
90-94岁	**1607**	**627**	**980**	**315**	**112**	**203**	**439**	**185**	**254**
90	543	201	342	104	32	72	140	63	77
91	410	160	250	74	29	45	105	39	66
92	303	126	177	57	23	34	85	37	48
93	219	87	132	48	18	30	58	30	28
94	132	53	79	32	10	22	51	16	35
95-99岁	**249**	**97**	**152**	**67**	**29**	**38**	**99**	**44**	**55**
95	98	38	60	26	10	16	33	14	19
96	64	27	37	21	9	12	26	11	15
97	35	13	22	14	6	8	17	7	10
98	31	11	20	4	3	1	15	6	9
99	21	8	13	2	1	1	8	6	2
100岁及以上	**22**	**8**	**14**	**5**	**1**	**4**	**12**	**3**	**9**

8-11b 全省分年龄、性别、居住状况的60岁及以上老年人口(镇)

单位：人

年龄	60岁及以上人口			与配偶和子女同住		
	合计	男	女	小计	男	女
总　计	**118006**	**55672**	**62334**	**17243**	**9084**	**8159**
60-64岁	**37723**	**18313**	**19410**	**6546**	**3383**	**3163**
60	7629	3711	3918	1443	735	708
61	6443	3161	3282	1135	609	526
62	7963	3876	4087	1375	713	662
63	8221	3977	4244	1381	678	703
64	7467	3588	3879	1212	648	564
65-69岁	**34431**	**16436**	**17995**	**5397**	**2786**	**2611**
65	7869	3712	4157	1294	660	634
66	7721	3717	4004	1216	614	602
67	6468	3118	3350	1011	513	498
68	6488	3098	3390	1020	549	471
69	5885	2791	3094	856	450	406
70-74岁	**21119**	**9675**	**11444**	**2888**	**1514**	**1374**
70	5470	2503	2967	785	379	406
71	4916	2248	2668	675	356	319
72	3908	1773	2135	557	289	268
73	3532	1601	1931	468	253	215
74	3293	1550	1743	403	237	166
75-79岁	**12693**	**5786**	**6907**	**1336**	**727**	**609**
75	2821	1276	1545	314	169	145
76	2790	1274	1516	274	137	137
77	2422	1132	1290	263	147	116
78	2341	1029	1312	241	138	103
79	2319	1075	1244	244	136	108
80-84岁	**7420**	**3455**	**3965**	**767**	**462**	**305**
80	1906	873	1033	218	126	92
81	1669	767	902	177	97	80
82	1540	733	807	176	110	66
83	1209	554	655	112	68	44
84	1096	528	568	84	61	23
85-89岁	**3305**	**1426**	**1879**	**236**	**159**	**77**
85	969	418	551	67	50	17
86	756	327	429	57	42	15
87	648	273	375	43	27	16
88	526	233	293	45	26	19
89	406	175	231	24	14	10
90-94岁	**1079**	**478**	**601**	**66**	**48**	**18**
90	394	170	224	18	17	1
91	235	102	133	23	16	7
92	198	93	105	13	9	4
93	155	69	86	9	4	5
94	97	44	53	3	2	1
95-99岁	**225**	**99**	**126**	**7**	**5**	**2**
95	78	32	46	3	1	2
96	56	29	27	1	1	
97	38	15	23	1	1	
98	27	11	16	1	1	
99	26	12	14	1	1	
100岁及以上	**11**	**4**	**7**			

8-11b 续表 1 单位：人

年龄	与配偶同住			与子女同住			独居(有保姆)		
	小计	男	女	小计	男	女	小计	男	女
总计	**67216**	**35048**	**32168**	**14604**	**3826**	**10778**	**280**	**158**	**122**
60-64岁	**23826**	**12015**	**11811**	**2592**	**694**	**1898**	**32**	**14**	**18**
60	4697	2330	2367	493	144	349	8	3	5
61	4078	2072	2006	430	109	321	3	1	2
62	5071	2578	2493	536	131	405	7	5	2
63	5264	2689	2575	552	158	394	8	3	5
64	4716	2346	2370	581	152	429	6	2	4
65-69岁	**21694**	**10988**	**10706**	**2802**	**710**	**2092**	**44**	**27**	**17**
65	4971	2446	2525	606	156	450	8	6	2
66	4938	2515	2423	593	160	433	8	5	3
67	4096	2107	1989	522	122	400	11	7	4
68	4051	2065	1986	534	144	390	10	4	6
69	3638	1855	1783	547	128	419	7	5	2
70-74岁	**12093**	**6292**	**5801**	**2658**	**625**	**2033**	**28**	**17**	**11**
70	3283	1685	1598	576	136	440	5	3	2
71	2883	1469	1414	562	136	426	7	3	4
72	2202	1130	1072	520	119	401	6	4	2
73	1963	1024	939	487	116	371	3	2	1
74	1762	984	778	513	118	395	7	5	2
75-79岁	**6128**	**3461**	**2667**	**2406**	**575**	**1831**	**60**	**30**	**30**
75	1470	819	651	454	98	356	10	3	7
76	1440	806	634	516	126	390	8	4	4
77	1182	674	508	431	101	330	15	9	6
78	1057	570	487	509	133	376	13	6	7
79	979	592	387	496	117	379	14	8	6
80-84岁	**2599**	**1676**	**923**	**2078**	**572**	**1506**	**51**	**37**	**14**
80	760	473	287	464	114	350	10	6	4
81	616	388	228	454	122	332	11	8	3
82	510	344	166	429	121	308	11	8	3
83	385	251	134	376	101	275	9	7	2
84	328	220	108	355	114	241	10	8	2
85-89岁	**725**	**501**	**224**	**1359**	**409**	**950**	**39**	**19**	**20**
85	261	171	90	359	97	262	13	9	4
86	149	96	53	315	106	209	6	3	3
87	150	110	40	259	68	191	6	1	5
88	101	71	30	226	71	155	8	4	4
89	64	53	11	200	67	133	6	2	4
90-94岁	**139**	**106**	**33**	**564**	**188**	**376**	**21**	**12**	**9**
90	62	50	12	197	59	138	8	4	4
91	29	22	7	123	37	86	3	2	1
92	19	14	5	111	43	68	2	2	
93	21	14	7	76	31	45	4	1	3
94	8	6	2	57	18	39	4	3	1
95-99岁	**12**	**9**	**3**	**137**	**50**	**87**	**5**	**2**	**3**
95	5	3	2	48	15	33			
96	6	6		32	14	18	3	2	1
97	1		1	25	9	16			
98				17	6	11	1		1
99				15	6	9	1		1
100岁及以上				**8**	**3**	**5**			

8-11b 续表 2

单位：人

年 龄	独居(无保姆)			养老机构			其 他		
	小计	男	女	小计	男	女	小计	男	女
总 计	**14544**	**5402**	**9142**	**1156**	**752**	**404**	**2963**	**1402**	**1561**
60—64岁	**3430**	**1517**	**1913**	**164**	**116**	**48**	**1133**	**574**	**559**
60	696	337	359	35	25	10	257	137	120
61	576	264	312	26	17	9	195	89	106
62	707	313	394	31	20	11	236	116	120
63	726	286	440	42	35	7	248	128	120
64	725	317	408	30	19	11	197	104	93
65—69岁	**3515**	**1378**	**2137**	**209**	**167**	**42**	**770**	**380**	**390**
65	757	314	443	35	29	6	198	101	97
66	738	304	434	52	43	9	176	76	100
67	652	260	392	34	29	5	142	80	62
68	697	242	455	40	27	13	136	67	69
69	671	258	413	48	39	9	118	56	62
70—74岁	**2805**	**897**	**1908**	**214**	**146**	**68**	**433**	**184**	**249**
70	670	227	443	50	35	15	101	38	63
71	637	201	436	38	28	10	114	55	59
72	497	164	333	36	27	9	90	40	50
73	499	153	346	43	25	18	69	28	41
74	502	152	350	47	31	16	59	23	36
75—79岁	**2266**	**741**	**1525**	**216**	**129**	**87**	**281**	**123**	**158**
75	460	129	331	42	27	15	71	31	40
76	456	149	307	42	28	14	54	24	30
77	420	143	277	52	28	24	59	30	29
78	438	138	300	35	24	11	48	20	28
79	492	182	310	45	22	23	49	18	31
80—84岁	**1544**	**512**	**1032**	**211**	**127**	**84**	**170**	**69**	**101**
80	379	118	261	41	25	16	34	11	23
81	336	119	217	38	20	18	37	13	24
82	336	105	231	46	28	18	32	17	15
83	244	87	157	46	27	19	37	13	24
84	249	83	166	40	27	13	30	15	15
85—89岁	**731**	**248**	**483**	**97**	**45**	**52**	**118**	**45**	**73**
85	217	68	149	27	16	11	25	7	18
86	172	58	114	25	10	15	32	12	20
87	150	47	103	18	7	11	22	13	9
88	105	44	61	19	9	10	22	8	14
89	87	31	56	8	3	5	17	5	12
90—94岁	**207**	**85**	**122**	**35**	**17**	**18**	**47**	**22**	**25**
90	78	26	52	13	5	8	18	9	9
91	40	18	22	5	3	2	12	4	8
92	37	16	21	9	4	5	7	5	2
93	31	11	20	7	5	2	7	3	4
94	21	14	7	1		1	3	1	2
95—99岁	**44**	**23**	**21**	**9**	**5**	**4**	**11**	**5**	**6**
95	16	10	6	3	1	2	3	2	1
96	8	3	5	4	2	2	2	1	1
97	8	4	4	1	1		2		2
98	3	1	2	1	1		4	2	2
99	9	5	4						
100岁及以上	**2**	**1**	**1**	**1**		**1**			

8-11c 全省分年龄、性别、居住状况的60岁及以上老年人口(乡村)

单位：人

年龄	60岁及以上人口			与配偶和子女同住		
	合计	男	女	小计	男	女
总计	**363748**	**179679**	**184069**	**61597**	**32383**	**29214**
60-64岁	**112620**	**56260**	**56360**	**22182**	**11119**	**11063**
60	22786	11343	11443	4688	2325	2363
61	19176	9606	9570	3780	1898	1882
62	23023	11530	11493	4576	2319	2257
63	24604	12381	12223	4763	2405	2358
64	23031	11400	11631	4375	2172	2203
65-69岁	**109740**	**54375**	**55365**	**19778**	**10194**	**9584**
65	24916	12454	12462	4640	2380	2260
66	24208	12088	12120	4406	2272	2134
67	20577	10204	10373	3847	2004	1843
68	21089	10326	10763	3689	1889	1800
69	18950	9303	9647	3196	1649	1547
70-74岁	**69421**	**34126**	**35295**	**11168**	**5891**	**5277**
70	17613	8699	8914	2956	1548	1408
71	16319	8040	8279	2703	1433	1270
72	13021	6291	6730	2049	1032	1017
73	11743	5685	6058	1831	970	861
74	10725	5411	5314	1629	908	721
75-79岁	**38424**	**19138**	**19286**	**5275**	**3134**	**2141**
75	8925	4387	4538	1259	716	543
76	8693	4326	4367	1290	748	542
77	7715	3852	3863	1021	597	424
78	6840	3450	3390	918	565	353
79	6251	3123	3128	787	508	279
80-84岁	**20393**	**10135**	**10258**	**2297**	**1455**	**842**
80	5338	2637	2701	667	408	259
81	4459	2243	2216	559	347	212
82	4283	2126	2157	458	299	159
83	3446	1730	1716	355	228	127
84	2867	1399	1468	258	173	85
85-89岁	**9113**	**4007**	**5106**	**705**	**456**	**249**
85	2566	1180	1386	204	129	75
86	2073	949	1124	187	122	65
87	1833	792	1041	145	98	47
88	1523	631	892	102	61	41
89	1118	455	663	67	46	21
90-94岁	**3257**	**1332**	**1925**	**168**	**118**	**50**
90	1069	433	636	65	49	16
91	755	333	422	35	21	14
92	625	253	372	31	25	6
93	493	204	289	25	15	10
94	315	109	206	12	8	4
95-99岁	**719**	**284**	**435**	**21**	**13**	**8**
95	291	121	170	9	6	3
96	169	58	111	6	4	2
97	130	56	74	4	1	3
98	76	29	47	1	1	
99	53	20	33	1	1	
100岁及以上	**61**	**22**	**39**	**3**	**3**	

8-11c　续表 1

单位：人

年　龄	与配偶同住			与子女同住			独居(有保姆)		
	小计	男	女	小计	男	女	小计	男	女
总　计	**205117**	**107055**	**98062**	**45007**	**14315**	**30692**	**575**	**317**	**258**
60-64岁	**72133**	**35988**	**36145**	**6338**	**2138**	**4200**	**98**	**54**	**44**
60	14522	7173	7349	1138	381	757	24	16	8
61	12367	6144	6223	1032	330	702	10	5	5
62	14827	7351	7476	1290	469	821	15	9	6
63	15808	8034	7774	1459	475	984	22	11	11
64	14609	7286	7323	1419	483	936	27	13	14
65-69岁	**68192**	**34561**	**33631**	**8517**	**2687**	**5830**	**123**	**76**	**47**
65	15916	8054	7862	1570	503	1067	22	11	11
66	15322	7792	7530	1723	549	1174	21	14	7
67	12632	6323	6309	1591	505	1086	31	20	11
68	12905	6559	6346	1839	543	1296	24	15	9
69	11417	5833	5584	1794	587	1207	25	16	9
70-74岁	**38896**	**20691**	**18205**	**8788**	**2620**	**6168**	**106**	**54**	**52**
70	10394	5419	4975	1855	564	1291	24	15	9
71	9394	4923	4471	1908	556	1352	12	5	7
72	7175	3796	3379	1732	521	1211	20	8	12
73	6302	3365	2937	1669	493	1176	26	12	14
74	5631	3188	2443	1624	486	1138	24	14	10
75-79岁	**17372**	**10251**	**7121**	**7930**	**2436**	**5494**	**128**	**67**	**61**
75	4424	2519	1905	1537	441	1096	26	14	12
76	4106	2380	1726	1622	527	1095	27	11	16
77	3494	2060	1434	1603	481	1122	25	15	10
78	2893	1766	1127	1549	496	1053	21	9	12
79	2455	1526	929	1619	491	1128	29	18	11
80-84岁	**6433**	**4178**	**2255**	**6674**	**2257**	**4417**	**67**	**42**	**25**
80	1928	1197	731	1523	507	1016	21	15	6
81	1495	948	547	1355	458	897	10	5	5
82	1329	880	449	1394	471	923	12	5	7
83	971	666	305	1237	430	807	12	8	4
84	710	487	223	1165	391	774	12	9	3
85-89岁	**1749**	**1149**	**600**	**4236**	**1359**	**2877**	**29**	**10**	**19**
85	584	385	199	1044	333	711	9	3	6
86	421	285	136	941	320	621	6		6
87	333	204	129	867	291	576	6	4	2
88	240	162	78	773	242	531	4	2	2
89	171	113	58	611	173	438	4	1	3
90-94岁	**299**	**207**	**92**	**1990**	**634**	**1356**	**18**	**12**	**6**
90	126	82	44	619	188	431	3	2	1
91	71	57	14	450	162	288	6	4	2
92	53	35	18	385	119	266	3	1	2
93	31	20	11	316	107	209	2	1	1
94	18	13	5	220	58	162	4	4	
95-99岁	**39**	**27**	**12**	**492**	**171**	**321**	**4**	**2**	**2**
95	18	15	3	196	71	125	1	1	
96	3	2	1	114	35	79			
97	9	4	5	83	30	53	2	1	1
98	4	3	1	60	21	39	1		1
99	5	3	2	39	14	25			
100岁及以上	**4**	**3**	**1**	**42**	**13**	**29**	**2**		**2**

8-11c 续表 2 单位：人

年　龄	独居(无保姆)			养老机构			其　他		
	小计	男	女	小计	男	女	小计	男	女
总　计	**41284**	**19351**	**21933**	**1658**	**1196**	**462**	**8510**	**5062**	**3448**
60-64岁	**8523**	**4750**	**3773**	**285**	**239**	**46**	**3061**	**1972**	**1089**
60	1673	955	718	55	43	12	686	450	236
61	1406	836	570	45	39	6	536	354	182
62	1681	967	714	46	36	10	588	379	209
63	1838	991	847	69	60	9	645	405	240
64	1925	1001	924	70	61	9	606	384	222
65-69岁	**10420**	**5093**	**5327**	**374**	**310**	**64**	**2336**	**1454**	**882**
65	2098	1071	1027	75	63	12	595	372	223
66	2146	1073	1073	83	65	18	507	323	184
67	1973	1008	965	75	65	10	428	279	149
68	2140	1011	1129	77	66	11	415	243	172
69	2063	930	1133	64	51	13	391	237	154
70-74岁	**8739**	**3777**	**4962**	**360**	**265**	**95**	**1364**	**828**	**536**
70	1987	890	1097	79	61	18	318	202	116
71	1884	858	1026	80	58	22	338	207	131
72	1716	713	1003	79	60	19	250	161	89
73	1610	666	944	65	48	17	240	131	109
74	1542	650	892	57	38	19	218	127	91
75-79岁	**6718**	**2702**	**4016**	**258**	**167**	**91**	**743**	**381**	**362**
75	1458	564	894	59	47	12	162	86	76
76	1437	551	886	46	29	17	165	80	85
77	1353	585	768	56	32	24	163	82	81
78	1279	517	762	53	33	20	127	64	63
79	1191	485	706	44	26	18	126	69	57
80-84岁	**4194**	**1845**	**2349**	**233**	**141**	**92**	**495**	**217**	**278**
80	1044	428	616	61	38	23	94	44	50
81	897	405	492	41	26	15	102	54	48
82	931	398	533	55	29	26	104	44	60
83	725	331	394	39	23	16	107	44	63
84	597	283	314	37	25	12	88	31	57
85-89岁	**1958**	**841**	**1117**	**105**	**53**	**52**	**331**	**139**	**192**
85	603	275	328	28	13	15	94	42	52
86	427	180	247	27	13	14	64	29	35
87	394	158	236	19	11	8	69	26	43
88	318	129	189	20	9	11	66	26	40
89	216	99	117	11	7	4	38	16	22
90-94岁	**603**	**280**	**323**	**36**	**20**	**16**	**143**	**61**	**82**
90	202	90	112	13	7	6	41	15	26
91	154	72	82	11	5	6	28	12	16
92	112	51	61	7	4	3	34	18	16
93	89	47	42	4	3	1	26	11	15
94	46	20	26	1	1		14	5	9
95-99岁	**123**	**60**	**63**	**6**	**1**	**5**	**34**	**10**	**24**
95	52	28	24	3		3	12		12
96	33	11	22	1		1	12	6	6
97	25	16	9	1		1	6	4	2
98	7	3	4	1	1		2		2
99	6	2	4				2		2
100岁及以上	**6**	**3**	**3**	**1**		**1**	**3**		**3**

8-12　全省分性别、婚姻状况、居住状况的60岁及以上老年人口

单位：人

居住状况	60岁及以上人口			未婚		
	合计	男	女	小计	男	女
总　计	**1053493**	**502283**	**551210**	**12645**	**10336**	**2309**
与配偶和子女同住	175760	93315	82445			
与配偶同住	568614	298138	270476			
与子女同住	132529	36051	96478	152	99	53
独居(有保姆)	2245	1199	1046	105	86	19
独居(无保姆)	133924	52883	81041	6233	5131	1102
养老机构	7744	4434	3310	1821	1608	213
其　他	32677	16263	16414	4334	3412	922

8-12　续表

单位：人

居住状况	有配偶			离婚			丧偶		
	小计	男	女	小计	男	女	小计	男	女
总　计	**798849**	**419303**	**379546**	**31410**	**15052**	**16358**	**210589**	**57592**	**152997**
与配偶和子女同住	175760	93315	82445						
与配偶同住	568614	298138	270476						
与子女同住	20622	8419	12203	8167	2892	5275	103588	24641	78947
独居(有保姆)	255	146	109	139	82	57	1746	885	861
独居(无保姆)	18748	11099	7649	18133	9358	8775	90810	27295	63515
养老机构	1322	729	593	503	354	149	4098	1743	2355
其　他	13528	7457	6071	4468	2366	2102	10347	3028	7319

8–12a 全省分性别、婚姻状况、居住状况的60岁及以上老年人口(城市)

单位：人

居住状况	60岁及以上人口			未婚		
	合计	男	女	小计	男	女
总　计	**571739**	**266932**	**304807**	**4401**	**2589**	**1812**
与配偶和子女同住	96920	51848	45072			
与配偶同住	296281	156035	140246			
与子女同住	72918	17910	55008	55	18	37
独居(有保姆)	1390	724	666	34	24	10
独居(无保姆)	78096	28130	49966	2076	1166	910
养老机构	4930	2486	2444	557	429	128
其　他	21204	9799	11405	1679	952	727

8–12a 续表

单位：人

居住状况	有配偶			离婚			丧偶		
	小计	男	女	小计	男	女	小计	男	女
总　计	**430169**	**226185**	**203984**	**25171**	**11240**	**13931**	**111998**	**26918**	**85080**
与配偶和子女同住	96920	51848	45072						
与配偶同住	296281	156035	140246						
与子女同住	13360	5053	8307	6629	2105	4524	52874	10734	42140
独居(有保姆)	152	88	64	97	54	43	1107	558	549
独居(无保姆)	12630	7238	5392	14447	6953	7494	48943	12773	36170
养老机构	1057	591	466	390	267	123	2926	1199	1727
其　他	9769	5332	4437	3608	1861	1747	6148	1654	4494

8-12b　全省分性别、婚姻状况、居住状况的60岁及以上老年人口(镇)

单位：人

居住状况	60岁及以上人口			未婚		
	合计	男	女	小计	男	女
总　计	**118006**	**55672**	**62334**	**1292**	**1101**	**191**
与配偶和子女同住	17243	9084	8159			
与配偶同住	67216	35048	32168			
与子女同住	14604	3826	10778	16	11	5
独居(有保姆)	280	158	122	9	6	3
独居(无保姆)	14544	5402	9142	521	436	85
养老机构	1156	752	404	393	370	23
其　他	2963	1402	1561	353	278	75

8-12b　续表

单位：人

居住状况	有配偶			离婚			丧偶		
	小计	男	女	小计	男	女	小计	男	女
总　计	**90027**	**46929**	**43098**	**2521**	**1200**	**1321**	**24166**	**6442**	**17724**
与配偶和子女同住	17243	9084	8159						
与配偶同住	67216	35048	32168						
与子女同住	2154	868	1286	641	220	421	11793	2727	9066
独居(有保姆)	38	20	18	13	8	5	220	124	96
独居(无保姆)	1996	1167	829	1547	799	748	10480	3000	7480
养老机构	123	61	62	43	30	13	597	291	306
其　他	1257	681	576	277	143	134	1076	300	776

8-12c 全省分性别、婚姻状况、居住状况的60岁及以上老年人口(乡村)

单位：人

居住状况	60岁及以上人口			未婚		
	合计	男	女	小计	男	女
总　计	**363748**	**179679**	**184069**	**6952**	**6646**	**306**
与配偶和子女同住	61597	32383	29214			
与配偶同住	205117	107055	98062			
与子女同住	45007	14315	30692	81	70	11
独居(有保姆)	575	317	258	62	56	6
独居(无保姆)	41284	19351	21933	3636	3529	107
养老机构	1658	1196	462	871	809	62
其　他	8510	5062	3448	2302	2182	120

8-12c 续表

单位：人

居住状况	有配偶			离婚			丧偶		
	小计	男	女	小计	男	女	小计	男	女
总　计	**278653**	**146189**	**132464**	**3718**	**2612**	**1106**	**74425**	**24232**	**50193**
与配偶和子女同住	61597	32383	29214						
与配偶同住	205117	107055	98062						
与子女同住	5108	2498	2610	897	567	330	38921	11180	27741
独居(有保姆)	65	38	27	29	20	9	419	203	216
独居(无保姆)	4122	2694	1428	2139	1606	533	31387	11522	19865
养老机构	142	77	65	70	57	13	575	253	322
其　他	2502	1444	1058	583	362	221	3123	1074	2049

第二部分　长表数据资料

第九卷　住房

9-1 各地区按建筑层数、承重类型分的家庭户户数

单位：户

地区	合计	建筑层数				承重类型				
		平房	多层(7层及以下)	高层(8-33层)	超高层(34层及以上)	钢及钢筋混凝土结构	混合结构	砖木结构	竹草土坯结构	其他结构
辽宁	**1628448**	**541100**	**715048**	**359558**	**12742**	**822419**	**490710**	**306655**	**2010**	**6654**
沈阳市	354066	57472	168162	120946	7486	229831	90311	33400	73	451
大连市	274946	72793	123722	75161	3270	147405	91992	32951	568	2030
鞍山市	133167	41632	61598	29288	649	65163	43162	24280	108	454
抚顺市	71489	16500	41986	12528	475	34982	26238	10152	13	104
本溪市	54932	12245	25851	16829	7	31456	16552	6755	37	132
丹东市	84680	36999	26741	20774	166	37177	17984	28755	259	505
锦州市	105413	50591	41453	13222	147	38844	35078	30847	191	453
营口市	86055	31362	38407	16157	129	44052	25139	16633	70	161
阜新市	63635	28244	30371	4942	78	19368	26715	17326	47	179
辽阳市	63719	24698	28084	10854	83	28366	23325	11857	28	143
盘锦市	53752	14416	26080	13074	182	31920	15277	6507	11	37
铁岭市	86399	43600	35473	7304	22	33921	23020	29220	44	194
朝阳市	103285	61810	33710	7761	4	37054	32751	31988	395	1097
葫芦岛市	87099	47862	30426	8773	38	37933	22583	25706	165	712
辽宁省沈抚新区管委会	5811	876	2984	1945	6	4947	583	278	1	2

注：本表数据为居住在普通住宅的家庭户，下表同。

9-1a 各地区按建筑层数、承重类型分的家庭户户数(城市)

单位：户

地区	合计	建筑层数				承重类型				
		平房	多层(7层及以下)	高层(8-33层)	超高层(34层及以上)	钢及钢筋混凝土结构	混合结构	砖木结构	竹草土坯结构	其他结构
辽宁	**1011006**	**65186**	**604429**	**328690**	**12701**	**661553**	**314655**	**32405**	**185**	**2208**
沈阳市	288191	9181	155366	116159	7485	210910	71643	5263	10	365
大连市	215963	21721	118687	72286	3269	133142	73513	7817	112	1379
鞍山市	80818	4884	48473	26812	649	51353	26580	2806	6	73
抚顺市	47710	568	35044	11623	475	28890	18406	351	1	62
本溪市	32949	1516	17449	13977	7	20820	11416	642	2	69
丹东市	45116	4972	20590	19388	166	29402	11919	3767	10	18
锦州市	50044	4071	34482	11344	147	29903	17748	2340	4	49
营口市	54102	4913	34081	14979	129	35546	15981	2534	9	32
阜新市	28704	834	23966	3826	78	12618	15545	535	4	2
辽阳市	35027	2815	22862	9269	81	21017	12597	1364	4	45
盘锦市	37621	2070	22767	12602	182	25684	10890	1033	1	13
铁岭市	23679	1793	18972	2892	22	14422	8095	1148	3	11
朝阳市	34649	2973	26226	5447	3	23226	10161	1208	19	35
葫芦岛市	31822	2785	22704	6331	2	20185	10054	1529		54
辽宁省沈抚新区管委会	4611	90	2760	1755	6	4435	107	68		1

9–1b 各地区按建筑层数、承重类型分的家庭户户数(镇)

单位：户

地区	合计	建筑层数				承重类型				
		平房	多层(7层及以下)	高层(8–33层)	超高层(34层及以上)	钢及钢筋混凝土结构	混合结构	砖木结构	竹草土坯结构	其他结构
辽宁	**194463**	**72456**	**94326**	**27677**	**4**	**102076**	**48717**	**42849**	**209**	**612**
沈阳市	18377	4326	9688	4362	1	12430	3413	2525	3	6
大连市	9778	4047	3160	2570	1	5658	1814	2237	22	47
鞍山市	23020	8575	12245	2200		10606	7408	4857	27	122
抚顺市	9785	2658	6225	902		5078	2889	1809	2	7
本溪市	11681	1546	7678	2457		8853	1911	911	2	4
丹东市	15327	8117	5853	1357		6794	2478	5893	45	117
锦州市	13489	5675	6135	1679		4030	5871	3526	21	41
营口市	5751	3117	1988	646		2802	1131	1798	5	15
阜新市	12642	5547	5980	1115		5131	4041	3447	4	19
辽阳市	8283	2849	4076	1357	1	4396	2750	1128	1	8
盘锦市	5059	1968	2737	354		3289	764	995	1	10
铁岭市	26759	7279	15160	4320		15804	6104	4799	6	46
朝阳市	17068	8233	6614	2220	1	7725	5014	4230	32	67
葫芦岛市	17444	8519	6787	2138		9480	3129	4694	38	103
辽宁省沈抚新区管委会										

9–1c 各地区按建筑层数、承重类型分的家庭户户数(乡村)

单位：户

地区	合计	建筑层数				承重类型				
		平房	多层(7层及以下)	高层(8–33层)	超高层(34层及以上)	钢及钢筋混凝土结构	混合结构	砖木结构	竹草土坯结构	其他结构
辽宁	**422979**	**403458**	**16293**	**3191**	**37**	**58790**	**127338**	**231401**	**1616**	**3834**
沈阳市	47498	43965	3108	425		6491	15255	25612	60	80
大连市	49205	47025	1875	305		8605	16665	22897	434	604
鞍山市	29329	28173	880	276		3204	9174	16617	75	259
抚顺市	13994	13274	717	3		1014	4943	7992	10	35
本溪市	10302	9183	724	395		1783	3225	5202	33	59
丹东市	24237	23910	298	29		981	3587	19095	204	370
锦州市	41880	40845	836	199		4911	11459	24981	166	363
营口市	26202	23332	2338	532		5704	8027	12301	56	114
阜新市	22289	21863	425	1		1619	7129	13344	39	158
辽阳市	20409	19034	1146	228	1	2953	7978	9365	23	90
盘锦市	11072	10378	576	118		2947	3623	4479	9	14
铁岭市	35961	34528	1341	92		3695	8821	23273	35	137
朝阳市	51568	50604	870	94		6103	17576	26550	344	995
葫芦岛市	37833	36558	935	304	36	8268	9400	19483	127	555
辽宁省沈抚新区管委会	1200	786	224	190		512	476	210	1	1

9-2　各地区按住房建成时间分的家庭户住房状况

单位：户、间、平方米

地　　区	合　　计			1949年以前		
	户数	间数	面积	户数	间数	面积
辽宁	**1628448**	**3734098**	**131283618**	**3672**	**9962**	**244398**
沈阳市	354066	753180	28194907	158	273	7896
大连市	274946	661076	21741265	1797	5309	115989
鞍山市	133167	306074	10493073	178	471	12500
抚顺市	71489	144546	5029572	17	31	913
本溪市	54932	115391	3882777	50	127	3392
丹东市	84680	184282	6664928	214	417	13056
锦州市	105413	248166	8864059	271	726	19346
营口市	86055	210586	7338920	395	1075	28139
阜新市	63635	150452	5145290	29	62	2477
辽阳市	63719	134624	5113418	91	166	5449
盘锦市	53752	135347	5159878	18	43	1768
铁岭市	86399	188052	6753862	64	142	4293
朝阳市	103285	257142	8769012	179	456	13065
葫芦岛市	87099	233044	7647410	207	657	15913
辽宁省沈抚新区管委会	5811	12136	485247	4	7	202

9-2　续表 1

单位：户、间、平方米

地　　区	1949-1959年			1960-1969年		
	户数	间数	面积	户数	间数	面积
辽宁	**6525**	**15826**	**408670**	**17769**	**47662**	**1230713**
沈阳市	820	1244	34129	1161	2519	71422
大连市	2355	6276	143184	5739	17701	393152
鞍山市	367	956	24690	1196	3186	79805
抚顺市	141	232	6851	384	733	21144
本溪市	177	350	9771	441	972	25337
丹东市	407	804	24641	1264	2631	80638
锦州市	477	1310	36973	1748	4671	133472
营口市	448	1334	33690	1333	3711	99589
阜新市	69	184	5627	297	822	24014
辽阳市	195	396	12188	646	1292	40962
盘锦市	55	155	5755	169	464	15089
铁岭市	191	387	12690	774	1703	50930
朝阳市	426	1094	29320	1446	3746	106207
葫芦岛市	391	1093	28761	1139	3437	86826
辽宁省沈抚新区管委会	6	11	400	32	74	2126

9-2 续表 2

单位：户、间、平方米

地区	1970—1979年			1980—1989年			1990—1999年		
	户数	间数	面积	户数	间数	面积	户数	间数	面积
辽宁	**71183**	**181032**	**4872666**	**268543**	**629668**	**18382567**	**373207**	**861824**	**28550282**
沈阳市	8518	18695	529388	50487	102058	3080451	74926	155151	5326963
大连市	15147	45337	1054410	45584	121110	3190084	63088	148817	4751917
鞍山市	7224	17901	458588	26170	58301	1652562	30202	69596	2277291
抚顺市	2326	4557	124291	13583	25735	761030	17958	35862	1184980
本溪市	2257	5027	132945	10383	21622	582734	12645	27166	807088
丹东市	4725	10026	311975	16125	34767	1102014	19789	42621	1455298
锦州市	6431	16596	480242	19613	48607	1476653	26921	63738	2183001
营口市	4817	13514	356776	12170	33438	969350	15324	39651	1315289
阜新市	1565	4194	121351	8457	21559	625487	15276	38314	1241411
辽阳市	3713	7560	240815	10162	21093	707426	15787	34048	1234053
盘锦市	1246	2978	98047	7371	17769	595653	12481	32216	1148671
铁岭市	3747	7978	253176	16106	34855	1135330	23146	52234	1754642
朝阳市	4864	12745	356346	17326	45582	1330815	24774	65236	2091749
葫芦岛市	4462	13592	344294	14672	42488	1151253	20502	56356	1747927
辽宁省沈抚新区管委会	141	332	10022	334	684	21725	388	818	30002

9-2 续表 3

单位：户、间、平方米

地区	2000—2009年			2010—2014年			2015年以后		
	户数	间数	面积	户数	间数	面积	户数	间数	面积
辽宁	**448931**	**1016391**	**39118115**	**299874**	**660421**	**26310417**	**138744**	**311312**	**12165790**
沈阳市	107042	232879	9478557	68763	148326	6041369	42191	92035	3624732
大连市	77759	174307	6613002	44732	97851	3780022	18745	44368	1699505
鞍山市	28993	68547	2576754	25987	58037	2300700	12850	29079	1110183
抚顺市	20867	43129	1571027	11476	24055	959134	4737	10212	400202
本溪市	16360	33776	1287008	9221	18989	745734	3398	7362	288768
丹东市	20474	45604	1779045	15084	32715	1305481	6598	14697	592780
锦州市	24683	58090	2284634	17735	38200	1569662	7534	16228	680076
营口市	26968	62270	2355711	18612	41919	1657672	5988	13674	522704
阜新市	21775	49240	1705975	12151	27158	1066096	4016	8919	352852
辽阳市	15110	32483	1319375	11967	24960	1028962	6048	12626	524188
盘锦市	14374	37612	1496740	14172	34429	1393909	3866	9681	404246
铁岭市	22019	47819	1832239	15071	31951	1280857	5281	10983	429705
朝阳市	27879	67957	2510971	17549	39967	1565339	8842	20359	765200
葫芦岛市	22491	58282	2126234	15135	37197	1424116	8100	19942	722086
辽宁省沈抚新区管委会	2137	4396	180843	2219	4667	191364	550	1147	48563

9–2a　各地区按住房建成时间分的家庭户住房状况(城市)

单位：户、间、平方米

地　区	合　计			1949年以前		
	户数	间数	面积	户数	间数	面积
辽宁	**1011006**	**2115344**	**78991799**	**1271**	**2839**	**70982**
沈阳市	288191	593312	22824611	129	196	5585
大连市	215963	462068	16526196	804	1945	45119
鞍山市	80818	160692	6112774	53	134	3445
抚顺市	47710	90150	3252721	7	15	337
本溪市	32949	63162	2192041	22	47	1315
丹东市	45116	94569	3525857	38	76	2015
锦州市	50044	104836	3988704	46	86	2322
营口市	54102	118678	4479257	95	199	6405
阜新市	28704	60911	2142022	1	5	100
辽阳市	35027	73899	2756339	38	53	1907
盘锦市	37621	92112	3495792	1	2	88
铁岭市	23679	49518	1845022	10	23	688
朝阳市	34649	73205	2803878	6	11	570
葫芦岛市	31822	68729	2654772	21	47	1086
辽宁省沈抚新区管委会	4611	9503	391813			

9–2a　续表 1

单位：户、间、平方米

地　区	1949–1959年			1960–1969年		
	户数	间数	面积	户数	间数	面积
辽宁	**2817**	**5175**	**136871**	**4631**	**10295**	**261297**
沈阳市	694	940	24840	587	1095	30093
大连市	1223	2435	60288	2101	5001	117411
鞍山市	131	289	8449	301	686	17904
抚顺市	98	151	4148	124	219	5917
本溪市	93	156	4327	226	465	11280
丹东市	139	258	7448	260	527	13865
锦州市	52	121	3246	140	340	9359
营口市	82	184	5335	304	685	19530
阜新市	9	25	635	31	104	2509
辽阳市	113	233	6826	211	408	10951
盘锦市	1	1	60	22	63	1903
铁岭市	41	87	2821	81	185	5918
朝阳市	29	64	1863	103	227	6704
葫芦岛市	110	227	6452	132	272	7495
辽宁省沈抚新区管委会	2	4	133	8	18	458

9-2a 续表 2　　　　单位：户、间、平方米

地　区	1970—1979年			1980—1989年			1990—1999年		
	户数	间数	面积	户数	间数	面积	户数	间数	面积
辽宁	**23367**	**49297**	**1293207**	**130001**	**254584**	**7387965**	**219031**	**445570**	**15235796**
沈阳市	4454	8547	229685	35416	64096	1905953	58299	112678	3957279
大连市	6525	15228	371617	27377	57646	1600209	51232	106948	3590272
鞍山市	2819	5374	149382	15746	28311	860413	17181	32235	1169425
抚顺市	1330	2360	58934	9799	17155	503324	11774	21431	736553
本溪市	1254	2497	64051	6619	12601	327502	7786	14593	438138
丹东市	1341	2804	75863	6322	12930	368557	10548	21209	707959
锦州市	960	2134	56194	6105	12838	358935	12968	26629	899675
营口市	1209	2885	82142	4250	9973	304721	8769	20064	693016
阜新市	324	842	21031	2336	4960	134067	4736	10179	335144
辽阳市	1289	2619	69899	3891	8176	237752	8578	18419	627413
盘锦市	402	831	25784	4220	9152	293572	8630	21291	730917
铁岭市	494	1080	29968	2148	4607	137875	5320	11585	373431
朝阳市	530	1115	32830	2677	5770	169816	5526	11826	403878
葫芦岛市	417	938	24629	2970	6173	179376	7538	16193	561939
辽宁省沈抚新区管委会	19	43	1198	125	196	5893	146	290	10757

9-2a 续表 3　　　　单位：户、间、平方米

地　区	2000—2009年			2010—2014年			2015年以后		
	户数	间数	面积	户数	间数	面积	户数	间数	面积
辽宁	**318931**	**679490**	**27300821**	**212753**	**453643**	**18612054**	**98204**	**214451**	**8692806**
沈阳市	92801	198432	8257579	58949	126702	5222799	36862	80626	3190798
大连市	70550	151096	5919368	39254	82711	3289226	16897	39058	1532686
鞍山市	17846	37161	1555709	17230	36382	1535535	9511	20120	812512
抚顺市	13931	27046	1030629	7507	15282	643192	3140	6491	269687
本溪市	10305	19814	806114	5208	10089	412457	1436	2900	126857
丹东市	12865	27548	1121391	9725	20851	867625	3878	8366	361134
锦州市	14281	30733	1275061	11284	23103	987407	4208	8852	396505
营口市	20674	44431	1729256	14212	30727	1254640	4507	9530	384212
阜新市	12905	26782	914742	6798	14699	588800	1564	3315	144994
辽阳市	8828	18799	764159	7957	16560	680290	4122	8632	357142
盘锦市	10661	27202	1073456	10653	25982	1051979	3031	7588	318033
铁岭市	8357	17138	681943	5453	11244	462603	1775	3569	149775
朝阳市	12373	26019	1039181	9944	20794	839591	3461	7379	309445
葫芦岛市	10623	23355	968470	6603	14352	603143	3408	7172	302182
辽宁省沈抚新区管委会	1931	3934	163763	1976	4165	172767	404	853	36844

9–2b　各地区按住房建成时间分的家庭户住房状况(镇)

单位：户、间、平方米

地　　区	合　　计			1949年以前		
	户数	间数	面积	户数	间数	面积
辽宁	**194463**	**444669**	**15951104**	**463**	**1189**	**30057**
沈阳市	18377	39250	1483059	2	6	170
大连市	9778	25053	797836	93	251	5586
鞍山市	23020	55581	1910856	34	84	2287
抚顺市	9785	19723	710155	4	6	182
本溪市	11681	24628	863026	11	29	601
丹东市	15327	33043	1195223	56	101	3246
锦州市	13489	31054	1146520	43	126	3051
营口市	5751	14602	502560	111	320	7154
阜新市	12642	30296	1054781	4	9	365
辽阳市	8283	16740	663290	12	26	795
盘锦市	5059	11877	470192	3	7	430
铁岭市	26759	56661	2101705	24	44	1484
朝阳市	17068	41253	1505067	17	41	1193
葫芦岛市	17444	44908	1546834	49	139	3513
辽宁省沈抚新区管委会						

9–2b　续表 1

单位：户、间、平方米

地　　区	1949–1959年			1960–1969年		
	户数	间数	面积	户数	间数	面积
辽宁	**754**	**1900**	**51136**	**2212**	**5203**	**145302**
沈阳市	17	38	1100	58	160	4424
大连市	92	263	5965	244	694	16565
鞍山市	72	175	4486	231	577	14565
抚顺市	12	17	685	116	208	5506
本溪市	15	33	875	51	105	3047
丹东市	94	181	5604	330	638	20182
锦州市	78	206	5917	287	699	20725
营口市	117	394	9568	114	297	8843
阜新市	10	27	648	49	154	3454
辽阳市	18	34	1058	39	73	2483
盘锦市	8	15	626	38	102	3139
铁岭市	84	149	5088	280	527	15366
朝阳市	46	110	2668	166	406	11875
葫芦岛市	91	258	6848	209	563	15128
辽宁省沈抚新区管委会						

9–2b 续表 2 单位：户、间、平方米

地区	1970–1979年			1980–1989年			1990–1999年		
	户数	间数	面积	户数	间数	面积	户数	间数	面积
辽宁	**8687**	**21167**	**604952**	**29047**	**70074**	**2119803**	**38422**	**92464**	**3131314**
沈阳市	393	1019	29453	1793	4229	128729	2750	6546	221794
大连市	714	2082	51960	1848	5486	150603	1409	3844	121946
鞍山市	1081	2835	76075	3042	8162	231108	5285	13328	439940
抚顺市	349	659	19219	1249	2577	75280	2047	4109	135568
本溪市	292	667	18301	1643	3318	94773	1805	4039	122725
丹东市	1068	2183	70582	2943	6316	210926	2990	6595	236281
锦州市	859	2224	63041	2038	5158	163374	2669	6630	233000
营口市	412	1078	30931	878	2401	71157	1041	2840	96074
阜新市	363	996	27863	1795	4770	134875	2682	6928	225262
辽阳市	365	687	24827	1360	2630	93500	2053	4257	166170
盘锦市	183	425	14310	576	1414	53091	746	1904	76970
铁岭市	979	2021	59873	4473	9207	290945	6204	13459	462968
朝阳市	641	1637	46068	2512	6448	191898	3615	9324	310502
葫芦岛市	988	2654	72449	2897	7958	229544	3126	8661	282114
辽宁省沈抚新区管委会									

9–2b 续表 3 单位：户、间、平方米

地区	2000–2009年			2010–2014年			2015年以后		
	户数	间数	面积	户数	间数	面积	户数	间数	面积
辽宁	**46817**	**105999**	**4063735**	**49744**	**106633**	**4214533**	**18317**	**40040**	**1590272**
沈阳市	4036	8615	340771	6057	12143	495205	3271	6494	261413
大连市	1909	4636	157880	2773	6301	229795	696	1496	57536
鞍山市	5271	12656	465749	6159	13440	513994	1845	4324	162652
抚顺市	2786	5491	212704	2412	4923	192781	810	1733	68230
本溪市	3840	7999	297660	2885	5975	230143	1139	2463	94901
丹东市	3195	7146	273210	3522	7399	278895	1129	2484	96297
锦州市	2558	5845	239780	3447	7011	286417	1510	3155	131215
营口市	1420	3475	131971	1378	3059	118872	280	738	27990
阜新市	3419	7866	288069	3120	6768	265279	1200	2778	108966
辽阳市	2283	4675	188567	1423	2873	122011	730	1485	63879
盘锦市	1027	2456	98223	2134	4787	191179	344	767	32224
铁岭市	6171	13164	531791	6434	13601	555189	2110	4489	179001
朝阳市	4684	11177	435142	3753	8327	349392	1634	3783	156329
葫芦岛市	4218	10798	402218	4247	10026	385381	1619	3851	149639
辽宁省沈抚新区管委会									

9–2c　各地区按住房建成时间分的家庭户住房状况(乡村)

单位：户、间、平方米

地　　区	合　　计			1949年以前		
	户数	间数	面积	户数	间数	面积
辽宁	**422979**	**1174085**	**36340715**	**1938**	**5934**	**143359**
沈阳市	47498	120618	3887237	27	71	2141
大连市	49205	173955	4417233	900	3113	65284
鞍山市	29329	89801	2469443	91	253	6768
抚顺市	13994	34673	1066696	6	10	394
本溪市	10302	27601	827710	17	51	1476
丹东市	24237	56670	1943848	120	240	7795
锦州市	41880	112276	3728835	182	514	13973
营口市	26202	77306	2357103	189	556	14580
阜新市	22289	59245	1948487	24	48	2012
辽阳市	20409	43985	1693789	41	87	2747
盘锦市	11072	31358	1193894	14	34	1250
铁岭市	35961	81873	2807135	30	75	2121
朝阳市	51568	142684	4460067	156	404	11302
葫芦岛市	37833	119407	3445804	137	471	11314
辽宁省沈抚新区管委会	1200	2633	93434	4	7	202

9–2c　续表 1

单位：户、间、平方米

地　　区	1949–1959年			1960–1969年		
	户数	间数	面积	户数	间数	面积
辽宁	**2954**	**8751**	**220663**	**10926**	**32164**	**824114**
沈阳市	109	266	8189	516	1264	36905
大连市	1040	3578	76931	3394	12006	259176
鞍山市	164	492	11755	664	1923	47336
抚顺市	31	64	2018	144	306	9721
本溪市	69	161	4569	164	402	11010
丹东市	174	365	11589	674	1466	46591
锦州市	347	983	27810	1321	3632	103388
营口市	249	756	18787	915	2729	71216
阜新市	50	132	4344	217	564	18051
辽阳市	64	129	4304	396	811	27528
盘锦市	46	139	5069	109	299	10047
铁岭市	66	151	4781	413	991	29646
朝阳市	351	920	24789	1177	3113	87628
葫芦岛市	190	608	15461	798	2602	64203
辽宁省沈抚新区管委会	4	7	267	24	56	1668

9-2c 续表 2 单位：户、间、平方米

地区	1970—1979年			1980—1989年			1990—1999年		
	户数	间数	面积	户数	间数	面积	户数	间数	面积
辽宁	**39129**	**110568**	**2974507**	**109495**	**305010**	**8874799**	**115754**	**323790**	**10183172**
沈阳市	3671	9129	270250	13278	33733	1045769	13877	35927	1147890
大连市	7908	28027	630833	16359	57978	1439272	10447	38025	1039699
鞍山市	3324	9692	233131	7382	21828	561041	7736	24033	667926
抚顺市	647	1538	46138	2535	6003	182426	4137	10322	312859
本溪市	711	1863	50593	2121	5703	160459	3054	8534	246225
丹东市	2316	5039	165530	6860	15521	522531	6251	14817	511058
锦州市	4612	12238	361007	11470	30611	954344	11284	30479	1050326
营口市	3196	9551	243703	7042	21064	593472	5514	16747	526199
阜新市	878	2356	72457	4326	11829	356545	7858	21207	681005
辽阳市	2059	4254	146089	4911	10287	376174	5156	11372	440470
盘锦市	661	1722	57953	2575	7203	248990	3105	9021	340784
铁岭市	2274	4877	163335	9485	21041	706510	11622	27190	918243
朝阳市	3693	9993	277448	12137	33364	969101	15633	44086	1377369
葫芦岛市	3057	10000	247216	8805	28357	742333	9838	31502	903874
辽宁省沈抚新区管委会	122	289	8824	209	488	15832	242	528	19245

9-2c 续表 3 单位：户、间、平方米

地区	2000—2009年			2010—2014年			2015年以后		
	户数	间数	面积	户数	间数	面积	户数	间数	面积
辽宁	**83183**	**230902**	**7753559**	**37377**	**100145**	**3483830**	**22223**	**56821**	**1882712**
沈阳市	10205	25832	880207	3757	9481	323365	2058	4915	172521
大连市	5300	18575	535754	2705	8839	261001	1152	3814	109283
鞍山市	5876	18730	555296	2598	8215	251171	1494	4635	135019
抚顺市	4150	10592	327694	1557	3850	123161	787	1988	62285
本溪市	2215	5963	183234	1128	2925	103134	823	1999	67010
丹东市	4414	10910	384444	1837	4465	158961	1591	3847	135349
锦州市	7844	21512	769793	3004	8086	295838	1816	4221	152356
营口市	4874	14364	494484	3022	8133	284160	1201	3406	110502
阜新市	5451	14592	503164	2233	5691	212017	1252	2826	98892
辽阳市	3999	9009	366649	2587	5527	226661	1196	2509	103167
盘锦市	2686	7954	325061	1385	3660	150751	491	1326	53989
铁岭市	7491	17517	618505	3184	7106	263065	1396	2925	100929
朝阳市	10822	30761	1036648	3852	10846	376356	3747	9197	299426
葫芦岛市	7650	24129	755546	4285	12819	435592	3073	8919	270265
辽宁省沈抚新区管委会	206	462	17080	243	502	18597	146	294	11719

9–3　各地区按住房设施状况分的家庭户户数

单位：户

地　　区	合　计	住房所在建筑有无电梯		主要炊事燃料				
		有	无	燃气	电	煤炭	柴草	其他
辽宁	**1628448**	**363595**	**1264853**	**1048944**	**155436**	**48291**	**347726**	**28051**
沈阳市	354066	119557	234509	287379	21885	5252	31726	7824
大连市	274946	83544	191402	181187	29322	7645	52881	3911
鞍山市	133167	30692	102475	97288	7935	3871	19770	4303
抚顺市	71489	11653	59836	50013	4098	1596	13308	2474
本溪市	54932	10608	44324	31833	11714	1547	8896	942
丹东市	84680	17390	67290	43551	8037	2430	29554	1108
锦州市	105413	13775	91638	62035	11199	3675	27657	847
营口市	86055	17516	68539	61565	8046	4181	12263	
阜新市	63635	5231	58404	13125	24884	2154	23283	189
辽阳市	63719	11609	52110	49582	4422	2173	6630	912
盘锦市	53752	14396	39356	49918	548	580	1929	777
铁岭市	86399	7711	78688	34349	12003	3951	35524	572
朝阳市	103285	8353	94932	33031	7240	4333	56275	2406
葫芦岛市	87099	9470	77629	49304	3877	4652	27567	1699
辽宁省沈抚新区管委会	5811	2090	3721	4784	226	251	463	87

9–3　续表 1

单位：户

地　　区	住房内有无管道自来水		住房内有无厨房			住房内有无厕所	
	有	无	独立使用	与其他户合用	无	水冲式卫生厕所	水冲式非卫生厕所
辽宁	**1392170**	**236278**	**1599237**	**7331**	**21880**	**1111293**	**7165**
沈阳市	345954	8112	351349	1072	1645	300360	975
大连市	232500	42446	267342	1870	5734	203151	1226
鞍山市	126268	6899	131805	719	643	94337	751
抚顺市	66504	4985	71047	209	233	56777	402
本溪市	52175	2757	54550	136	246	43664	250
丹东市	77049	7631	83564	404	712	51191	636
锦州市	80830	24583	100616	581	4216	55807	326
营口市	72480	13575	85674	222	159	55279	458
阜新市	42275	21360	62146	250	1239	35574	284
辽阳市	58858	4861	63130	203	386	40115	527
盘锦市	53106	646	53465	60	227	45919	380
铁岭市	62105	24294	85061	236	1102	43303	286
朝阳市	58499	44786	99183	823	3279	41281	219
葫芦岛市	58281	28818	84539	542	2018	39603	434
辽宁省沈抚新区管委会	5286	525	5766	4	41	4932	11

9—3 续表 2

单位：户

地区	住房内有无厕所			住房内有无洗澡设施			
	卫生旱厕	普通旱厕	无	统一供热水	家庭自装热水器	其他	无
辽宁	**94590**	**280878**	**134522**	**19232**	**1115748**	**30166**	**463302**
沈阳市	5513	33374	13844	5190	294825	2867	51184
大连市	24646	27422	18501	4443	203080	3287	64136
鞍山市	6206	22559	9314	2091	90562	6571	33943
抚顺市	1533	8669	4108	522	53844	577	16546
本溪市	1593	7068	2357	357	40285	527	13763
丹东市	4415	22541	5897	811	56813	1430	25626
锦州市	15847	21825	11608	701	65733	3111	35868
营口市	3228	20914	6176	1089	55281	2371	27314
阜新市	1825	15094	10858	467	37766	1358	24044
辽阳市	5079	13448	4550	650	37357	916	24796
盘锦市	2045	3869	1539	952	41416	921	10463
铁岭市	5912	23729	13169	573	42871	1083	41872
朝阳市	10865	32413	18507	632	43757	2805	56091
葫芦岛市	5705	27473	13884	734	47270	2322	36773
辽宁省沈抚新区管委会	178	480	210	20	4888	20	883

9—3a 各地区按住房设施状况分的家庭户户数(城市)

单位：户

地区	合计	住房所在建筑有无电梯		主要炊事燃料				
		有	无	燃气	电	煤炭	柴草	其他
辽宁	**1011006**	**330290**	**680716**	**870491**	**87847**	**16219**	**15941**	**20508**
沈阳市	288191	114176	174015	263820	13234	2314	2511	6312
大连市	215963	80455	135508	175666	24462	4036	8398	3401
鞍山市	80818	27810	53008	74034	2832	1314	275	2363
抚顺市	47710	10688	37022	42231	3057	364	43	2015
本溪市	32949	8090	24859	24393	7153	581	406	416
丹东市	45116	15842	29274	37204	3832	1151	2029	900
锦州市	50044	11686	38358	47040	1396	562	378	668
营口市	54102	16212	37890	49433	3121	1415	133	
阜新市	28704	4001	24703	9778	18261	548	65	52
辽阳市	35027	9915	25112	32928	1004	376	171	548
盘锦市	37621	13780	23841	36399	157	316	249	500
铁岭市	23679	3055	20624	18432	3359	1031	517	340
朝阳市	34649	5918	28731	25267	4965	1722	702	1993
葫芦岛市	31822	6764	25058	29554	870	423	61	914
辽宁省沈抚新区管委会	4611	1898	2713	4312	144	66	3	86

9−3a　续表 1　　单位：户

地　　区	住房内有无管道自来水		住房内有无厨房			住房内有无厕所	
	有	无	独立使用	与其他户合用	无	水冲式卫生厕所	水冲式非卫生厕所
辽宁	**986714**	**24292**	**1003463**	**2977**	**4566**	**946935**	**2571**
沈阳市	284176	4015	286326	875	990	279637	495
大连市	207307	8656	212132	1445	2386	193853	712
鞍山市	79175	1643	80531	187	100	76036	194
抚顺市	47013	697	47581	85	44	47155	68
本溪市	32050	899	32782	46	121	31413	68
丹东市	43868	1248	44953	87	76	40282	123
锦州市	48402	1642	49797	74	173	46068	140
营口市	53004	1098	54060	28	14	49304	202
阜新市	28335	369	28580	22	102	27810	98
辽阳市	34408	619	34889	31	107	32330	96
盘锦市	37114	507	37529	18	74	35781	132
铁岭市	22763	916	23575	20	84	21898	36
朝阳市	33565	1084	34444	28	177	31576	106
葫芦岛市	30982	840	31678	31	113	29270	98
辽宁省沈抚新区管委会	4552	59	4606		5	4522	3

9−3a　续表 2　　单位：户

地　　区	住房内有无厕所			住房内有无洗澡设施			
	卫生旱厕	普通旱厕	无	统　一供热水	家庭自装热水器	其他	无
辽宁	**11641**	**33427**	**16432**	**16071**	**894644**	**6769**	**93522**
沈阳市	957	4081	3021	4822	268795	509	14065
大连市	5825	10687	4886	4235	188272	1579	21877
鞍山市	538	2660	1390	1596	69547	1242	8433
抚顺市	58	201	228	436	42832	180	4262
本溪市	234	836	398	204	27470	125	5150
丹东市	627	3131	953	432	39743	361	4580
锦州市	1178	1407	1251	639	43711	368	5326
营口市	433	3504	659	988	46976	271	5867
阜新市	158	531	107	382	24622	171	3529
辽阳市	320	1392	889	512	28991	209	5315
盘锦市	380	823	505	883	34391	142	2205
铁岭市	113	842	790	281	20585	260	2553
朝阳市	454	2020	493	302	27999	925	5423
葫芦岛市	357	1249	848	346	26283	411	4782
辽宁省沈抚新区管委会	9	63	14	13	4427	16	155

9-3b 各地区按住房设施状况分的家庭户户数(镇)

单位：户

地区	合计	住房所在建筑有无电梯		主要炊事燃料				
		有	无	燃气	电	煤炭	柴草	其他
辽宁	**194463**	**29683**	**164780**	**106483**	**34093**	**12268**	**36340**	**5279**
沈阳市	18377	4881	13496	11087	3327	648	2443	872
大连市	9778	2737	7041	3590	2365	993	2402	428
鞍山市	23020	2550	20470	14800	2467	928	3074	1751
抚顺市	9785	960	8825	6655	548	388	1921	273
本溪市	11681	2130	9551	6528	3491	320	869	473
丹东市	15327	1510	13817	5199	3351	825	5778	174
锦州市	13489	1862	11627	7796	2435	1321	1883	54
营口市	5751	711	5040	3359	972	347	1073	
阜新市	12642	1227	11415	3002	5046	1074	3415	105
辽阳市	8283	1437	6846	6487	750	396	368	282
盘锦市	5059	486	4573	4606	126	63	154	110
铁岭市	26759	4551	22208	14103	6580	1743	4257	76
朝阳市	17068	2330	14738	7130	1603	1505	6478	352
葫芦岛市	17444	2311	15133	12141	1032	1717	2225	329
辽宁省沈抚新区管委会								

9-3b 续表 1

单位：户

地区	住房内有无管道自来水		住房内有无厨房			住房内有无厕所	
	有	无	独立使用	与其他户合用	无	水冲式卫生厕所	水冲式非卫生厕所
辽宁	**169921**	**24542**	**191551**	**921**	**1991**	**125172**	**1361**
沈阳市	17730	647	18232	26	119	14183	95
大连市	7659	2119	9502	50	226	5852	58
鞍山市	21976	1044	22708	218	94	15081	202
抚顺市	9040	745	9733	4	48	7309	64
本溪市	11511	170	11666	5	10	10271	74
丹东市	14159	1168	15136	77	114	8126	162
锦州市	11761	1728	13028	61	400	7856	59
营口市	4155	1596	5712	15	24	2673	45
阜新市	9254	3388	12352	52	238	7072	143
辽阳市	7889	394	8192	49	42	5506	88
盘锦市	5022	37	5037	5	17	3915	53
铁岭市	23331	3428	26603	34	122	19506	95
朝阳市	12052	5016	16629	84	355	8805	59
葫芦岛市	14382	3062	17021	241	182	9017	164
辽宁省沈抚新区管委会							

9-3b 续表 2

单位：户

地　　区	住房内有无厕所			住房内有无洗澡设施			
	卫生旱厕	普通旱厕	无	统　一供热水	家庭自装热水器	其他	无
辽宁	**12485**	**39150**	**16295**	**2333**	**127742**	**5153**	**59235**
沈阳市	252	2885	962	230	14269	412	3466
大连市	1679	1485	704	89	5966	308	3415
鞍山市	1269	4643	1825	447	15034	1496	6043
抚顺市	129	1316	967	76	7284	84	2341
本溪市	272	907	157	135	9860	70	1616
丹东市	1058	5167	814	351	9241	366	5369
锦州市	1799	2205	1570	39	8975	391	4084
营口市	260	1912	861	12	2907	146	2686
阜新市	487	2822	2118	57	7394	519	4672
辽阳市	537	1807	345	68	5053	157	3005
盘锦市	203	581	307	30	3520	125	1384
铁岭市	1062	4094	2002	231	18601	152	7775
朝阳市	2303	4062	1839	248	9333	434	7053
葫芦岛市	1175	5264	1824	320	10305	493	6326
辽宁省沈抚新区管委会							

9-3c 各地区按住房设施状况分的家庭户户数(乡村)

单位：户

地　　区	合　计	住房所在建筑有无电梯		主要炊事燃料				
		有	无	燃气	电	煤炭	柴草	其他
辽宁	**422979**	**3622**	**419357**	**71970**	**33496**	**19804**	**295445**	**2264**
沈阳市	47498	500	46998	12472	5324	2290	26772	640
大连市	49205	352	48853	1931	2495	2616	42081	82
鞍山市	29329	332	28997	8454	2636	1629	16421	189
抚顺市	13994	5	13989	1127	493	844	11344	186
本溪市	10302	388	9914	912	1070	646	7621	53
丹东市	24237	38	24199	1148	854	454	21747	34
锦州市	41880	227	41653	7199	7368	1792	25396	125
营口市	26202	593	25609	8773	3953	2419	11057	
阜新市	22289	3	22286	345	1577	532	19803	32
辽阳市	20409	257	20152	10167	2668	1401	6091	82
盘锦市	11072	130	10942	8913	265	201	1526	167
铁岭市	35961	105	35856	1814	2064	1177	30750	156
朝阳市	51568	105	51463	634	672	1106	49095	61
葫芦岛市	37833	395	37438	7609	1975	2512	25281	456
辽宁省沈抚新区管委会	1200	192	1008	472	82	185	460	1

9-3c 续表 1 单位：户

地区	住房内有无管道自来水		住房内有无厨房			住房内有无厕所	
	有	无	独立使用	与其他户合用	无	水冲式卫生厕所	水冲式非卫生厕所
辽宁	**235535**	**187444**	**404223**	**3433**	**15323**	**39186**	**3233**
沈阳市	44048	3450	46791	171	536	6540	385
大连市	17534	31671	45708	375	3122	3446	456
鞍山市	25117	4212	28566	314	449	3220	355
抚顺市	10451	3543	13733	120	141	2313	270
本溪市	8614	1688	10102	85	115	1980	108
丹东市	19022	5215	23475	240	522	2783	351
锦州市	20667	21213	37791	446	3643	1883	127
营口市	15321	10881	25902	179	121	3302	211
阜新市	4686	17603	21214	176	899	692	43
辽阳市	16561	3848	20049	123	237	2279	343
盘锦市	10970	102	10899	37	136	6223	195
铁岭市	16011	19950	34883	182	896	1899	155
朝阳市	12882	38686	48110	711	2747	900	54
葫芦岛市	12917	24916	35840	270	1723	1316	172
辽宁省沈抚新区管委会	734	466	1160	4	36	410	8

9-3c 续表 2 单位：户

地区	住房内有无厕所			住房内有无洗澡设施			
	卫生旱厕	普通旱厕	无	统一供热水	家庭自装热水器	其他	无
辽宁	**70464**	**208301**	**101795**	**828**	**93362**	**18244**	**310545**
沈阳市	4304	26408	9861	138	11761	1946	33653
大连市	17142	15250	12911	119	8842	1400	38844
鞍山市	4399	15256	6099	48	5981	3833	19467
抚顺市	1346	7152	2913	10	3728	313	9943
本溪市	1087	5325	1802	18	2955	332	6997
丹东市	2730	14243	4130	28	7829	703	15677
锦州市	12870	18213	8787	23	13047	2352	26458
营口市	2535	15498	4656	89	5398	1954	18761
阜新市	1180	11741	8633	28	5750	668	15843
辽阳市	4222	10249	3316	70	3313	550	16476
盘锦市	1462	2465	727	39	3505	654	6874
铁岭市	4737	18793	10377	61	3685	671	31544
朝阳市	8108	26331	16175	82	6425	1446	43615
葫芦岛市	4173	20960	11212	68	10682	1418	25665
辽宁省沈抚新区管委会	169	417	196	7	461	4	728

9–4 各地区按住房来源分的家庭户户数

单位：户

地　　区	合　计	租赁廉租住房/公租房	租赁其他住房	购买新建商品房	购　买二手房	购买原公有住房	购买经济适用房/两限房	自建住房	继承或赠　予	其　他
辽宁	**1628448**	**17945**	**101463**	**503107**	**259007**	**121344**	**33026**	**472821**	**22271**	**97464**
沈阳市	354066	4325	32223	139423	65797	32204	2892	49415	4085	23702
大连市	274946	4135	34099	89899	49959	17896	3393	57010	4150	14405
鞍山市	133167	2072	4758	37405	14073	18695	4035	36777	2216	13136
抚顺市	71489	790	2126	18183	12340	14469	1646	14603	1524	5808
本溪市	54932	555	2153	13837	13004	5803	3743	10421	1215	4201
丹东市	84680	1174	3891	24253	9904	5271	1092	31599	1208	6288
锦州市	105413	656	3031	28169	19388	4664	1089	43953	1493	2970
营口市	86055	994	3664	29856	14611	2320	2684	27386	1301	3239
阜新市	63635	275	1626	12418	9544	2258	3620	26276	639	6979
辽阳市	63719	1006	2752	21844	9847	3980	750	21115	972	1453
盘锦市	53752	408	2745	20202	9603	4535	1127	12527	259	2346
铁岭市	86399	387	2019	23551	11489	3169	2044	39784	803	3153
朝阳市	103285	488	3027	23214	7499	2942	2437	57927	1172	4579
葫芦岛市	87099	646	3104	18579	11134	3070	921	43250	1216	5179
辽宁省沈抚新区管委会	5811	34	245	2274	815	68	1553	778	18	26

9–4a 各地区按住房来源分的家庭户户数(城市)

单位：户

地　　区	合　计	租赁廉租住房/公租房	租赁其他住房	购买新建商品房	购　买二手房	购买原公有住房	购买经济适用房/两限房	自建住房	继承或赠　予	其　他
辽宁	**1011006**	**15017**	**87350**	**423984**	**212239**	**113499**	**26744**	**41675**	**12914**	**77584**
沈阳市	288191	3293	30377	129088	60824	31492	2567	5380	3464	21706
大连市	215963	3932	32099	85842	46117	17349	3286	12360	2431	12547
鞍山市	80818	1803	3094	28400	10911	18135	2521	3710	1298	10946
抚顺市	47710	739	1589	14331	9272	14077	1370	416	1255	4661
本溪市	32949	337	1484	7728	9960	4839	3231	1106	910	3354
丹东市	45116	1008	2930	19993	6786	4613	531	3429	646	5180
锦州市	50044	596	2358	22715	14683	4363	777	2691	412	1449
营口市	54102	920	3040	27196	12263	2053	2372	3481	578	2199
阜新市	28704	193	1015	8488	7237	1843	3213	672	370	5673
辽阳市	35027	890	1908	17905	6932	3497	641	1849	448	957
盘锦市	37621	337	2495	17435	8538	4452	1078	1334	144	1808
铁岭市	23679	165	735	12547	4514	1836	1103	1336	213	1230
朝阳市	34649	292	1994	16613	5560	2343	2114	2198	405	3130
葫芦岛市	31822	478	2026	13506	7893	2539	668	1650	330	2732
辽宁省沈抚新区管委会	4611	34	206	2197	749	68	1272	63	10	12

9–4b 各地区按住房来源分的家庭户户数(镇)

单位：户

地 区	合 计	租赁廉租住房/公租房	租赁其他住房	购买新建商品房	购 买二手房	购买原公有住房	购买经济适用房/两限房	自建住房	继承或赠 予	其 他
辽宁	**194463**	**2362**	**9413**	**71981**	**28866**	**6515**	**5002**	**58248**	**2164**	**9912**
沈阳市	18377	983	941	9063	2599	612	125	3488	75	491
大连市	9778	82	862	3495	1015	272	27	3096	132	797
鞍山市	23020	230	1283	8764	2028	518	1447	7041	291	1418
抚顺市	9785	35	385	3722	2270	260	194	2032	139	748
本溪市	11681	161	549	5497	2557	784	403	1104	157	469
丹东市	15327	120	764	4135	1919	585	548	6270	202	784
锦州市	13489	42	531	5076	2433	238	255	4069	157	688
营口市	5751	19	196	1534	770	169	115	2584	133	231
阜新市	12642	79	579	3731	1885	396	401	4591	85	895
辽阳市	8283	67	415	3037	1580	425	101	2297	146	215
盘锦市	5059	62	135	2446	593	36	44	1581	22	140
铁岭市	26759	188	1095	10492	5626	1212	879	5908	265	1094
朝阳市	17068	172	795	6248	1265	531	256	7304	143	354
葫芦岛市	17444	122	883	4741	2326	477	207	6883	217	1588
辽宁省沈抚新区管委会										

9–4c 各地区按住房来源分的家庭户户数(乡村)

单位：户

地 区	合 计	租赁廉租住房/公租房	租赁其他住房	购买新建商品房	购 买二手房	购买原公有住房	购买经济适用房/两限房	自建住房	继承或赠 予	其 他
辽宁	**422979**	**566**	**4700**	**7142**	**17902**	**1330**	**1280**	**372898**	**7193**	**9968**
沈阳市	47498	49	905	1272	2374	100	200	40547	546	1505
大连市	49205	121	1138	562	2827	275	80	41554	1587	1061
鞍山市	29329	39	381	241	1134	42	67	26026	627	772
抚顺市	13994	16	152	130	798	132	82	12155	130	399
本溪市	10302	57	120	612	487	180	109	8211	148	378
丹东市	24237	46	197	125	1199	73	13	21900	360	324
锦州市	41880	18	142	378	2272	63	57	37193	924	833
营口市	26202	55	428	1126	1578	98	197	21321	590	809
阜新市	22289	3	32	199	422	19	6	21013	184	411
辽阳市	20409	49	429	902	1335	58	8	16969	378	281
盘锦市	11072	9	115	321	472	47	5	9612	93	398
铁岭市	35961	34	189	512	1349	121	62	32540	325	829
朝阳市	51568	24	238	353	674	68	67	48425	624	1095
葫芦岛市	37833	46	195	332	915	54	46	34717	669	859
辽宁省沈抚新区管委会	1200		39	77	66		281	715	8	14

9–5 各地区按月租房费用分的家庭户户数

单位：户

地 区	合 计	200元以下	200–499元	500–999元	1000–1999元
辽宁	**119408**	**25556**	**24523**	**32912**	**29372**
沈阳市	36548	2735	5397	13196	13475
大连市	38234	9030	6665	6356	12273
鞍山市	6830	3073	1873	1393	344
抚顺市	2916	932	960	779	180
本溪市	2708	629	811	1023	216
丹东市	5065	2098	802	1619	445
锦州市	3687	884	886	1327	433
营口市	4658	1405	1710	1093	272
阜新市	1901	293	605	778	176
辽阳市	3758	1614	797	1070	169
盘锦市	3153	472	799	1285	515
铁岭市	2406	589	700	774	218
朝阳市	3515	738	1277	1121	212
葫芦岛市	3750	1025	1181	958	410
辽宁省沈抚新区管委会	279	39	60	140	34

9–5 续表

单位：户

地 区	2000–2999元	3000–3999元	4000–5999元	6000–7999元	8000–9999元	10000元及以上
辽宁	**4855**	**993**	**562**	**279**	**111**	**245**
沈阳市	1369	186	100	28	16	46
大连市	2979	616	205	33	24	53
鞍山市	70	16	17	14	3	27
抚顺市	23	5	6	21	5	5
本溪市	16	4	3	4		2
丹东市	53	15	13	5	2	13
锦州市	76	17	28	17	6	13
营口市	54	48	42	18	8	8
阜新市	20	8	5	6	2	8
辽阳市	41	21	22	15	2	7
盘锦市	38	4	16	9	4	11
铁岭市	24	10	23	36	17	15
朝阳市	35	21	52	40	8	11
葫芦岛市	54	22	30	32	14	24
辽宁省沈抚新区管委会	3			1		2

9-5a 各地区按月租房费用分的家庭户户数(城市)

单位：户

地　　区	合　计	200元以下	200-499元	500-999元	1000-1999元
辽宁	**102367**	**19613**	**19391**	**28865**	**28125**
沈阳市	33670	2201	4015	12602	13188
大连市	36031	8148	5892	5952	12197
鞍山市	4897	2290	1322	1017	216
抚顺市	2328	724	865	574	137
本溪市	1821	273	671	670	188
丹东市	3938	1583	548	1360	372
锦州市	2954	590	717	1141	384
营口市	3960	1031	1541	1016	232
阜新市	1208	133	442	489	126
辽阳市	2798	1095	578	924	134
盘锦市	2832	362	686	1223	492
铁岭市	900	208	343	258	42
朝阳市	2286	359	834	828	160
葫芦岛市	2504	592	894	677	223
辽宁省沈抚新区管委会	240	24	43	134	34

9-5a 续表

单位：户

地　　区	2000-2999元	3000-3999元	4000-5999元	6000-7999元	8000-9999元	10000元及以上
辽宁	**4629**	**923**	**459**	**161**	**73**	**128**
沈阳市	1345	179	86	19	9	26
大连市	2936	608	201	33	20	44
鞍山市	35	3	7	1	3	3
抚顺市	18	4	2	2	2	
本溪市	14	2	1	2		
丹东市	41	13	7	4	1	9
锦州市	67	13	17	12	5	8
营口市	34	46	35	13	6	6
阜新市	10	4	1		1	2
辽阳市	26	15	13	11	1	1
盘锦市	35	3	13	5	4	9
铁岭市	10	5	11	15	6	2
朝阳市	14	14	39	26	5	7
葫芦岛市	42	14	26	17	10	9
辽宁省沈抚新区管委会	2			1		2

9–5b 各地区按月租房费用分的家庭户户数(镇)

单位：户

地 区	合 计	200元以下	200–499元	500–999元	1000–1999元
辽宁	**11775**	**3008**	**3683**	**3517**	**1025**
沈阳市	1924	105	1072	443	243
大连市	944	209	287	334	57
鞍山市	1513	516	445	351	112
抚顺市	420	86	67	201	36
本溪市	710	217	118	343	23
丹东市	884	339	215	246	63
锦州市	573	217	132	161	37
营口市	215	84	71	22	20
阜新市	658	139	158	285	48
辽阳市	482	188	138	111	14
盘锦市	197	51	68	50	17
铁岭市	1283	284	304	465	160
朝阳市	967	269	371	254	30
葫芦岛市	1005	304	237	251	165
辽宁省沈抚新区管委会					

9–5b 续表

单位：户

地 区	2000–2999元	3000–3999元	4000–5999元	6000–7999元	8000–9999元	10000元及以上
辽宁	**167**	**57**	**84**	**109**	**32**	**93**
沈阳市	15	6	11	6	7	16
大连市	39	3	2		4	9
鞍山市	29	13	10	13		24
抚顺市	1	1	3	19	3	3
本溪市	1	2	2	2		2
丹东市	10	1	6	1	1	2
锦州市	5	4	10	4		3
营口市	8	2	5	2	1	
阜新市	7	4	4	6	1	6
辽阳市	13	4	7	4	1	2
盘锦市	3	1	2	4		1
铁岭市	12	5	12	21	9	11
朝阳市	15	3	8	12	3	2
葫芦岛市	9	8	2	15	2	12
辽宁省沈抚新区管委会						

9-5c　各地区按月租房费用分的家庭户户数(乡村)

单位：户

地　　区	合　计	200元以下	200-499元	500-999元	1000-1999元
辽宁	**5266**	**2935**	**1449**	**530**	**222**
沈阳市	954	429	310	151	44
大连市	1259	673	486	70	19
鞍山市	420	267	106	25	16
抚顺市	168	122	28	4	7
本溪市	177	139	22	10	5
丹东市	243	176	39	13	10
锦州市	160	77	37	25	12
营口市	483	290	98	55	20
阜新市	35	21	5	4	2
辽阳市	478	331	81	35	21
盘锦市	124	59	45	12	6
铁岭市	223	97	53	51	16
朝阳市	262	110	72	39	22
葫芦岛市	241	129	50	30	22
辽宁省沈抚新区管委会	39	15	17	6	

9-5c　续表

单位：户

地　　区	2000-2999元	3000-3999元	4000-5999元	6000-7999元	8000-9999元	10000元及以上
辽宁	**59**	**13**	**19**	**9**	**6**	**24**
沈阳市	9	1	3	3		4
大连市	4	5	2			
鞍山市	6					
抚顺市	4		1			2
本溪市	1					
丹东市	2	1				2
锦州市	4		1	1	1	2
营口市	12		2	3	1	2
阜新市	3					
辽阳市	2	2	2			4
盘锦市			1			1
铁岭市	2				2	2
朝阳市	6	4	5	2		2
葫芦岛市	3		2		2	3
辽宁省沈抚新区管委会	1					

9-6　各地区按住房来源分的同时拥有厨房和厕所的家庭户户数

单位：户

地　　区	合　计	租赁廉租住房/公租房	租赁其他住房	购买新建商品房	购　买二手房	购买原公有住房	购买经济适用房/两限房	自建住房	继承或赠　予	其　他
辽宁	**1483109**	**17498**	**93648**	**502658**	**250785**	**119445**	**32892**	**352379**	**19585**	**94219**
沈阳市	339240	4268	30365	139283	64913	32014	2886	38290	3890	23331
大连市	253393	3985	30843	89817	48748	17563	3372	41718	3504	13843
鞍山市	123532	2040	4339	37372	13560	18530	4027	28684	2013	12967
抚顺市	67261	779	2019	18174	11981	14400	1636	11062	1474	5736
本溪市	52442	552	2090	13834	12773	5716	3740	8460	1175	4102
丹东市	78399	1142	3556	24239	9426	5129	1089	26614	1103	6101
锦州市	92200	622	2749	28123	18154	4463	1068	33117	1220	2684
营口市	79805	979	3552	29843	14124	2206	2673	22189	1084	3155
阜新市	52400	266	1511	12401	9106	2179	3612	16040	554	6731
辽阳市	59002	990	2530	21841	9496	3856	748	17341	864	1336
盘锦市	52088	402	2572	20191	9432	4504	1125	11312	245	2305
铁岭市	72732	363	1850	23531	10651	3069	2033	27632	642	2961
朝阳市	82757	469	2719	23197	7127	2797	2421	39078	877	4072
葫芦岛市	72270	608	2721	18538	10501	2951	910	30246	925	4870
辽宁省沈抚新区管委会	5588	33	232	2274	793	68	1552	596	15	25

9-6a　各地区按住房来源分的同时拥有厨房和厕所的家庭户户数(城市)

单位：户

地　　区	合　计	租赁廉租住房/公租房	租赁其他住房	购买新建商品房	购　买二手房	购买原公有住房	购买经济适用房/两限房	自建住房	继承或赠　予	其　他
辽宁	**991717**	**14787**	**81591**	**423667**	**210431**	**112497**	**26719**	**32774**	**12583**	**76668**
沈阳市	284474	3262	28763	128952	60545	31341	2566	4116	3412	21517
大连市	209668	3824	29212	85766	45757	17136	3282	10124	2338	12229
鞍山市	79362	1798	2955	28381	10821	18098	2521	2601	1273	10914
抚顺市	47452	739	1556	14327	9247	14064	1370	259	1237	4653
本溪市	32502	336	1452	7726	9866	4794	3229	877	899	3323
丹东市	44109	989	2737	19987	6657	4536	530	2906	634	5133
锦州市	48709	573	2175	22697	14421	4259	771	2008	391	1414
营口市	53432	914	2979	27184	12145	1961	2372	3139	551	2187
阜新市	28505	192	1007	8481	7216	1835	3210	604	364	5596
辽阳市	34074	888	1762	17903	6878	3395	640	1254	421	933
盘锦市	37073	334	2343	17426	8455	4441	1077	1064	142	1791
铁岭市	22821	157	685	12541	4414	1804	1101	714	201	1204
朝阳市	34029	288	1912	16609	5509	2273	2111	1845	395	3087
葫芦岛市	30913	460	1848	13490	7753	2492	667	1213	315	2675
辽宁省沈抚新区管委会	4594	33	205	2197	747	68	1272	50	10	12

9–6b 各地区按住房来源分的同时拥有厨房和厕所的家庭户户数(镇)

单位：户

地 区	合 计	租赁廉租住房/公租房	租赁其他住房	购买新建商品房	购 买二手房	购买原公有住房	购买经济适用房/两限房	自建住房	继承或赠 予	其 他
辽宁	**177273**	**2266**	**8333**	**71905**	**26661**	**5880**	**4943**	**45984**	**1796**	**9505**
沈阳市	17393	982	920	9061	2481	584	123	2707	65	470
大连市	8897	77	768	3493	913	244	25	2510	99	768
鞍山市	21155	212	1110	8754	1855	396	1442	5793	240	1353
抚顺市	8799	27	339	3719	2094	221	186	1364	128	721
本溪市	11516	161	541	5496	2529	744	403	1022	155	465
丹东市	14429	113	663	4127	1764	536	547	5747	168	764
锦州市	11848	35	455	5060	2074	162	245	3055	120	642
营口市	4880	17	178	1533	666	166	107	1930	63	220
阜新市	10442	71	481	3722	1635	329	396	2884	70	854
辽阳市	7918	57	381	3036	1539	409	100	2045	138	213
盘锦市	4743	59	123	2444	551	22	44	1346	20	134
铁岭市	24703	179	1025	10483	5281	1176	874	4409	224	1052
朝阳市	15039	164	625	6239	1147	473	245	5723	113	310
葫芦岛市	15511	112	724	4738	2132	418	206	5449	193	1539
辽宁省沈抚新区管委会										

9–6c 各地区按住房来源分的同时拥有厨房和厕所的家庭户户数(乡村)

单位：户

地 区	合 计	租赁廉租住房/公租房	租赁其他住房	购买新建商品房	购 买二手房	购买原公有住房	购买经济适用房/两限房	自建住房	继承或赠 予	其 他
辽宁	**314119**	**445**	**3724**	**7086**	**13693**	**1068**	**1230**	**273621**	**5206**	**8046**
沈阳市	37373	24	682	1270	1887	89	197	31467	413	1344
大连市	34828	84	863	558	2078	183	65	29084	1067	846
鞍山市	23015	30	274	237	884	36	64	20290	500	700
抚顺市	11010	13	124	128	640	115	80	9439	109	362
本溪市	8424	55	97	612	378	178	108	6561	121	314
丹东市	19861	40	156	125	1005	57	12	17961	301	204
锦州市	31643	14	119	366	1659	42	52	28054	709	628
营口市	21493	48	395	1126	1313	79	194	17120	470	748
阜新市	13453	3	23	198	255	15	6	12552	120	281
辽阳市	17010	45	387	902	1079	52	8	14042	305	190
盘锦市	10272	9	106	321	426	41	4	8902	83	380
铁岭市	25208	27	140	507	956	89	58	22509	217	705
朝阳市	33689	17	182	349	471	51	65	31510	369	675
葫芦岛市	25846	36	149	310	616	41	37	23584	417	656
辽宁省沈抚新区管委会	994		27	77	46		280	546	5	13

9-7　全省按户主的受教育程度、住房来源分的家庭户户数

单位：户

受教育程度	合　计	租赁廉租住房/公租房	租　赁其他住房	购买新建商品房	购　买二手房	购买原公有住房	购买经济适用房/两限房	自建住房	继承或赠　予	其　他
总　计	**1589284**	**17715**	**100126**	**494957**	**252785**	**116231**	**32378**	**458436**	**21397**	**95259**
未上过学	14190	164	611	1286	1093	1341	278	7649	326	1442
学前教育	443	12	18	93	48	41	9	166	10	46
小　学	266239	1967	11671	27353	22915	12204	3198	167986	3578	15367
初　中	740541	10455	47190	174872	111547	59954	16506	256531	12087	51399
高　中	246986	2970	17161	102240	51681	25493	6818	20814	3334	16475
大学专科	160519	1281	12196	89291	32284	10378	3206	4366	1276	6241
大学本科	144989	778	10148	90176	29720	6372	2238	887	740	3930
硕士研究生	13809	80	1016	8712	3113	386	107	34	42	319
博士研究生	1568	8	115	934	384	62	18	3	4	40

9-7a　全省按户主的受教育程度、住房来源分的家庭户户数(城市)

单位：户

受教育程度	合　计	租赁廉租住房/公租房	租　赁其他住房	购买新建商品房	购　买二手房	购买原公有住房	购买经济适用房/两限房	自建住房	继承或赠　予	其　他
总　计	**988278**	**14812**	**86164**	**416610**	**206915**	**108572**	**26195**	**40895**	**12442**	**75673**
未上过学	5529	135	514	1067	736	1246	230	595	132	874
学前教育	233	9	15	75	38	41	8	13	4	30
小　学	82493	1560	9202	20979	13479	11090	2380	13009	1166	9628
初　中	408227	8640	38650	136315	85192	55506	12773	23650	6521	40980
高　中	202213	2566	15599	87838	45977	24185	5920	2801	2789	14538
大学专科	140630	1124	11462	78450	29645	9885	2757	568	1109	5630
大学本科	134095	695	9646	82592	28406	6186	2007	243	675	3645
硕士研究生	13342	76	977	8386	3062	372	103	15	42	309
博士研究生	1516	7	99	908	380	61	17	1	4	39

9—7b 全省按户主的受教育程度、住房来源分的家庭户户数(镇)

单位：户

受教育程度	合 计	租赁廉租住房/公租房	租 赁其他住房	购买新建商品房	购 买二手房	购买原公有住房	购买经济适用房/两限房	自建住房	继承或赠 予	其 他
总 计	**191386**	**2347**	**9319**	**71370**	**28444**	**6375**	**4931**	**56701**	**2099**	**9800**
未上过学	1494	22	48	189	147	70	35	786	23	174
学前教育	53	2	2	16	6		1	17	3	6
小 学	30981	266	1223	5345	3567	814	563	16940	329	1934
初 中	106208	1469	5662	34720	16393	3714	2959	34334	1343	5614
高 中	26969	367	1250	13472	4780	1149	769	3520	265	1397
大学专科	15583	141	636	10220	2314	441	394	890	95	452
大学本科	9654	75	448	7101	1189	172	206	209	41	213
硕士研究生	407	4	36	290	46	14	3	5		9
博士研究生	37	1	14	17	2	1	1			1

9—7c 全省按户主的受教育程度、住房来源分的家庭户户数(乡村)

单位：户

受教育程度	合 计	租赁廉租住房/公租房	租 赁其他住房	购买新建商品房	购 买二手房	购买原公有住房	购买经济适用房/两限房	自建住房	继承或赠 予	其 他
总 计	**409620**	**556**	**4643**	**6977**	**17426**	**1284**	**1252**	**360840**	**6856**	**9786**
未上过学	7167	7	49	30	210	25	13	6268	171	394
学前教育	157	1	1	2	4			136	3	10
小 学	152765	141	1246	1029	5869	300	255	138037	2083	3805
初 中	226106	346	2878	3837	9962	734	774	198547	4223	4805
高 中	17804	37	312	930	924	159	129	14493	280	540
大学专科	4306	16	98	621	325	52	55	2908	72	159
大学本科	1240	8	54	483	125	14	25	435	24	72
硕士研究生	60		3	36	5		1	14		1
博士研究生	15		2	9	2			2		

9-8　全省按户主的受教育程度、月租房费用分的家庭户户数

单位：户

受教育程度	合　计	200元以下	200-499元	500-999元	1000-1999元
总　计	**117841**	**25072**	**24322**	**32569**	**28942**
未上过学	775	336	180	151	89
学前教育	30	15	7	3	4
小　学	13638	4820	3997	2915	1625
初　中	57645	15238	14947	16030	9529
高　中	20131	3065	3365	6465	5961
大学专科	13477	942	1211	4153	5901
大学本科	10926	597	577	2641	5210
硕士研究生	1096	56	34	187	570
博士研究生	123	3	4	24	53

9-8　续表

单位：户

受教育程度	2000-2999元	3000-3999元	4000-5999元	6000-7999元	8000-9999元	10000元及以上
总　计	**4780**	**974**	**553**	**276**	**110**	**243**
未上过学	11	5	2			1
学前教育	1					
小　学	166	34	46	20	1	14
初　中	1094	262	206	146	54	139
高　中	893	174	97	51	27	33
大学专科	973	149	77	27	12	32
大学本科	1431	299	107	28	14	22
硕士研究生	184	43	15	3	2	2
博士研究生	27	8	3	1		

9−8a 全省按户主的受教育程度、月租房费用分的家庭户户数(城市)

单位：户

受教育程度	合 计	200元以下	200−499元	500−999元	1000−1999元
总 计	**100976**	**19181**	**19239**	**28573**	**27712**
未上过学	649	260	150	136	86
学前教育	24	11	6	2	4
小 学	10762	3338	3137	2521	1533
初 中	47290	11486	11656	13758	8891
高 中	18165	2672	2759	5788	5768
大学专科	12586	828	999	3787	5758
大学本科	10341	529	500	2390	5066
硕士研究生	1053	54	28	171	557
博士研究生	106	3	4	20	49

9−8a 续表

单位：户

受教育程度	2000−2999元	3000−3999元	4000−5999元	6000−7999元	8000−9999元	10000元及以上
总 计	**4556**	**906**	**451**	**159**	**72**	**127**
未上过学	9	5	2			1
学前教育	1					
小 学	152	27	37	13	1	3
初 中	964	213	146	78	34	64
高 中	865	167	78	30	20	18
大学专科	956	148	66	17	3	24
大学本科	1412	295	105	17	12	15
硕士研究生	178	43	15	3	2	2
博士研究生	19	8	2	1		

9–8b 全省按户主的受教育程度、月租房费用分的家庭户户数(镇)

单位：户

受教育程度	合 计	200元以下	200–499元	500–999元	1000–1999元
总 计	**11666**	**2981**	**3650**	**3487**	**1012**
未上过学	70	37	17	14	2
学前教育	4	2	1	1	
小 学	1489	592	493	308	59
初 中	7131	1966	2374	1975	502
高 中	1617	249	511	607	169
大学专科	777	76	189	336	128
大学本科	523	58	59	228	137
硕士研究生	40	1	6	15	12
博士研究生	15			3	3

9–8b 续表

单位：户

受教育程度	2000–2999元	3000–3999元	4000–5999元	6000–7999元	8000–9999元	10000元及以上
总 计	**165**	**56**	**83**	**108**	**32**	**92**
未上过学						
学前教育						
小 学	11	5	5	7		9
初 中	85	42	48	62	17	60
高 中	24	5	16	20	6	10
大学专科	14	1	11	9	7	6
大学本科	17	3	2	10	2	7
硕士研究生	6					
博士研究生	8		1			

9-8c 全省按户主的受教育程度、月租房费用分的家庭户户数(乡村)

单位：户

受教育程度	合 计	200元以下	200-499元	500-999元	1000-1999元
总 计	**5199**	**2910**	**1433**	**509**	**218**
未上过学	56	39	13	1	1
学前教育	2	2			
小 学	1387	890	367	86	33
初 中	3224	1786	917	297	136
高 中	349	144	95	70	24
大学专科	114	38	23	30	15
大学本科	62	10	18	23	7
硕士研究生	3	1		1	1
博士研究生	2			1	1

9-8c 续表

单位：户

受教育程度	2000-2999元	3000-3999元	4000-5999元	6000-7999元	8000-9999元	10000元及以上
总 计	**59**	**12**	**19**	**9**	**6**	**24**
未上过学	2					
学前教育						
小 学	3	2	4			2
初 中	45	7	12	6	3	15
高 中	4	2	3	1	1	5
大学专科	3			1	2	2
大学本科	2	1		1		
硕士研究生						
博士研究生						

9-9　全省按户主的职业、住房来源分的家庭户户数

单位：户

职业大类	合　计	租赁廉租住房/公租房	租　赁其他住房	购买新建商品房	购　买二手房
总　计	**883990**	**6554**	**67307**	**294797**	**145934**
党的机关、国家机关、群众团体和社会组织、企事业单位负责人	26520	115	1674	15831	5356
专业技术人员	89550	591	6724	50087	19660
办事人员和有关人员	75669	587	3571	43814	15076
社会生产服务和生活服务人员	286508	3304	35334	117140	62613
农、林、牧、渔业生产及辅助人员	235815	236	2547	7950	10220
生产制造及有关人员	166298	1682	17126	58506	32422
不便分类的其他从业人员	3630	39	331	1469	587

9-9　续表

单位：户

职业大类	购买原公有住房	购买经济适用房/两限房	自建住房	继承或赠　予	其　他
总　计	**27578**	**14005**	**282920**	**10492**	**34403**
党的机关、国家机关、群众团体和社会组织、企事业单位负责人	624	357	1755	147	661
专业技术人员	3536	1483	4062	626	2781
办事人员和有关人员	3712	1580	3384	687	3258
社会生产服务和生活服务人员	11395	5999	31756	3300	15667
农、林、牧、渔业生产及辅助人员	507	473	207108	3377	3397
生产制造及有关人员	7664	3740	34394	2309	8455
不便分类的其他从业人员	140	373	461	46	184

9-9a 全省按户主的职业、住房来源分的家庭户户数(城市)

单位：户

职业大类	合　计	租赁廉租住房/公租房	租　赁其他住房	购买新建商品房	购　买二手房
总　计	**512140**	**5149**	**57846**	**245424**	**119097**
党的机关、国家机关、群众团体和社会组织、企事业单位负责人	22504	97	1513	14207	4914
专业技术人员	76242	494	6206	43848	17926
办事人员和有关人员	63430	477	3194	37415	13588
社会生产服务和生活服务人员	220132	2623	31028	96630	53540
农、林、牧、渔业生产及辅助人员	14363	86	1116	4046	1990
生产制造及有关人员	112661	1342	14498	47997	26673
不便分类的其他从业人员	2808	30	291	1281	466

9-9a 续表

单位：户

职业大类	购买原公有住房	购买经济适用房/两限房	自建住房	继承或赠　予	其　他
总　计	**25034**	**10865**	**17732**	**4820**	**26173**
党的机关、国家机关、群众团体和社会组织、企事业单位负责人	573	280	250	116	554
专业技术人员	3255	1232	396	491	2394
办事人员和有关人员	3472	1288	673	560	2763
社会生产服务和生活服务人员	10538	4670	5708	2249	13146
农、林、牧、渔业生产及辅助人员	133	125	6010	157	700
生产制造及有关人员	6928	2905	4637	1223	6458
不便分类的其他从业人员	135	365	58	24	158

9-9b　全省按户主的职业、住房来源分的家庭户户数(镇)

单位：户

职业大类	合　计	租赁廉租住房/公租房	租　赁其他住房	购买新建商品房	购　买二手房
总　计	**110581**	**1051**	**6157**	**45106**	**16104**
党的机关、国家机关、群众团体和社会组织、企事业单位负责人	2510	12	120	1528	357
专业技术人员	9382	83	435	5873	1451
办事人员和有关人员	9214	97	307	6043	1309
社会生产服务和生活服务人员	39651	556	3159	18845	6976
农、林、牧、渔业生产及辅助人员	26791	67	648	3252	2286
生产制造及有关人员	22685	230	1468	9386	3650
不便分类的其他从业人员	348	6	20	179	75

9-9b　续表

单位：户

职业大类	购买原公有住房	购买经济适用房/两限房	自建住房	继承或赠　予	其　他
总　计	**1955**	**2459**	**32873**	**1110**	**3766**
党的机关、国家机关、群众团体和社会组织、企事业单位负责人	40	66	323	8	56
专业技术人员	227	218	774	65	256
办事人员和有关人员	216	255	635	60	292
社会生产服务和生活服务人员	716	1078	6413	418	1490
农、林、牧、渔业生产及辅助人员	115	200	19359	319	545
生产制造及有关人员	639	636	5327	236	1113
不便分类的其他从业人员	2	6	42	4	14

9-9c 全省按户主的职业、住房来源分的家庭户户数(乡村)

单位：户

职业大类	合计	租赁廉租住房/公租房	租赁其他住房	购买新建商品房	购买二手房
总计	**261269**	**354**	**3304**	**4267**	**10733**
党的机关、国家机关、群众团体和社会组织、企事业单位负责人	1506	6	41	96	85
专业技术人员	3926	14	83	366	283
办事人员和有关人员	3025	13	70	356	179
社会生产服务和生活服务人员	26725	125	1147	1665	2097
农、林、牧、渔业生产及辅助人员	194661	83	783	652	5944
生产制造及有关人员	30952	110	1160	1123	2099
不便分类的其他从业人员	474	3	20	9	46

9-9c 续表

单位：户

职业大类	购买原公有住房	购买经济适用房/两限房	自建住房	继承或赠予	其他
总计	**589**	**681**	**232315**	**4562**	**4464**
党的机关、国家机关、群众团体和社会组织、企事业单位负责人	11	11	1182	23	51
专业技术人员	54	33	2892	70	131
办事人员和有关人员	24	37	2076	67	203
社会生产服务和生活服务人员	141	251	19635	633	1031
农、林、牧、渔业生产及辅助人员	259	148	181739	2901	2152
生产制造及有关人员	97	199	24430	850	884
不便分类的其他从业人员	3	2	361	18	12

9–10 全省按户主的职业、月租房费用分的家庭户户数

单位：户

职业大类	合 计	200元以下	200–499元	500–999元	1000–1999元
总 计	**73861**	**11614**	**14473**	**22110**	**20703**
党的机关、国家机关、群众团体和社会组织、企事业单位负责人	1789	101	119	398	753
专业技术人员	7315	461	657	2223	3096
办事人员和有关人员	4158	552	590	1249	1402
社会生产服务和生活服务人员	38638	4636	6816	12414	11992
农、林、牧、渔业生产及辅助人员	2783	1118	842	558	203
生产制造及有关人员	18808	4680	5392	5178	3117
不便分类的其他从业人员	370	66	57	90	140

9–10 续表

单位：户

职业大类	2000–2999元	3000–3999元	4000–5999元	6000–7999元	8000–9999元	10000元及以上
总 计	**3386**	**720**	**403**	**183**	**81**	**188**
党的机关、国家机关、群众团体和社会组织、企事业单位负责人	264	78	41	8	5	22
专业技术人员	673	113	41	18	10	23
办事人员和有关人员	266	48	27	12	6	6
社会生产服务和生活服务人员	1859	416	240	111	44	110
农、林、牧、渔业生产及辅助人员	31	7	6	8	3	7
生产制造及有关人员	281	56	46	25	13	20
不便分类的其他从业人员	12	2	2	1		

9-10a 全省按户主的职业、月租房费用分的家庭户户数(城市)

单位：户

职业大类	合 计	200元以下	200-499元	500-999元	1000-1999元
总 计	**62995**	**8028**	**11360**	**19385**	**19784**
党的机关、国家机关、群众团体和社会组织、企事业单位负责人	1610	72	93	340	718
专业技术人员	6700	358	531	1975	3008
办事人员和有关人员	3671	440	478	1070	1340
社会生产服务和生活服务人员	33651	3335	5398	10990	11454
农、林、牧、渔业生产及辅助人员	1202	347	380	319	135
生产制造及有关人员	15840	3428	4434	4611	2997
不便分类的其他从业人员	321	48	46	80	132

9-10a 续表

单位：户

职业大类	2000-2999元	3000-3999元	4000-5999元	6000-7999元	8000-9999元	10000元及以上
总 计	**3199**	**667**	**323**	**101**	**51**	**97**
党的机关、国家机关、群众团体和社会组织、企事业单位负责人	254	74	38	8	3	10
专业技术人员	650	110	38	10	6	14
办事人员和有关人员	259	48	23	4	5	4
社会生产服务和生活服务人员	1755	379	191	64	26	59
农、林、牧、渔业生产及辅助人员	13	4		2	1	1
生产制造及有关人员	256	51	32	12	10	9
不便分类的其他从业人员	12	1	1	1		

9–10b　全省按户主的职业、月租房费用分的家庭户户数(镇)

单位：户

职业大类	合　计	200元以下	200–499元	500–999元	1000–1999元
总　计	**7208**	**1642**	**2054**	**2361**	**740**
党的机关、国家机关、群众团体和社会组织、企事业单位负责人	132	16	15	50	27
专业技术人员	518	72	105	220	76
办事人员和有关人员	404	67	98	165	55
社会生产服务和生活服务人员	3715	723	1049	1250	448
农、林、牧、渔业生产及辅助人员	715	250	225	175	41
生产制造及有关人员	1698	507	559	494	86
不便分类的其他从业人员	26	7	3	7	7

9–10b　续表

单位：户

职业大类	2000–2999元	3000–3999元	4000–5999元	6000–7999元	8000–9999元	10000元及以上
总　计	**134**	**45**	**63**	**75**	**24**	**70**
党的机关、国家机关、群众团体和社会组织、企事业单位负责人	8	3	3		1	9
专业技术人员	22	2	2	7	4	8
办事人员和有关人员	6		3	8	1	1
社会生产服务和生活服务人员	75	33	39	43	14	41
农、林、牧、渔业生产及辅助人员	9	2	3	6	1	3
生产制造及有关人员	14	4	12	11	3	8
不便分类的其他从业人员		1	1			

9-10c 全省按户主的职业、月租房费用分的家庭户户数(乡村)

单位：户

职业大类	合　计	200元以下	200-499元	500-999元	1000-1999元
总　计	**3658**	**1944**	**1059**	**364**	**179**
党的机关、国家机关、群众团体和社会组织、企事业单位负责人	47	13	11	8	8
专业技术人员	97	31	21	28	12
办事人员和有关人员	83	45	14	14	7
社会生产服务和生活服务人员	1272	578	369	174	90
农、林、牧、渔业生产及辅助人员	866	521	237	64	27
生产制造及有关人员	1270	745	399	73	34
不便分类的其他从业人员	23	11	8	3	1

9-10c　续表

单位：户

职业大类	2000-2999元	3000-3999元	4000-5999元	6000-7999元	8000-9999元	10000元及以上
总　计	**53**	**8**	**17**	**7**	**6**	**21**
党的机关、国家机关、群众团体和社会组织、企事业单位负责人	2	1			1	3
专业技术人员	1	1	1	1		1
办事人员和有关人员	1		1			1
社会生产服务和生活服务人员	29	4	10	4	4	10
农、林、牧、渔业生产及辅助人员	9	1	3		1	3
生产制造及有关人员	11	1	2	2		3
不便分类的其他从业人员						

9-11　全省按户主的职业分的家庭户住房状况

职业大类	户　数（户）	人　数（人）	平均每户住房间数（间/户）	人均住房建筑面积（平方米/人）	人均住房间　数（间/人）
总　计	**883990**	**2267867**	**2.34**	**32.68**	**0.91**
党的机关、国家机关、群众团体和社会组织、企事业单位负责人	26520	69883	2.44	39.16	0.92
专业技术人员	89550	216627	2.22	37.03	0.92
办事人员和有关人员	75669	187300	2.27	37.47	0.92
社会生产服务和生活服务人员	286508	702163	2.14	32.52	0.87
农、林、牧、渔业生产及辅助人员	235815	651994	2.74	31.10	0.99
生产制造及有关人员	166298	431550	2.20	29.97	0.85
不便分类的其他从业人员	3630	8350	2.28	35.86	0.99

9-11a　全省按户主的职业分的家庭户住房状况(城市)

职业大类	户　数（户）	人　数（人）	平均每户住房间数（间/户）	人均住房建筑面积（平方米/人）	人均住房间　数（间/人）
总　计	**512140**	**1257122**	**2.12**	**33.29**	**0.87**
党的机关、国家机关、群众团体和社会组织、企事业单位负责人	22504	59312	2.39	39.07	0.91
专业技术人员	76242	183835	2.19	37.07	0.91
办事人员和有关人员	63430	156654	2.24	37.53	0.91
社会生产服务和生活服务人员	220132	529373	2.05	32.22	0.85
农、林、牧、渔业生产及辅助人员	14363	37398	2.49	31.35	0.96
生产制造及有关人员	112661	284223	2.05	29.47	0.81
不便分类的其他从业人员	2808	6327	2.14	36.52	0.95

9-11b 全省按户主的职业分的家庭户住房状况(镇)

职业大类	户数(户)	人数(人)	平均每户住房间数(间/户)	人均住房建筑面积(平方米/人)	人均住房间数(间/人)
总计	**110581**	**285724**	**2.31**	**32.92**	**0.90**
党的机关、国家机关、群众团体和社会组织、企事业单位负责人	2510	6466	2.48	39.58	0.96
专业技术人员	9382	22645	2.24	37.20	0.93
办事人员和有关人员	9214	22891	2.28	37.39	0.92
社会生产服务和生活服务人员	39651	100195	2.21	33.30	0.87
农、林、牧、渔业生产及辅助人员	26791	72801	2.55	31.11	0.94
生产制造及有关人员	22685	59887	2.24	30.42	0.85
不便分类的其他从业人员	348	839	2.18	34.14	0.90

9-11c 全省按户主的职业分的家庭户住房状况(乡村)

职业大类	户数(户)	人数(人)	平均每户住房间数(间/户)	人均住房建筑面积(平方米/人)	人均住房间数(间/人)
总计	**261269**	**725021**	**2.78**	**31.54**	**1.00**
党的机关、国家机关、群众团体和社会组织、企事业单位负责人	1506	4105	3.08	39.89	1.13
专业技术人员	3926	10147	2.80	36.02	1.08
办事人员和有关人员	3025	7755	2.81	36.60	1.09
社会生产服务和生活服务人员	26725	72595	2.75	33.60	1.01
农、林、牧、渔业生产及辅助人员	194661	541795	2.78	31.09	1.00
生产制造及有关人员	30952	87440	2.73	31.27	0.97
不便分类的其他从业人员	474	1184	3.21	33.52	1.28

9–12　全省按户主的职业、人均住房建筑面积分的家庭户户数

单位：户

职业大类	合　计	人均住房建筑面积(平方米)			
		8及以下	9–12	13–16	17–19
总　计	**883990**	**4350**	**19222**	**50374**	**47902**
党的机关、国家机关、群众团体和社会组织、企事业单位负责人	26520	44	326	876	1098
专业技术人员	89550	191	1204	3122	3949
办事人员和有关人员	75669	161	994	2608	3160
社会生产服务和生活服务人员	286508	1415	6465	16659	17789
农、林、牧、渔业生产及辅助人员	235815	1079	5309	15651	10224
生产制造及有关人员	166298	1446	4853	11286	11496
不便分类的其他从业人员	3630	14	71	172	186

9–12　续表

单位：户

职业大类	人均住房建筑面积(平方米)					
	20–29	30–39	40–49	50–59	60–69	70及以上
总　计	**243001**	**192463**	**131615**	**58378**	**43024**	**93661**
党的机关、国家机关、群众团体和社会组织、企事业单位负责人	5959	5647	4388	2238	1588	4356
专业技术人员	20638	19375	14984	7598	4983	13506
办事人员和有关人员	17081	17214	12916	6414	4345	10776
社会生产服务和生活服务人员	82082	58298	38394	18829	13545	33032
农、林、牧、渔业生产及辅助人员	61726	56883	40193	14536	12204	18010
生产制造及有关人员	54647	34363	20191	8536	6162	13318
不便分类的其他从业人员	868	683	549	227	197	663

9-12a 全省按户主的职业、人均住房建筑面积分的家庭户户数(城市)

单位：户

职业大类	合 计	人均住房建筑面积(平方米)			
		8及以下	9-12	13-16	17-19
总 计	**512140**	**2931**	**11939**	**28233**	**31972**
党的机关、国家机关、群众团体和社会组织、企事业单位负责人	22504	38	291	748	979
专业技术人员	76242	174	1113	2747	3539
办事人员和有关人员	63430	146	883	2283	2831
社会生产服务和生活服务人员	220132	1223	5408	13336	14907
农、林、牧、渔业生产及辅助人员	14363	117	408	935	743
生产制造及有关人员	112661	1220	3779	8052	8816
不便分类的其他从业人员	2808	13	57	132	157

9-12a 续表

单位：户

职业大类	人均住房建筑面积(平方米)					
	20-29	30-39	40-49	50-59	60-69	70及以上
总 计	**141815**	**105263**	**69962**	**35127**	**23963**	**60935**
党的机关、国家机关、群众团体和社会组织、企事业单位负责人	5012	4809	3735	1884	1312	3696
专业技术人员	17387	16337	12523	6547	4219	11656
办事人员和有关人员	14189	14249	10559	5435	3652	9203
社会生产服务和生活服务人员	62769	43796	28390	14741	10154	25408
农、林、牧、渔业生产及辅助人员	4208	3274	1949	793	655	1281
生产制造及有关人员	37598	22302	12395	5562	3825	9112
不便分类的其他从业人员	652	496	411	165	146	579

9-12b　全省按户主的职业、人均住房建筑面积分的家庭户户数(镇)

单位：户

职业大类	合　计	人均住房建筑面积(平方米)			
		8及以下	9-12	13-16	17-19
总　计	**110581**	**291**	**1658**	**5296**	**4956**
党的机关、国家机关、群众团体和社会组织、企事业单位负责人	2510	1	17	63	67
专业技术人员	9382	10	35	194	280
办事人员和有关人员	9214	7	66	179	243
社会生产服务和生活服务人员	39651	81	550	1826	1844
农、林、牧、渔业生产及辅助人员	26791	122	612	1722	1217
生产制造及有关人员	22685	69	374	1298	1291
不便分类的其他从业人员	348	1	4	14	14

9-12b　续表

单位：户

职业大类	人均住房建筑面积(平方米)					
	20-29	30-39	40-49	50-59	60-69	70及以上
总　计	**33054**	**24702**	**17041**	**6606**	**5179**	**11798**
党的机关、国家机关、群众团体和社会组织、企事业单位负责人	610	538	423	218	174	399
专业技术人员	2361	2177	1730	736	518	1341
办事人员和有关人员	2216	2267	1818	764	478	1176
社会生产服务和生活服务人员	12215	8515	5734	2293	1808	4785
农、林、牧、渔业生产及辅助人员	7477	6280	4334	1507	1357	2163
生产制造及有关人员	8081	4836	2950	1065	826	1895
不便分类的其他从业人员	94	89	52	23	18	39

9-12c 全省按户主的职业、人均住房建筑面积分的家庭户户数(乡村)

单位：户

职业大类	合　计	人均住房建筑面积(平方米)			
		8及以下	9-12	13-16	17-19
总　计	**261269**	**1128**	**5625**	**16845**	**10974**
党的机关、国家机关、群众团体和社会组织、企事业单位负责人	1506	5	18	65	52
专业技术人员	3926	7	56	181	130
办事人员和有关人员	3025	8	45	146	86
社会生产服务和生活服务人员	26725	111	507	1497	1038
农、林、牧、渔业生产及辅助人员	194661	840	4289	12994	8264
生产制造及有关人员	30952	157	700	1936	1389
不便分类的其他从业人员	474		10	26	15

9-12c 续表

单位：户

职业大类	人均住房建筑面积(平方米)					
	20-29	30-39	40-49	50-59	60-69	70及以上
总　计	**68132**	**62498**	**44612**	**16645**	**13882**	**20928**
党的机关、国家机关、群众团体和社会组织、企事业单位负责人	337	300	230	136	102	261
专业技术人员	890	861	731	315	246	509
办事人员和有关人员	676	698	539	215	215	397
社会生产服务和生活服务人员	7098	5987	4270	1795	1583	2839
农、林、牧、渔业生产及辅助人员	50041	47329	33910	12236	10192	14566
生产制造及有关人员	8968	7225	4846	1909	1511	2311
不便分类的其他从业人员	122	98	86	39	33	45

9-13　各地区按拥有全部家用汽车总价分的家庭户户数

单位：户

地　区	合　计	不　满10万元	10万元以上，不满20万元	20万元以上，不满30万元	30万元以上，不满50万元	50万元以上，不满100万元	100万元及以上	没有汽车
辽宁	**1628448**	**276463**	**202453**	**49913**	**21046**	**7523**	**2493**	**1068557**
沈阳市	354066	59188	56001	14864	6490	2310	737	214476
大连市	274946	40935	43585	13006	6045	2331	804	168240
鞍山市	133167	21266	15906	3176	1154	405	101	91159
抚顺市	71489	10827	5932	1039	357	115	43	53176
本溪市	54932	7574	4437	897	296	106	43	41579
丹东市	84680	14343	7846	2018	741	277	126	59329
锦州市	105413	20659	10312	2335	995	360	93	70659
营口市	86055	15422	10837	2453	961	399	124	55859
阜新市	63635	13993	5175	925	368	105	25	43044
辽阳市	63719	10780	7663	1695	703	237	101	42540
盘锦市	53752	10883	10300	2682	1034	273	100	28480
铁岭市	86399	13789	7058	1433	520	161	45	63393
朝阳市	103285	19808	8238	1459	538	192	71	72979
葫芦岛市	87099	15675	8356	1755	775	222	69	60247
辽宁省沈抚新区管委会	5811	1321	807	176	69	30	11	3397

9-13a　各地区按拥有全部家用汽车总价分的家庭户户数(城市)

单位：户

地　区	合　计	不　满10万元	10万元以上，不满20万元	20万元以上，不满30万元	30万元以上，不满50万元	50万元以上，不满100万元	100万元及以上	没有汽车
辽宁	**1011006**	**154371**	**156985**	**42077**	**17986**	**6412**	**2142**	**631033**
沈阳市	288191	44334	50293	13926	6118	2171	685	170664
大连市	215963	30501	38662	12175	5740	2220	760	125905
鞍山市	80818	11057	10803	2194	755	264	74	55671
抚顺市	47710	6337	4495	789	254	88	28	35719
本溪市	32949	4003	2769	592	206	72	28	25279
丹东市	45116	6400	5186	1452	530	184	97	31267
锦州市	50044	8994	7094	1785	751	249	62	31109
营口市	54102	9082	8239	1961	753	313	97	33657
阜新市	28704	4278	2937	629	277	76	19	20488
辽阳市	35027	5417	5252	1298	543	169	80	22268
盘锦市	37621	6827	8570	2419	911	240	89	18565
铁岭市	23679	3200	2722	583	194	53	22	16905
朝阳市	34649	6805	4402	967	366	128	45	21936
葫芦岛市	31822	6107	4856	1148	527	157	45	18982
辽宁省沈抚新区管委会	4611	1029	705	159	61	28	11	2618

9–13b 各地区按拥有全部家用汽车总价分的家庭户户数(镇)

单位：户

地　　区	合　计	不　满 10万元	10万元以上，不满20万元	20万元以上，不满30万元	30万元以上，不满50万元	50万元以上，不满100万元	100万元及以上	没有汽车
辽宁	**194463**	**37089**	**20786**	**4204**	**1540**	**514**	**125**	**130205**
沈阳市	18377	4016	2255	399	153	52	16	11486
大连市	9778	1614	1178	252	93	34	9	6598
鞍山市	23020	4592	2900	624	236	71	14	14583
抚顺市	9785	1640	782	159	51	17	5	7131
本溪市	11681	1664	1105	206	56	19	8	8623
丹东市	15327	2741	1449	345	131	42	14	10605
锦州市	13489	2647	1225	261	85	44	12	9215
营口市	5751	1031	658	169	57	34	4	3798
阜新市	12642	3113	1253	210	60	18	2	7986
辽阳市	8283	1650	874	173	74	20	4	5488
盘锦市	5059	1380	663	119	62	10	4	2821
铁岭市	26759	4233	2809	605	232	80	13	18787
朝阳市	17068	3523	1853	298	97	33	9	11255
葫芦岛市	17444	3245	1782	384	153	40	11	11829
辽宁省沈抚新区管委会								

9–13c 各地区按拥有全部家用汽车总价分的家庭户户数(乡村)

单位：户

地　　区	合　计	不　满 10万元	10万元以上，不满20万元	20万元以上，不满30万元	30万元以上，不满50万元	50万元以上，不满100万元	100万元及以上	没有汽车
辽宁	**422979**	**85003**	**24682**	**3632**	**1520**	**597**	**226**	**307319**
沈阳市	47498	10838	3453	539	219	87	36	32326
大连市	49205	8820	3745	579	212	77	35	35737
鞍山市	29329	5617	2203	358	163	70	13	20905
抚顺市	13994	2850	655	91	52	10	10	10326
本溪市	10302	1907	563	99	34	15	7	7677
丹东市	24237	5202	1211	221	80	51	15	17457
锦州市	41880	9018	1993	289	159	67	19	30335
营口市	26202	5309	1940	323	151	52	23	18404
阜新市	22289	6602	985	86	31	11	4	14570
辽阳市	20409	3713	1537	224	86	48	17	14784
盘锦市	11072	2676	1067	144	61	23	7	7094
铁岭市	35961	6356	1527	245	94	28	10	27701
朝阳市	51568	9480	1983	194	75	31	17	39788
葫芦岛市	37833	6323	1718	223	95	25	13	29436
辽宁省沈抚新区管委会	1200	292	102	17	8	2		779

第三部分 附录

附录 1 全国人口普查条例

中华人民共和国国务院令

第 576 号

《全国人口普查条例》已经 2010 年 5 月 12 日国务院第 111 次常务会议通过，现予公布，自 2010 年 6 月 1 日起施行。

总理 温家宝

二〇一〇年五月二十四日

全国人口普查条例

第一章 总 则

第一条 为了科学、有效地组织实施全国人口普查，保障人口普查数据的真实性、准确性、完整性和及时性，根据《中华人民共和国统计法》，制定本条例。

第二条 人口普查的目的是全面掌握全国人口的基本情况，为研究制定人口政策和经济社会发展规划提供依据，为社会公众提供人口统计信息服务。

第三条 人口普查工作按照全国统一领导、部门分工协作、地方分级负责、各方共同参与的原则组织实施。

国务院统一领导全国人口普查工作，研究决定人口普查中的重大问题。地方各级人民政府按照国务院的统一规定和要求，领导本行政区域的人口普查工作。

在人口普查工作期间，各级人民政府设立由统计机构和有关部门组成的人口普查机构（以下简称普查机构），负责人口普查的组织实施工作。

村民委员会、居民委员会应当协助所在地人民政府动员和组织社会力量，做好本区域的人口普查工作。

国家机关、社会团体、企业事业单位应当按照《中华人民共和国统计法》和本条例的规定，参与并配合人口普查工作。

第四条 人口普查对象应当按照《中华人民共和国统计法》和本条例的规定，真实、准确、完整、及时地提供人口普查所需的资料。

人口普查对象提供的资料，应当依法予以保密。

第五条 普查机构和普查机构工作人员、普查指导员、普查员（以下统称普查人员）依法独立行使调查、报告、监督的职权，任何单位和个人不得干涉。

地方各级人民政府、各部门、各单位及其负责人，不得自行修改普查机构和普查人员依法搜集、整理的人口普查资料，不得以任何方式要求普查机构和普查人员及其他单位和个人伪造、篡改人口普查资料，不得对依法履行职责或者拒绝、抵制人口普查违法行为的普查人员打击报复。

第六条 各级人民政府应当利用报刊、广播、电视、互联网和户外广告等媒介，开展人口普查的宣传动员工作。

第七条 人口普查所需经费，由国务院和地方各级人民政府共同负担，并列入相应年度的财政预算，按时拨付，确保足额到位。

人口普查经费应当统一管理、专款专用，从严控制支出。

第八条 人口普查每10年进行一次，尾数逢0的年份为普查年度，标准时点为普查年度的11月1日零时。

第九条 国家统计局会同国务院有关部门制定全国人口普查方案（以下简称普查方案），报国务院批准。

人口普查应当按照普查方案的规定执行。

第十条 对认真执行本条例，忠于职守、坚持原则，做出显著成绩的单位和个人，按照国家有关规定给予表彰和奖励。

第二章 人口普查的对象、内容和方法

第十一条 人口普查对象是指普查标准时点在中华人民共和国境内的自然人以及在中华人民共和国境外但未定居的中国公民，不包括在中华人民共和国境内短期停留的境外人员。

第十二条 人口普查主要调查人口和住户的基本情况，内容包括姓名、性别、年龄、民族、国籍、受教育程度、行业、职业、迁移流动、社会保障、婚姻、生育、死亡、住房情况等。

第十三条 人口普查采用全面调查的方法，以户为单位进行登记。

第十四条 人口普查采用国家统计分类标准。

第三章 人口普查的组织实施

第十五条 人口普查登记前，公安机关应当按照普查方案的规定完成户口整顿工作，并将有关资料提交本级人口普查机构。

第十六条 人口普查登记前应当划分普查区，普查区以村民委员会、居民委员会所辖区域为基础划分，每个普查区划分为若干普查小区。

第十七条 每个普查小区应当至少有一名普查员，负责入户登记等普查工作。每个普查区应当至少有一名普查指导员，负责安排、指导、督促和检查普查员的工作，也可以直接进行入户登记。

第十八条 普查指导员和普查员应当具有初中以上文化水平，身体健康，责任心强。

第十九条 普查指导员和普查员可以从国家机关、社会团体、企业事业单位借调，也可以从村民委员会、居民委员会或者社会招聘。借调和招聘工作由县级人民政府负责。

国家鼓励符合条件的公民作为志愿者参与人口普查工作。

第二十条 借调的普查指导员和普查员的工资由原单位支付，其福利待遇保持不变，并保留其原有工作岗位。

招聘的普查指导员和普查员的劳动报酬，在人口普查经费中予以安排，由聘用单位支付。

第二十一条 普查机构应当对普查指导员和普查员进行业务培训，并对考核合格的人员颁发全国统一的普查指导员证或者普查员证。

普查指导员和普查员执行人口普查任务时，应当出示普查指导员证或者普查员证。

第二十二条 人口普查登记前，普查指导员、普查员应当绘制普查小区图，编制普查小区户主姓名底册。

第二十三条 普查指导员、普查员入户登记时，应当向人口普查对象说明人口普查的目的、法律依据以及人口普查对象的权利和义务。

第二十四条 人口普查对象应当按时提供人口普查所需的资料，如实回答相关问题，不得隐瞒有关情况，不得提供虚假信息，不得拒绝或者阻碍人口普查工作。

第二十五条 人口普查对象应当在普查表上签字或者盖章确认，并对其内容的真实性负责。

第二十六条 普查人员应当坚持实事求是，恪守职业道德，拒绝、抵制人口普查工作中的违法行为。

普查机构和普查人员不得伪造、篡改普查资料，不得以任何方式要求任何单位和个人提供虚假的普查资料。

第二十七条 人口普查实行质量控制岗位责任制，普查机构应当对人口普查实施中的每个环节实行质量控制和检查，对人口普查数据进行审核、复查和验收。

第二十八条 国家统计局统一组织人口普查数据的事后质量抽查工作。

第四章 人口普查资料的管理和公布

第二十九条 地方各级普查机构应当按照普查方案的规定进行数据处理，并按时上报人口普查资料。

第三十条 人口普查汇总资料，除依法应当保密的外，应当予以公布。

全国和各省、自治区、直辖市主要人口普查数据，由国家统计局以公报形式公布。

地方人民政府统计机构公布本行政区域主要人口普查数据，应当报经上一级人民政府统计机构核准。

第三十一条 各级人民政府统计机构应当做好人口普查资料的管理、开发和应用，为社会公众提供查询、咨询等服务。

第三十二条 人口普查中获得的原始普查资料，按照国家有关规定保存、销毁。

第三十三条 人口普查中获得的能够识别或者推断单个普查对象身份的资料，任何单位和个人不得对外提供、泄露，不得作为对人口普查对象作出具体行政行为的依据，不得用于人口普查以外的目的。

人口普查数据不得作为对地方人民政府进行政绩考核和责任追究的依据。

第五章 法律责任

第三十四条 地方人民政府、政府统计机构或者有关部门、单位的负责人有下列行为之一的，由任免机关或者监察机关依法给予处分，并由县级以上人民政府统计机构予以通报；构成犯罪的，依法追究刑事责任：

（一）自行修改人口普查资料、编造虚假人口普查数据的；

（二）要求有关单位和个人伪造、篡改人口普查资料的；

（三）不按照国家有关规定保存、销毁人口普查资料的；

（四）违法公布人口普查资料的；

（五）对依法履行职责或者拒绝、抵制人口普查违法行为的普查人员打击报复的；

（六）对本地方、本部门、本单位发生的严重人口普查违法行为失察的。

第三十五条 普查机构在组织实施人口普查活动中有下列违法行为之一的，由本级人民政府或者上级人民政府统计机构责令改正，予以通报；对直接负责的主管人员和其他直接责任人员，由任免机关或者监察机关依法给予处分：

（一）不执行普查方案的；

（二）伪造、篡改人口普查资料的；

（三）要求人口普查对象提供不真实的人口普查资料的；

（四）未按照普查方案的规定报送人口普查资料的；

（五）违反国家有关规定，造成人口普查资料毁损、灭失的；

（六）泄露或者向他人提供能够识别或者推断单个普查对象身份的资料的。

普查人员有前款所列行为之一的，责令其停止执行人口普查任务，予以通报，依法给予处分。

第三十六条 人口普查对象拒绝提供人口普查所需的资料，或者提供不真实、不完整的人口普查资料的，由县级以上人民政府统计机构责令改正，予以批评教育。

人口普查对象阻碍普查机构和普查人员依法开展人口普查工作，构成违反治安管理行为的，由公安机关依法给予处罚。

第三十七条 县级以上人民政府统计机构应当设立举报电话和信箱，接受社会各界对人口普查违法行为的检举和监督。

第六章 附 则

第三十八条 中国人民解放军现役军人、人民武装警察等人员的普查内容和方法，由国家统计局会同国务院有关部门、军队有关部门规定。

交通极为不便地区的人口普查登记的时间和方法，由国家统计局会同国务院有关部门规定。

第三十九条 香港特别行政区、澳门特别行政区的人口数，按照香港特别行政区政府、澳门特别行政区政府公布的资料计算。

台湾地区的人口数，按照台湾地区有关主管部门公布的资料计算。

第四十条 为及时掌握人口发展变化情况，在两次人口普查之间进行全国1%人口抽样调查。全国1%人口抽样调查参照本条例执行。

第四十一条 本条例自2010年6月1日起施行。

第三部分 附录

附录 2 第七次全国人口普查方案

第七次全国人口普查方案

国家统计局
国务院第七次全国人口普查领导小组办公室

第一部分 总说明

根据《中华人民共和国统计法》《中华人民共和国统计法实施条例》《全国人口普查条例》和《国务院关于开展第七次全国人口普查的通知》，制定本方案。

一、普查目的

全面查清我国人口数量、结构、分布、城乡住房等方面情况，为完善人口发展战略和政策体系，促进人口长期均衡发展，科学制定国民经济和社会发展规划，推动经济高质量发展，开启全面建设社会主义现代化国家新征程，向第二个百年奋斗目标进军，提供科学准确的统计信息支持。

二、普查时点

普查的标准时点是 2020 年 11 月 1 日零时。

三、普查对象

普查对象是指普查标准时点在中华人民共和国境内的自然人以及在中华人民共和国境外但未定居的中国公民，不包括在中华人民共和国境内短期停留的境外人员。

四、普查内容和普查表

普查登记的主要内容包括：姓名、公民身份号码、性别、年龄、民族、受教育程度、行业、职业、迁移流动、婚姻生育、死亡、住房情况等。

根据不同的普查对象和普查内容，具体分为四种普查表。

（一）第七次全国人口普查短表

普查短表包括反映人口基本状况的项目，由全部住户（不包括港澳台居民和外籍人员）填报。

（二）第七次全国人口普查长表

普查长表包括所有短表项目和人口的经济活动、婚姻生育和住房等情况的项目，在全部住户中抽取 10% 的户（不包括港澳台居民和外籍人员）填报。

（三）第七次全国人口普查港澳台居民和外籍人员普查表

港澳台居民和外籍人员普查表包括反映人口基本状况的项目以及入境目的、居住时间、身份或国籍、就业情况等项目，由在境内居住的港澳台居民和外籍人员填报。

（四）第七次全国人口普查死亡人口调查表

死亡人口调查表包括死亡人口的基本信息，由 2019 年 11 月 1 日至 2020 年 10 月 31 日期间有死亡人口的户填报。

五、普查方法

普查采用全面调查的方法，以户为单位进行登记。

普查采用按现住地登记的原则，每个人必须在现住地进行登记。普查对象不在户口登记地居住的，户口登记地要登记相应信息。

普查登记采用普查员入户询问、当场填报，或由普查对象自主填报等方式进行。

普查数据采集原则上采用电子化的方式。采取普查员使用电子采集设备（PAD 或智能手机）登记普查对象信息并联网实时上报，或由普查对象通过互联网自主填报等方式进行。

普查员应按照工作要求，在户口整顿基础上对所负责普查小区进行全面摸底，掌握普查小区内的人口和居住情况，编制《户主姓名底册》，根据《户主姓名底册》进行入户登记工作，并参考部门行政记录等资料进行比对复查，确保普查登记真实准确、不重不漏。

六、普查数据处理

各级普查机构负责普查数据处理。国务院人口普查办公室统一编制数据采集、审核、编辑、汇总程序。

国务院人口普查办公室集中部署数据采集处理环境。各级普查机构应保障必要的数据处理办公环境和网络条件，采取必要的安全措施，确保数据处理工作安全、顺利地进行。

七、普查组织实施

（一）全国统一领导

国务院第七次全国人口普查领导小组负责普查组织实施中重大问题的研究和决策。普查领导小组办公室设在国家统计局，具体负责普查的组织实施。

（二）部门分工协作

领导小组各成员单位要按照职能分工，各负其责、通力协作、密切配合，共同做好普查工作。对普查工作中遇到的困难和问题，要及时采取措施予以解决。

（三）地方分级负责

地方各级人民政府设立相应的普查领导小组及其办公室，领导和组织实施本区域内的普查工作。村民委员会和居民委员会设立人口普查小组，协助街道办事处和乡镇政府动员和组织社会力量，做好本区域内的普查工作。

普查指导员和普查员可以从国家机关、社会团体、企业事业单位借调，也可以从村民委员会、居民委员会或者社会招聘。借调和招聘工作由县级人民政府负责。

（四）各方共同参与

国家机关、社会团体、企业事业单位应当按照《中华人民共和国统计法》《中华人民共和国统计法实施条例》和《全国人口普查条例》的规定，参与并配合普查工作。

八、普查质量控制

普查实行严格的质量控制制度，建立健全普查数据质量追溯和问责机制，确保普查数据可核查、可追溯、可问责。国务院人口普查办公室统一领导、统筹协调普查全过程质量控制的有关工作。地方各级普查机构主要负责人对本行政区域普查数据质量负总责，确保普查数据真实、准确、完整、及时。各级普查办公室必须严格执行各阶段工作要求，保证各阶段工作质量达到规定标准，确保普查工作质量与数据质量合格达标。

九、普查宣传

各级宣传部门和普查机构应制定宣传工作方案，深入开展普查宣传。

各级宣传部门应组织协调新闻媒体及有关部门，通过报刊、广播、电视、互联网、手机和户外广告等多种渠道，充分利用微博、微信、短视频等新媒体传播手段，宣传普查的重大意义、政策规定和工作要求，积极营造良好的普查氛围。

各级普查机构要组织开展形式多样的宣传活动，动员社会各界支持、参与普查。

十、普查法规与纪律要求

坚持依法普查，普查工作要严格按照《中华人民共和国统计法》《中华人民共和国统计法实施条例》《全国人口普查条例》《国务院关于开展第七次全国人口普查的通知》及相关规定组织开展。

普查对象应当依法履行普查义务，如实提供普查信息，不得虚报、瞒报、拒报。拒绝提供普查所需的资料，或者提供不真实、不完整的普查资料的，由县级以上人民政府统计机构责令改正，予以批评教育，情节严重的依法严肃处理。普查取得的数据，严格限定用于普查目的，不得作为任何部门和单位对各级行政管理工作实施考核、奖惩的依据。普查中获得的能够识别或者推断单个普查对象身份的资料，任何单位和个人不得对外提供、泄露，不得作为对普查对象实施处罚等具体行政行为的依据，不得用于普查以外的目的。各级普查机构及其工作人员，必须严格履行保密义务。

十一、普查主要工作阶段

普查工作分三个阶段进行：

一是准备阶段（2019 年 10 月—2020 年 10 月）。这一阶段的主要工作是：组建各级普查机构，制定普查方案和工作计划，进行普查试点，落实普查经费和物资，准备数据采集处理环境，开展普查宣传，选聘培训普查指导员和普查员，普查区域划分及绘图，进行户口整顿，开展摸底等。

二是普查登记阶段（2020 年 11 月—12 月）。这一阶段的主要工作是：普查员入户登记，进行比对复查，开展事后质量抽查等。

三是数据汇总和发布阶段（2020 年 12 月—2022 年 12 月）。这一阶段的主要工作是：数据处理、汇总、评估，发布主要数据公报，普查资料开发利用等。

十二、其他

（一）香港特别行政区、澳门特别行政区的人口数，按照香港特别行政区政府、澳门特别行政区政府公布的资料计算。

台湾地区的人口数，按照台湾地区有关主管部门公布的资料计算。

（二）因交通极为不便等特殊因素，需采用其他登记时间和方法的地区，须报请国务院人口普查办公室批准。

（三）对认真执行本方案，忠于职守，坚持原则，在普查工作中做出显著成绩的单位和个人，按照国家有关规定给予表彰奖励。

（四）本方案由国务院人口普查办公室负责解释。

第二部分　普查表式

第七次全国人口普查短表

经国务院批准进行第七次全国人口普查
人口普查的标准时点为2020年11月1日零时
人口普查的原始资料不向任何单位和个人提供，
仅供汇总使用
公民应履行如实申报普查项目的义务

表　　号：R 6 0 1 表
制定机关：国家统计局
国务院人口普查办公室
批准文号：国发（2019）24号
有效期至：2021年3月

地址：_____省（区、市）_____市（地、州、盟）_____县（市、区、旗）_____乡（镇、街道）_____普查区_____普查小区_____户编号

一、住户项目

H1．户别
1．家庭户
2．集体户

H2．本户应登记人数
2020年10月31日晚居住本户的人数_____人
户口在本户，2020年10月31日晚未住本户的人数_____人

H3．本户2019年11月1日至2020年10月31日期间的出生人口
男_____人　女_____人

H4．本户2019年11月1日至2020年10月31日期间的死亡人口
男_____人　女_____人

H5．住所类型
1．普通住宅
2．集体住所
3．工作地住所
4．其他住房
5．无住房
（选择2—5的，跳至个人项目。）

H6．本户现住房建筑面积
_____平方米

H7．本户现住房间数

_____间

二、个人项目

每个人都填报的项目

D1．姓名

____

D2．与户主关系

0．户主
1．配偶
2．子女
3．父母
4．岳父母或公婆
5．祖父母
6．媳婿
7．孙子女
8．兄弟姐妹
9．其他

D3．公民身份号码

□□□□□□□□□□□□□□□□□□

D4．性别

1．男
2．女

D5．出生年月

出生于：________年________月

D6．民族

________族

D7．普查时点（2020 年 11 月 1 日零时）居住地

1．本普查小区
2．本村（居）委会其他普查小区
3．本乡（镇、街道）其他村（居）委会
4．本县（市、区、旗）其他乡（镇、街道）
5．其他县（市、区、旗），请在下面填写地址

_______省（区、市）
_______市（地、州、盟）
_______县（市、区、旗）
6．香港特别行政区、澳门特别行政区、台湾地区
7．国外

D8．户口登记地
1．本村（居）委会
2．本乡（镇、街道）其他村（居）委会
3．本县（市、区、旗）其他乡（镇、街道）
4．其他县（市、区、旗），请在下面填写地址
_______省（区、市）
_______市（地、州、盟）
_______县（市、区、旗）
5．户口待定→D11

D9．离开户口登记地时间
1．没有离开户口登记地→D11
2．不满半年
3．半年以上，不满一年
4．一年以上，不满二年
5．二年以上，不满三年
6．三年以上，不满四年
7．四年以上，不满五年
8．五年以上，不满十年
9．十年以上

D10．离开户口登记地原因
0．工作就业
1．学习培训
2．随同离开/投亲靠友
3．拆迁/搬家
4．寄挂户口
5．婚姻嫁娶
6．照料孙子女
7．为子女就学
8．养老/康养
9．其他

3周岁及以上（2017年10月31日以前出生）的人填报的项目
D11．受教育程度
1．未上过学

2．学前教育
3．小学
4．初中
5．高中
6．大学专科
7．大学本科
8．硕士研究生
9．博士研究生

15周岁及以上（2005年10月31日以前出生）的人填报的项目

D12．是否识字

1．是
2．否

第七次全国人口普查长表

经国务院批准进行第七次全国人口普查
人口普查的标准时点为2020年11月1日零时
人口普查的原始资料不向任何单位和个人提供，仅供汇总使用
公民应履行如实申报普查项目的义务

表　　号：R 6 0 2 表
制定机关：国家统计局
国务院人口普查办公室
批准文号：国发（2019）24号
有效期至：2021年3月

地址：_____省（区、市）_____市（地、州、盟）_____县（市、区、旗）_____乡（镇、街道）_____普查区_____普查小区_____户编号

一、住户项目

H1．户别
1．家庭户
2．集体户

H2．本户应登记人数
2020年10月31日晚居住本户的人数_____人
户口在本户，2020年10月31日晚未住本户的人数_____人

H3．本户2019年11月1日至2020年10月31日期间的出生人口
男_____人　女_____人

H4．本户2019年11月1日至2020年10月31日期间的死亡人口
男_____人　女_____人

H5．住所类型
1．普通住宅
2．集体住所
3．工作地住所
4．其他住房
5．无住房
（选择2—5的，跳至个人项目。）

H6．本户现住房建筑面积
_____平方米

H7．本户现住房间数
_____间

H8．住房所在建筑的总层数

1．平房
2．多层（7 层及以下）
3．高层（8—33 层）
4．超高层（34 层及以上）

H9．承重类型

1．钢及钢筋混凝土结构
2．混合结构
3．砖木结构
4．竹草土坯结构
5．其他结构

H10．住房建成年代

1．1949 年以前
2．1949—1959 年
3．1960—1969 年
4．1970—1979 年
5．1980—1989 年
6．1990—1999 年
7．2000—2009 年
8．2010—2014 年
9．2015 年以后

H11．住房所在建筑有无电梯

1．有
2．无

H12．主要炊事燃料

1．燃气
2．电
3．煤炭
4．柴草
5．其他

H13．住房内有无管道自来水

1．有
2．无

H14．住房内有无厨房

1．独立使用
2．与其他户合用

3．无

H15．住房内有无厕所

1．水冲式卫生厕所
2．水冲式非卫生厕所
3．卫生旱厕
4．普通旱厕
5．无

H16．住房内有无洗澡设施

1．统一供热水
2．家庭自装热水器
3．其他
4．无

H17．住房来源

1．租赁廉租房/公租房
2．租赁其他住房
3．购买新建商品房
4．购买二手房
5．购买原公有住房
6．购买经济适用房/两限房
7．自建住房
8．继承或赠予
9．其他

（选择 3—9 的，跳至 H19。）

H18．月租房费用

0．200 元以下
1．200—499 元
2．500—999 元
3．1000—1999 元
4．2000—2999 元
5．3000—3999 元
6．4000—5999 元
7．6000—7999 元
8．8000—9999 元
9．10000 元以上

H19．拥有全部家用汽车的总价

1．不满 10 万元
2．10 万元以上，不满 20 万元

3．20万元以上，不满30万元
4．30万元以上，不满50万元
5．50万元以上，不满100万元
6．100万元以上
7．没有汽车

二、个人项目

每个人都填报的项目

C1．姓名

____

C2．与户主关系

0．户主
1．配偶
2．子女
3．父母
4．岳父母或公婆
5．祖父母
6．媳婿
7．孙子女
8．兄弟姐妹
9．其他

C3．公民身份号码

□□□□□□□□□□□□□□□□□□

C4．性别

1．男
2．女

C5．出生年月

出生于：________年________月

C6．民族

________族

C7．普查时点（2020年11月1日零时）居住地

1．本普查小区
2．本村（居）委会其他普查小区
3．本乡（镇、街道）其他村（居）委会
4．本县（市、区、旗）其他乡（镇、街道）

5．其他县（市、区、旗），请在下面填写地址

________省（区、市）

________市（地、州、盟）

________县（市、区、旗）

6．香港特别行政区、澳门特别行政区、台湾地区

7．国外

C8．户口登记地

1．本村（居）委会

2．本乡（镇、街道）其他村（居）委会

3．本县（市、区、旗）其他乡（镇、街道）

4．其他县（市、区、旗），请在下面填写地址

________省（区、市）

________市（地、州、盟）

________县（市、区、旗）

5．户口待定→C12

C9．离开户口登记地时间

1．没有离开户口登记地→C12

2．不满半年

3．半年以上，不满一年

4．一年以上，不满二年

5．二年以上，不满三年

6．三年以上，不满四年

7．四年以上，不满五年

8．五年以上，不满十年

9．十年以上

C10．离开户口登记地原因

0．工作就业

1．学习培训

2．随同离开/投亲靠友

3．拆迁/搬家

4．寄挂户口

5．婚姻嫁娶

6．照料孙子女

7．为子女就学

8．养老/康养

9．其他

C11．户口登记地类型

1．乡

2．镇的村委会
3．镇的居委会
4．街道

C12．是否有农村土地承包经营权

1．有
2．无

C13．出生地

1．本县（市、区、旗）
2．本省其他县（市、区、旗）
3．省外：________省（区、市）

5 周岁及以上（2015 年 10 月 31 日以前出生）的人填报的项目

C14．五年前常住地

2015 年 11 月 1 日常住地：
1．本县（市、区、旗）
2．其他地区，请在下面填写地址
______省（区、市）
______市（地、州、盟）
______县（市、区、旗）

3 周岁及以上（2017 年 10 月 31 日以前出生）的人填报的项目

C15．受教育程度

1．未上过学→C17
2．学前教育→C17
3．小学
4．初中
5．高中
6．大学专科
7．大学本科
8．硕士研究生
9．博士研究生

C16．学业完成情况

1．在校
2．毕业
3．肄业
4．辍学
5．其他

15 周岁及以上（2005 年 10 月 31 日以前出生）的人填报的项目

C17．是否识字

1．是

2．否

C18．工作情况

10 月 25—31 日是否为取得收入而工作了一小时以上（包括临时工、依托互联网平台灵活就业、家庭经营无酬帮工等）

1．是，上周工作时间________小时

2．在职休假、在职学习培训、临时停工（保留工资）

3．未做任何工作→C22

C19．工作单位或生产经营活动所属类型

1．企业、事业、机关或社会团体等法人单位

2．个体经营户

3．经营农村家庭承包地（家庭农林牧渔生产经营活动）

4．自由职业/灵活就业

C20．行业

单位详细名称：____

主要产品或主要业务：__________________________________

C21．职业

本人从事的具体工作：__________________________________→C23

C22．未工作原因

1．在校学习

2．离退休

3．料理家务

4．丧失工作能力

5．其他

C23．主要生活来源

1．劳动收入

2．离退休金/养老金

3．最低生活保障金

4．失业保险金

5．财产性收入

6．家庭其他成员供养

7．其他

C24．婚姻状况

1．未婚→C28

2．有配偶

3．离婚

4．丧偶

C25．初婚年月

________年________月

15 至 64 周岁（1955 年 11 月 1 日—2005 年 10 月 31 日出生）的妇女填报的项目

C26．生育子女数

1．未生育→C28

2．有生育（请填报生育的子女数）

生过几个孩子：

男________人

女________人

其中现在存活几个孩子：

男________人

女________人

15 至 50 周岁（1969 年 11 月 1 日—2005 年 10 月 31 日出生）的妇女填报的项目

C27．过去一年（2019 年 11 月 1 日—2020 年 10 月 31 日）的生育状况

1．一年内未生育（结束）

2．一年内有生育（请填报生育时间和孩子性别）

生育时间：

____月

婴儿性别：

1．男

2．女

一年内生育两个以上孩子的，请填报第二个孩子的状况。

生育时间：

____月

婴儿性别：

1．男

2．女

60 周岁及以上（1960 年 10 月 31 日以前出生）的人填报的项目

C28．居住状况

1．与配偶和子女同住

2．与配偶同住

3．与子女同住
4．独居（有保姆）
5．独居（无保姆）
6．养老机构
7．其他

C29．身体健康状况

1．健康
2．基本健康
3．不健康，但生活能自理
4．不健康，生活不能自理

第七次全国人口普查港澳台居民和外籍人员普查表

The Seventh National Population Census Form for Residents from Hong Kong, Macao, Taiwan and from Foreign Countries

中国政府决定进行第七次全国人口普查
人口普查标准时点为2020年11月1日零时
我们将对您在普查表中填写的信息给予保密，敬请合作。

The Government of China has decided to conduct the 7th National Population Census, with zero hour on 1 November 2020 as the reference time.
Information provided will be kept confidential.
Your cooperation is highly appreciated.

表　号：R603表
制定机关：国家统计局
国务院人口普查办公室
批准文号：国发（2019）24号
有效期至：2021年3月

Form number: R603
Form issued by: National Bureau of Statistics
Office of the State Council for the Seventh National Population Census
Approval number: （2019）24
Valid until: March 2021

地址 Address：

_____省（区、市）Province

_____市（地、州、盟）City (prefecture)

_____县（市、区、旗）County (city, district)

_____乡（镇、街道）Town (township, street)

_____普查区 Enumeration area (village/community committee)

_____普查小区 Enumeration block

_____户编号 Household number

一、住户项目

Household Information

F1. 户别

Type of household

1. 家庭户 Family household
2. 集体户 Collective household

F2. 住所类型

Type of dwelling

1. 普通住宅 Conventional dwellings
2. 集体住所 Collective living quarters
3. 工作地住所 Living in work places
4. 其他住房 Other dwellings
5. 无住房 With no dwellings

（选择2—5的，跳至个人项目。）

(If the answer is 2-5, then skip to 'Individual Information'.)

F3. 本户现住房建筑面积
Floor space for this household
_____平方米 m^2

F4. 本户现住房间数
Number of rooms for this household
_____间 rooms

二、个人项目

Individual Information

R1. 姓名 Full name

____

R2. 与户主关系
Relationship with head of household
0. 户主 Head of household
1. 配偶 Spouse
2. 子女 Son or daughter
3. 父母 Parent
4. 岳父母或公婆 Parent-in-law
5. 祖父母 Grandparent
6. 媳婿 Son-in-law or daughter-in-law
7. 孙子女 Grandchild
8. 兄弟姐妹 Brother or sister
9. 其他 Other relationship

R3. 性别
Sex
1. 男 Male
2. 女 Female

R4. 出生年月
Date of birth
出生于 Born in：_______年 year_______月 month

R5. 来内地（大陆）或来华目的
Purpose for stay in the mainland of China
1. 商务 Business
2. 就业 Work
3. 学习 Study
4. 定居 Residence
5. 探亲 Visiting relatives

6. 其他 Others

R6. 已在内地（大陆）或在华居住时间
Duration of stay in the mainland of China

1. 不满三个月 Less than 3 months
2. 三个月以上，不满半年 3 months to less than 6 months
3. 半年以上，不满一年 6 months to less than 12 months
4. 一年以上，不满二年 1 year to less than 2 years
5. 二年以上，不满五年 2 years to less than 5 years
6. 五年以上 5 years or more

R7. 受教育程度
3 周岁及以上（2017 年 10 月 31 日以前出生）的人填报
Educational attainment
For persons aged 3 and over（Born before 31st Oct. 2017）

1. 未上过学 No schooling
2. 学前教育 Pre-primary education
3. 小学 Primary education
4. 初中 Junior secondary education
5. 高中 Senior secondary education
6. 大学专科 College
7. 大学本科 University
8. 硕士研究生 Master
9. 博士研究生 Doctor

R8. 身份或国籍
Citizenship

1. 香港特别行政区居民 Hong Kong SAR resident
2. 澳门特别行政区居民 Macao SAR resident
3. 台湾地区居民 Taiwan resident
4. 外国人 Foreigner：国籍 Country________（结束）(End)

15 周岁及以上（2005 年 10 月 31 日以前出生）港澳台居民填报的项目
For persons aged 15 and over (Born before 31st Oct. 2005) from Hong Kong, Macao and Taiwan

R9. 工作情况
10 月 25—31 日是否为取得收入而工作了一小时以上
1．是
2．在职休假、在职学习培训、临时停工（保留工资）
3．未做任何工作→R12

R10．行业
1．农、林、牧、渔业

2．采矿业
3．制造业
4．电力、热力、燃气及水生产和供应业
5．建筑业
6．批发和零售业
7．交通运输、仓储和邮政业
8．住宿和餐饮业
9．信息传输、软件和信息技术服务业
10．金融业
11．房地产业
12．租赁和商务服务业
13．科学研究和技术服务业
14．水利、环境和公共设施管理业
15．居民服务、修理和其他服务业
16．教育
17．卫生和社会工作
18．文化、体育和娱乐业
19．公共管理、社会保障和社会组织
20．国际组织

R11．职业

1．党的机关、国家机关、群众团体和社会组织、企事业单位负责人
2．专业技术人员
3．办事人员和有关人员
4．社会生产服务和生活服务人员
5．农、林、牧、渔业生产及辅助人员
6．生产制造及有关人员
7．不便分类的其他从业人员

R12．婚姻状况

1．未婚
2．有配偶
3．离婚
4．丧偶

第七次全国人口普查死亡人口调查表

（2019年11月1日至2020年10月31日死亡的人口登记）

经国务院批准进行第七次全国人口普查
人口普查的标准时点为2020年11月1日零时
人口普查的原始资料不向任何单位和个人提供，仅供汇总使用
公民应履行如实申报普查项目的义务

表　　号：R 6 0 4 表
制定机关：国 家 统 计 局
　　　　　国务院人口普查办公室
批准文号：国发（2019）24号
有效期至：2 0 2 1 年 3 月

地址：_____省（区、市）_____市（地、州、盟）_____县（市、区、旗）_____乡（镇、街道）_____普查区_____普查小区_____户编号

每个死亡人口都登记的项目

S1．姓名

____

S2．公民身份号码

□□□□□□□□□□□□□□□□□□

S3．性别

1．男

2．女

S4．出生年月

出生于：_______年_______月

S5．死亡时间

死亡于：_______月

S6．民族

_______族

死亡时满3周岁的人登记的项目

S7．受教育程度

1．未上过学

2．学前教育

3．小学

4．初中

5．高中

6．大学专科

7．大学本科

8．硕士研究生

9．博士研究生

死亡时满15周岁的人登记的项目

S8．婚姻状况

1．未婚

2．有配偶

3．离婚

4．丧偶

第三部分　普查表填写说明

一、普查表的种类

第七次全国人口普查表分为《第七次全国人口普查短表》《第七次全国人口普查长表》《第七次全国人口普查港澳台居民和外籍人员普查表》和《第七次全国人口普查死亡人口调查表》四种表。

二、标准时点

第七次全国人口普查的标准时点为2020年11月1日零时。

普查员在掌握普查标准时点时，应注意以下两点：

（一）2020年11月1日零时以后出生的人不登记；2020年11月1日零时以后死亡的人仍要在普查短表中登记。

（二）2020年11月1日零时以后居住地发生变化的人，仍在原居住地登记。

三、普查对象

普查对象是指普查标准时点在中华人民共和国境内的自然人以及在中华人民共和国境外但未定居的中国公民，不包括在中华人民共和国境内短期停留的境外人员。

（一）普查短表和普查长表的普查对象具体是指2020年10月31日晚住本普查小区的人，以及户口登记在本普查小区但2020年10月31日晚未住本普查小区的人。

1.2020年10月31日晚住本普查小区的人，无论其户口登记在何处。

2.户口登记在本普查小区，但2020年10月31日晚未住本普查小区的人，无论其外出时间长短、外出原因如何。

（二）港澳台居民和外籍人员普查表的普查对象具体是指2020年10月31日晚住本普查小区的港澳台居民和外籍人员。

（三）死亡人口调查表的登记对象具体是指2019年11月1日至2020年10月31日期间本普查小区的死亡人口。

四、登记原则

人口普查采用按现住地登记的原则，每个人必须在现住地进行登记。普查对象不在户口登记地居住的，户口登记地要登记相应信息。

人口普查以户为单位进行登记，户分为家庭户和集体户。集体户以一个住房单元为一户进行普查登记。

为便于理解登记对象，并考虑到普查中可能遇到的特殊情况，普查员在入户登记时可采取以下方式询问住户：

应在您家普查登记的人包括：

•2020年10月31日晚住在您家里的人。

•经常居住在您家，由于临时出差、探亲、旅游或值夜班等原因，2020年10月31日晚未住在您家的人（视为2020年10月31日晚住在您家）。

•幼儿园全托孩子，小学、初中住校生（视为2020年10月31日晚住在您家）。

•户口登记在现住房地址的其他人。

不包括：

•现役军人和武警。

•由于临时出差、探亲、旅游等原因，2020 年 10 月 31 日晚暂住在您家的人。

•2020 年 11 月 1 日零时以后出生的人。

五、普查项目

（一）普查短表

按户填报的项目有：户别、本户应登记人数、本户 2019 年 11 月 1 日至 2020 年 10 月 31 日期间的出生人口、本户 2019 年 11 月 1 日至 2020 年 10 月 31 日期间的死亡人口、住所类型、本户现住房建筑面积、本户现住房间数。

按人填报的项目有：姓名、与户主关系、公民身份号码、性别、出生年月、民族、普查时点（2020 年 11 月 1 日零时）居住地、户口登记地、离开户口登记地时间、离开户口登记地原因、受教育程度、是否识字。

（二）普查长表

按户填报的项目有：户别、本户应登记人数、本户 2019 年 11 月 1 日至 2020 年 10 月 31 日期间的出生人口、本户 2019 年 11 月 1 日至 2020 年 10 月 31 日期间的死亡人口、住所类型、本户现住房建筑面积、本户现住房间数、住房所在建筑的总层数、承重类型、住房建成年代、住房所在建筑有无电梯、主要炊事燃料、住房内有无管道自来水、住房内有无厨房、住房内有无厕所、住房内有无洗澡设施、住房来源、月租房费用、拥有全部家用汽车的总价。

按人填报的项目有：姓名、与户主关系、公民身份号码、性别、出生年月、民族、普查时点（2020 年 11 月 1 日零时）居住地、户口登记地、离开户口登记地时间、离开户口登记地原因、户口登记地类型、是否有农村土地承包经营权、出生地、五年前常住地、受教育程度、学业完成情况、是否识字、工作情况、经常工作单位或生产经营活动所属类型、行业、职业、未工作原因、主要生活来源、婚姻状况、初婚年月、生育子女数、过去一年（2019 年 11 月 1 日—2020 年 10 月 31 日）的生育状况、居住状况、身体健康状况。

（三）港澳台居民和外籍人员普查表

按户填报的项目有：户别、住所类型、本户现住房建筑面积、本户现住房间数。

按人填报的项目有：姓名、与户主关系、性别、出生年月、来内地（大陆）或来华目的、已在内地（大陆）或在华居住时间、受教育程度、身份或国籍、工作情况、行业、职业、婚姻状况。

（四）死亡人口调查表

填报的项目有：姓名、公民身份号码、性别、出生年月、死亡时间、民族、受教育程度、婚姻状况。

六、普查表的填写方法

（一）普查表以户为单位进行登记。普查短表、死亡人口调查表采用普查员入户询问、当场填报，或由普查对象通过互联网自主填报等方式进行。普查长表、港澳台居民和外籍人员普查表采用普查指导员和普查员入户询问、当场填报的登记方式。

（二）普查小区中的每一户有且只有一个户编号，为“001”开始的 3 位顺序码，在《户主姓名底册》编制完成后自动生成，普查表上的户编号与其一致，不可修改。

（三）普查表的填写顺序：先填写住户项目，再逐人填写个人项目。

普查员填写普查短表时，填写按人登记的项目时，表内第一人应填户主，然后依次填户主的配偶和其他关系的人。全户死亡的户，只填写“H4.本户 2019 年 11 月 1 日至 2020 年 10 月 31 日期间的死亡人口”，其他住户项目和个人项目均不再登记。

普查员填写普查长表时，与普查短表相同的项目直接代入短表信息，经向普查对象核实确认后，再填报其他项目。

（四）普查表每户最多可以填写 20 人。对于超过 20 人的大集体户，可酌情分成若干集体户填写。

（五）有标准选项的项目，根据实际情况选填，并且每个问题只能选择一个标准选项。民族、普查时点（2020 年 11 月 1 日零时）居住地、户口登记地、出生地、五年前常住地等项目可根据列表栏进行选择。没有标准选项的项目，用文字或阿拉伯数字据情填报。

（六）如果填写错误或发生逻辑关系异常，数据采集程序会给出审核提示。审核类型分为强制性审核和确认性审核，若为强制性审核错误，必须根据提示信息对错误项目进行修改；若为确认性审核提示，应根据提示信息对异常项目进行核实，确认无误后，继续进行填报。

（七）普查员每填完一户，应即刻进行审核，将通过审核的信息向申报人当面宣读，核对无误后，由申报人签字确认。

第四部分　指标解释

一、普查短表

（一）住户项目

H1.户别——按家庭户、集体户的类别填报。

1.家庭户：以家庭成员关系为主，居住一处共同生活的人口，作为一个家庭户。单身居住独自生活的，也作为一个家庭户。

2.集体户：相互之间没有家庭成员关系，集体居住共同生活的人口作为一个集体户。

H2.本户应登记人数——包括两个部分。一部分是 2020 年 10 月 31 日晚居住本户的人数，既包括户口在本户、2020 年 10 月 31 日晚居住本户的人数，也包括户口不在本户、2020 年 10 月 31 日晚居住本户的人数，填写 H2 的第一项；另一部分是户口在本户，2020 年 10 月 31 日晚未居住本户的人数，填写 H2 的第二项。

H3.本户 2019 年 11 月 1 日至 2020 年 10 月 31 日期间的出生人口——填写本户在 2019 年 11 月 1 日至 2020 年 10 月 31 日期间出生的人数。分别填写男、女的合计数。若本户在此期间没有出生人口，请填写“0”。

H4.本户 2019 年 11 月 1 日至 2020 年 10 月 31 日期间的死亡人口——填写本户在 2019 年 11 月 1 日至 2020 年 10 月 31 日期间死亡的人数。分别填写男、女的合计数。若本户在此期间没有死亡人口，请填写“0”。

填写 H3、H4 时应注意：

不要漏掉出生时有某种生命现象（如在胎儿脱离母体时，有呼吸或心跳，脐带搏动、随意肌收缩等）不久即死亡的婴儿，既要填写出生人数，也要填写死亡人数。

H5.住所类型——按居住的住所类型填报。

1.普通住宅：指人工建造的，有墙、顶、门、窗等结构，具有独立入口，专门供人居住的房屋或场所。如单元房、平房、四合院、独栋别墅、筒子楼、窑洞等传统意义上的住宅。

2.集体住所：指学生宿舍、职工宿舍、工棚、养老院、福利院、宗教场所等。

3.工作地住所：指居住在办公楼、发廊、商铺、餐馆等工作场所。

4.其他住房：指居住在上述场所以外的其他房屋或场所。

5.无住房：指本户没有住房，居无定所（如流动人口中那些睡在桥下、公园、车站或睡在运载货物、商品车辆上的人等）。

H6.本户现住房建筑面积——本户现住房的建筑面积以房屋所有权证（不动产权证）或租赁凭证上的相关信息为准。

若只知道使用面积的，可用使用面积乘以 1.33，换算成建筑面积。填写本项目时应注意：

1.在租借房屋居住的户，按租借住房的实际情况填写其住房建筑面积。

2.合住在同一所住房里的住户，其建筑面积为各户所独立使用的房间面积加上公共使用面积（包括厨房、厕所、门厅、阳台等）的分摊部分：两户合住的，各按二分之一计算；三户合住的，各按三分之一计算，依此类推。

3.建筑面积应填写整数，不为整数时四舍五入获得。

H7.本户现住房间数——指除厨房、厕所、过道和厅以外的所有自然间数（包括扩建的房间）。填写本项目时应注意：

1.在租借房屋居住的户，按租借住房的实际居住情况填写其住房间数。

2.合住同一所住房的，在填写住房间数时，填写其独立使用的房间数。

（二）个人项目

D1.姓名——填写被登记人的正式姓名。没有正式姓名的可填小名或某某氏，但不能填笔名、代号等。婴儿未起名的，可填“未取名”。

D2.与户主关系——指被登记人与本户户主的关系。申报人不是户主的，不要将被登记人与申报人的关系错填为与户主的关系。

0.户主：按家庭日常生活习惯确定户主。

1.配偶：指户主的妻子或丈夫。

2.子女：指户主的子女。

3.父母：指户主的父母或继父母、养父母。

4.岳父母或公婆：指户主配偶的父母或继父母、养父母。

5.祖父母：指户主或配偶的祖父母、外祖父母、曾祖父母、外曾祖父母。

6.媳婿：指户主子女的配偶。

7.孙子女：指户主的孙子女、外孙子女、孙媳婿、外孙媳婿、重孙子女、重孙媳婿、重外孙子女、重外孙媳婿。

8.兄弟姐妹：指户主及其配偶的兄弟姐妹以及他们的配偶。

9.其他：指以上九种人以外的成员。

在登记家庭户时，户主应登记为第一人，选填“0.户主”。如果户主的配偶也在本户登记，应登记为第二人，选填“1.配偶”，然后再登记该户的其他成员；如果户主没有配偶，或户主配偶不在本户登记，第二人登记本户其他成员。

在登记集体户时，任选一人登记为户主，选填“0.户主”，本户其他成员与户主关系一律登记为其他，选填“9.其他”。

D3.公民身份号码——指18位公民身份号码。无公民身份号码的填写18位0。

D4.性别——指被登记人的性别。

D5.出生年月——指被登记人的出生年、月。

出生年月按公历填写，只知道农历的，要换算成公历。按照一般的规律，农历的月份与公历的月份相差一个月左右，换算时农历的月份加1即可作为公历的月份，但要注意农历的12月应当是公历下一年的1月。

D6.民族——指被登记人的民族。

外国人加入中国籍，其民族和我国的某一民族相同的，就选填某一民族；没有相同民族的，按外国人加入中国籍填写，选填“入籍”。

D7.普查时点（2020年11月1日零时）居住地——指被登记人在普查标准时点居住的地址。

1.本普查小区：指普查时点居住在本普查小区的人。如果本户在本普查小区拥有一套以上的住房，可确定其中一处进行登记。

2.本村（居）委会其他普查小区：指户口登记地在本普查小区，普查时点居住在本村（居）委会其他普查小区的人。

3.本乡（镇、街道）其他村（居）委会：指户口登记地在本普查小区，普查时点居住在本乡（镇、街道）其他村（居）委会的人。

4.本县（市、区、旗）其他乡（镇、街道）：指户口登记地在本普查小区，普查时点居住在本县（市、区、旗）的其他乡（镇、街道）的人。

5.其他县（市、区、旗）：指户口登记地在本普查小区，普查时点居住在本县（市、区、旗）以外地区的人。填报本选项的人还需选填普查时点居住地所在省（区、市）、市（地、州、盟）、县（市、区、旗）

的具体名称。

6.香港特别行政区、澳门特别行政区、台湾地区：指户口登记地在本户，普查时点居住在香港特别行政区、澳门特别行政区、台湾地区的人。

7.国外：指户口登记地在本户，普查时点居住在国外的人。

D8.户口登记地——指被登记人的居民户口簿上的地址。

1.本村（居）委会：指户口登记地在本村（居）委会的人。

2.本乡（镇、街道）其他村（居）委会：指普查时点居住本普查小区，户口登记地在本乡（镇、街道）其他村（居）委会的人。

3.本县（市、区、旗）其他乡（镇、街道）：指普查时点居住本普查小区，户口登记地在本县（市、区、旗）的其他乡（镇、街道）的人。

4.其他县（市、区、旗）：指普查时点居住本普查小区，户口登记地在本县（市、区、旗）以外地区的人。填报本选项的人还需填写户口登记地所在省（区、市）、市（地、州、盟）、县（市、区、旗）的具体名称。

5.户口待定：指普查时点居住本普查小区，在任何地方都没有登记户口的人。包括手持户口迁移证、出生证、退伍证等情况。

D9.离开户口登记地时间——指到普查标准时点为止，被登记人离开户口登记地（居住地与户口登记地不一致）的时间。

没有离开户口登记地是指户口登记地在本村（居）委会，普查标准时点居住在本普查小区或本村（居）委会其他普查小区。

若常年外出的人由于农忙、节假日等原因偶尔回家的，或回家后因疫情原因推迟外出的，还应该从第一次离开户口登记地的时间开始计算。

D10.离开户口登记地原因——指被登记人离开户口登记地（居住地与户口登记地不一致）的原因。

0.工作就业：指十五周岁及以上因务工经商、工作招聘、调动等原因离开户口登记地的人。

1.学习培训：指六周岁及以上因考入各级各类学校或参加各种学习班、培训班而离开户口登记地的人。

2.随同离开/投亲靠友：指因跟随亲属、投亲靠友而离开户口登记地的人。

3.拆迁/搬家：指因房屋拆迁、改造或者搬家而离开户口登记地的人。

4.寄挂户口：指户口落在集体户或没有在户口登记地居住过、只落户口的人。

5.婚姻嫁娶：指十五周岁及以上因结婚而离开户口登记地的人。

6.照料孙子女：指为照料孙子女而离开户口登记地的人。

7.为子女就学：指为子女就学而离开户口登记地的人。

8.养老/康养：指因旅游（度假）养老/康养、候鸟式养老/康养、回籍贯地养老/康养、居住在养老院而离开户口登记地的人，不包括跟随子女养老。

9.其他：指上述几种以外的原因。

凡具有两种以上原因的，按其主要的原因选填一个标准选项。

D11.受教育程度——指按照国家教育体制，被登记人接受教育的情况。通过自学或成人学历教育经国家统一考试合格的，分别归入相应的受教育程度。

1.未上过学：指从未接受过各级各类学校教育。包括参加过各种扫盲班或成人识字班学习，且以后再没有接受过各级各类学校教育的人。

2.学前教育：指仅接受过或正在接受专门学前教育机构教育，即在幼儿园或附设幼儿班接受保育和教育。

3.小学：指接受的最高一级教育为小学，无论其是否在校、毕业、肄业或辍学。

4.初中：指接受的最高一级教育为初中，无论其是否在校、毕业、肄业或辍学。

5.高中：指接受的最高一级教育为普通高中、成人高中和中等职业学校，无论其是否在校、毕业、肄业或辍学。

6.大学专科：指接受的最高一级教育为大学专科。在普通高等学校学习大学专科的，无论其是否在校、毕业、肄业或辍学，都填报此项。

凡国家授权承认学历的开放大学、广播电视大学、职工大学等成人高校和普通高等学校举办的函授大学、夜大学和其他形式的大学，按教育部颁布的大学专科教学大纲进行授课的，其毕业生选填此项；其肄业生、在校生按原有受教育程度填报。含成人专科和网络专科。

通过自学，经国家统一举办的自学考试合格，并取得大学专科毕业证书的，也选填此项。

7.大学本科：指接受的最高一级教育为大学本科。在普通高等学校学习大学本科的，无论其是否在校、毕业、肄业或辍学，都填报此项。

凡国家授权承认学历的开放大学、广播电视大学、职工大学等成人高校和普通高等学校举办的函授大学、夜大学和其他形式的大学，按教育部颁布的大学本科教学大纲进行授课的，其毕业生选填此项；其肄业生、在校生按原有受教育程度填报。含成人本科和网络本科。

通过自学和进修大学课程，经考试合格，并取得大学本科毕业证书的，也选填此项。

8.硕士研究生：指接受的最高一级教育为硕士研究生，无论其是否在校、毕业、肄业或辍学。含 2016 年 12 月 1 日以后录取的非全日制硕士研究生。

在职接受硕士研究生教育的，其毕业生选填此项；肄业生和在校生按原有受教育程度填报。

9.博士研究生：指接受的最高一级教育为博士研究生，无论其是否在校、毕业、肄业或辍学。含 2016 年 12 月 1 日以后录取的非全日制博士研究生。

在职接受博士研究生教育的，其毕业生选填此项；肄业生和在校生按原有受教育程度填报。

凡是没有按教育部的教学大纲培养或只学单科的人，不能填报“大学专科”“大学本科”“硕士研究生”或“博士研究生”，一律按原有受教育程度填报。

D12.是否识字：指被登记人是否达到国家规定的脱盲标准（城镇居民和企、事业单位职工识字 2000 个，农村居民识字 1500 个）。登记时可询问，日常生活中是否能读懂简单的书信或书写简短的句子。如果能阅读通俗书报、能写便条就认为具有识字能力。

二、普查长表

（一）住户项目

H1.户别——与短表 H1 相同。

H2.本户应登记人数——与短表 H2 相同。

H3.本户 2019 年 11 月 1 日至 2020 年 10 月 31 日期间的出生人口——与短表 H3 相同。

H4.本户 2019 年 11 月 1 日至 2020 年 10 月 31 日期间的死亡人口——与短表 H4 相同。

H5.住所类型——与短表 H5 相同。

H6.本户现住房建筑面积——与短表 H6 相同。

H7.本户现住房间数——与短表 H7 相同。

H8.住房所在建筑的总层数——层数是指建筑物的自然层数，一般按室内地坪以上计算。

采光窗在室外地坪以上的半地下室，其室内层高在 2.20m 以上（不含 2.20m）的，计算自然层数；假层、附层（夹层）、插层、阁楼（暗楼）、装饰性塔楼，以及突出屋面的楼梯间、水箱间不计层数。

其中，平房是指只有一层的房子。

H9.承重类型——指在房屋建筑中，由各种构件（屋架、梁、板、柱等）组成的能够承受各种作用的体系。

1.钢及钢筋混凝土结构：指承重的主要构件是用钢及钢筋混凝土建造的。它包括“钢结构”“钢、钢筋混凝土”和“钢筋混凝土”三种结构类型。

钢结构：承重的主要构件是钢材料建成的，包括悬索结构。

钢、钢筋混凝土结构：承重的主要构件是用钢、钢筋混凝土建造的。如一幢房屋一部分梁柱采用钢、钢筋混凝土构架建成。

钢筋混凝土结构：承重的主要构件是用钢筋混凝土建造的。包括薄壳结构、大模板现浇结构及使用滑模、升板等建造的钢筋混凝土结构的建筑物。

2.混合结构：指承重的主要构件是用钢筋混凝土和砖木建造的。如一幢房屋的梁是用钢筋混凝土制成，以砖墙为承重墙，或者梁是用木材建造，柱是用钢筋混凝土建造。

3.砖木结构：指承重的主要构件是用砖、木材建造的。如一幢房屋是木制房架、砖墙、木柱建成的。

4.竹草土坯结构：指承重的主要构件是用竹、草、土坯等建造的。如竹楼、土窑洞等。

5.其他结构：指不属于上述类型的结构。

H10.住房建成年代——指本户住房所属建筑物的建成年份。

本户住房所属建筑物翻修过的，按翻修时的年份选填。经过改建的，如改建面积大于原面积的，按改建时的年份选填；如改建面积小于原面积的，按原建成年份选填。

H11.住房所在建筑有无电梯——指本户住房所属建筑物内部、外部是否安装电梯。

H12.主要炊事燃料——指本户用于炊事的主要燃料。

如果本户用于炊事的燃料有两种以上，选填主要的一种。

H13.住房内有无管道自来水——指本户住房内是否有经过公用设施净化处理的管道输送水。

在院子里自己打的机井不能算作有自来水。

H14.住房内有无厨房——指本户住房内是否有专供做饭使用的房间，无论是否装有上下水道及固定灶具。

在公用过道、客堂等处烧饭的和在庭院、路边搭建的、临时简陋设施中做饭的都不算有厨房。

H15.住房内有无厕所——指本户住房内是否有厕所。

1.水冲式卫生厕所：指有上下水系统，或厕间有备水桶（瓢冲），坐便或蹲便器有水封或无水封的厕所，且粪便及污水冲入到下水道、化粪池和厕坑，无蝇，不会造成环境污染。

2.水冲式非卫生厕所：指虽然是水冲式厕所，但是粪便被冲到开放的水渠、沟塘等开放水体或者不确定冲到何处，会污染环境。

3.卫生旱厕：指有固定盖板的厕所，粪便基本无暴露，保持无蝇。比如通风改良厕所、堆肥厕所、双坑交替厕所、粪尿分集厕所、阁楼厕所、深坑防冻厕所等。

4.普通旱厕：包括无盖板的敞开式旱厕，有或无防渗处理。通常粪便暴露、有蛆蝇。

5.无：指没有厕所。

H16.住房内有无洗澡设施——指住房内是否有固定浴缸（浴盆）或淋浴龙头等能使用的洗浴设施。

1.统一供热水：指本户洗浴用热水由社区、物业管理部门或其他公共设施统一供应。

2.家庭自装热水器：指本户洗浴用热水是由自己安装的各种热水器，如电热水器、燃气（罐装、管道）热水器等。

3.其他：指上述两种以外的洗浴设施。

4.无：指住房内没有洗浴设施。

H17.住房来源——指本户获取现住房的方式。

1.租赁廉租房/公租房：指向政府相关部门申请并租住廉租房、公租房。

2.租赁其他住房：指通过私人、单位或房屋中介等渠道租住住房。

3.购买新建商品房：指按市场价购买的新建商品房。

4.购买二手房：指购买那些进入房屋市场进行交易，第二次及以上进行产权登记的住房，包括二手商品房、允许上市交易的已售公房、经济适用房等。

5.购买原公有住房：指个人以成本价或优惠价购买的、原作为福利分配给本单位职工的住房。

6.购买经济适用房/两限房：指向政府相关部门申请并购买经济适用房、两限房。

7.自建住房：指个人建造的住房，其产权属于个人所有。

8.继承或赠予：指从亲属处继承而来或者受他人赠予而获取住房。

9.其他：指上述几种住房来源以外的情况。

H18.月租房费用——指最近用于交纳房租的单月金额，不包括水电费、物业费、取暖费等附加费用。月租房费用不为整数时，按四舍五入计算。

若多人合租作一户登记时，则需将每人月租费加总计算。

H19.拥有全部家用汽车的总价——是指住户拥有的全部供家庭生活使用的汽车价格之和。

汽车价格按汽车实际购买价格（含税）的方式计算。

若住户有多辆家用汽车，则按全部家用汽车的价格总和选填。

（二）个人项目

C1.姓名——与短表 D1 相同。

C2.与户主关系——与短表 D2 相同。

C3.公民身份号码——与短表 D3 相同。

C4.性别——与短表 D4 相同。

C5.出生年月——与短表 D5 相同。

C6.民族——与短表 D6 相同。

C7.普查时点（2020 年 11 月 1 日零时）居住地——与短表 D7 相同。

C8.户口登记地——与短表 D8 相同。

C9.离开户口登记地时间——与短表 D9 相同。

C10.离开户口登记地原因——与短表 D10 相同。

C11.户口登记地类型——指离开户口登记地（居住地与户口登记地不一致）时的户口登记地类型。

若离开时户口登记地的类型是“乡”，而现在已改成“镇”，应选填“1.乡”，不要填报“2.镇的村委会”或“3.镇的居委会”。

C12.是否有农村土地承包经营权——指被登记人户口所在的户是否有农村土地承包经营权。

户口所在的户应以被登记人的户口簿为准。拥有农村土地承包经营权是指被登记人户口登记地在农村地区或以前的农村地区，目前户口所在的户与集体经济组织签订了农村土地承包合同。

拥有农村土地承包经营权的户，目前可能实际经营承包地，也可能因各种原因不再经营承包地，包括以转包、出租、入股、托管等方式流转所承包土地经营权。

C13.出生地——指被登记人的出生地点。

1.本县（市、区、旗）：指出生在本县、县级市、区、旗。

2.本省其他县（市、区、旗）：指出生在本省的其他县、县级市、区、旗。

3.省外：指出生在本省（区、市）以外其他地区，并选填出生地所在省（区、市）的名称。在港、澳、台或国外出生的，根据实际情况选填 “香港特别行政区”“澳门特别行政区”“台湾地区”或“国外”。

C14.五年前常住地——指被登记人在普查标准时点的五年前，即 2015 年 11 月 1 日零时的常住地。

五年前居住在本县（市、区、旗）以外其他地区的人，还需选填五年前常住地的地址。

五年前居住在港、澳、台或国外的，根据实际情况选填“香港特别行政区”“澳门特别行政区”“台湾地区”或“国外”。

C15.受教育程度——与短表 D11 项相同。

C16.学业完成情况——指受教育程度为小学及以上的人完成学业的情况。

1.在校：正在接受各级各类学校教育并有学籍。

2.毕业：已修完全部课程，并经过考试鉴定合格。

3.肄业：修完全部课程，但考试不及格或因种种原因未取得毕业资格。

4.辍学：未能修完所规定的全部课程，中途退学。

5.其他：私塾、自学等其他方式。

C17.是否识字——与短表 D12 项相同。

C18.工作情况——指被登记人在 10 月 25—31 日期间，即普查标准时点前一周，是否为取得收入而工作了 1 小时以上，包括临时工、互联网灵活就业、家庭经营无酬帮工。

工作是指为获取工资、实物报酬或经营收入而从事的各种生产、经营或服务性活动，其目的是为了取得收入，无论实际是否取得。不包括义务劳动和公益性劳动。

1.是：指在 10 月 25—31 日期间，为取得收入而干过固定的、临时的或兼职的工作，并且工作时间超过 1 小时。在校学生利用课余或假期以及退休人员为取得收入而从事了工作，也选填此项。

家庭成员在自家或亲属经营的公司、企业、商铺或网店工作，即使本人没有劳动报酬，也选填此项。

选填“1.是”的人，还需填写工作时间。工作时间按在 10 月 25—31 日期间实际的工作时间填写，而不是按国家或企业规定的制度工作时间填写。

计算工作时间，要注意把握以下几种情况：

（1）从事一种以上有收入工作的，几项工作时间相加计算。

（2）在规定的工作时间以外加班工作的，加班时间一并计算在内。

（3）农村既干家务又从事农业或其他有收入工作的人，家务劳动时间除外。

2.在职休假、在职学习培训、临时停工（保留工资）：

在职休假是指在 10 月 25—31 日期间，因各种休假或请假临时未工作，包括公休假、年休假、空勤人员、船员、火车乘务人员的轮休假、病假、工伤假、产假、事假、探亲假、婚丧假等。个人档案、人事关系已在某单位，但因各种原因尚未到新单位报到上班，如军人转业或工作调动等，也视为休假。

在职学习培训是指有工作单位，在 10 月 25—31 日期间参加脱产学习或培训。

临时停工（保留工资）是指在 10 月 25—31 日期间，由于机械或电力故障、原料或燃料短缺、天气或其他灾害等原因导致的暂时未工作，但仍可以有工资收入。

打零工、计件工等临时就业或灵活就业的人，因为上述原因停工并且没有收入，不填此项，应填“3.未做任何工作”。

3.未做任何工作：指在 10 月 25—31 日期间，没有工作单位，也未从事过任何可以有收入的工作。

对于下岗、内退人员，如果未与原单位解除劳动合同，仍有工资性收入的，选填“2.在职休假、在职学习培训、临时停工”；如果没有工资性收入，选填“3.未做任何工作”。对于承包土地的农民，在 10 月 25—31 日期间，如果干农活或其他有收入的工作超过 1 小时，选填“1.是”；如果外出打工，未从事任何工作，选填“3.未做任何工作”；如果正处于农业生产季节，没有外出打工，期间临时没有干农活，选填“2.在职休假、在职学习培训、临时停工”。

对于从事季节性生产经营的人，如果生产经营仍在进行中，只是在 10 月 25—31 日期间没有工作，选填“2.在职休假、在职学习培训、临时停工”；如果正处于季节性歇业，选填“3.未做任何工作”。

C19.工作单位或生产经营活动所属类型——指普查标准时点前一周的主要工作单位或生产经营活动类型。

1.企业、事业、机关或社会团体等法人单位：法人单位指依法成立，有自己的名称、组织机构和场所，能够独立承担民事责任，独立拥有和使用（或授权使用）资产承担负债，有权与其他单位签订合同，会计上独立核算，能够编制资产负债表的单位。包括企业、事业、机关、社会团体、民办非企业单位、基金会、居委会、村委会、农民专业合作社、农村集体经济组织和其他组织机构。

2.个体经营户：指资产归个人所有，以个体劳动为基础，劳动成果归劳动者个人占有和支配的一种经济组织。既包括在各级工商行政管理机关登记注册、领取《营业执照》的个体工商户，也包括没有领取《营业执照》，但实际从事个体经营活动的人。

3.经营农村家庭承包地（家庭农林牧渔生产经营活动）：指在自家承包的耕地、林地、草地、池塘以及其他合法用于农业的土地上，从事农林牧渔业生产经营活动，也包括家庭在转包和租用他人农业用地上从事农林牧渔业生产经营活动，所从事的农业生产活动以自营劳动为主，不雇佣长期雇工，但可能雇佣临时短工。

农业生产季节在承包土地上从事农业生产，但上周未做任何工作的人，也选填此项。

普查标准时点前一周未在自家承包土地上工作而从事其他生产经营活动的人，或外出务工经商的人不填此项，选填上周实际工作单位或生产经营活动。

4.自由职业/灵活就业：指除个体经营户以外的自雇就业或自主型的个体就业。包括律师、自由撰稿人、歌手、模特等自主就业人员，也包括家庭自雇家政服务、街头小贩、其他类型打零工的临时就业人员，还包括依赖平台承接工作任务、不隶属于任何雇主的劳动者。

C20.行业——指普查标准时点前一周主要工作所在单位的生产经营活动。如果前一周从事两项不同工作，按工作时间长短确定主要工作；如果工作时间相同，再按报酬高低确定主要工作。

行业是按照经济活动的同一性进行分类的，不是按其所属的行政管理系统来分的。产业活动单位是划分行业的分类标准。产业活动单位是指：（1）具有一个场所、从事一种或主要从事一种经济活动；（2）单独组织生产、经营或业务活动；（3）掌握收入和支出的会计核算资料。

填写行业时要注意以下情况：

有工作单位的，既要填写单位名称，也要填写单位的主要产品或从事的主要业务。单位名称要具体到分厂、分公司或营业部，即产业活动单位，不能笼统地只填写总厂名称。最重要的是单位的主要产品或主要业务要详细填写，要用动宾词组表达，如“生产服装”或“销售服装”，不能简写为“服装”。保密单位，填写其公开使用的名称和公开的主要产品或主要业务。

没有工作单位的，只填写主要产品或主要业务，如“送外卖”“当滴滴司机”。务农人员不能笼统地填写“农业”，要根据其具体的农业生产活动或农户具体从事的主要业务填写。如“种粮食”“养猪”等。

C21.职业——指普查标准时点前一周主要工作具体是干什么。如果前一周从事两项不同工作，按工作时间长短确定主要工作；如果工作时间相同，再按报酬高低确定主要工作。

职业分类是以工作性质的同一性为基本原则。所谓“同一性”，是指不论其所在工作单位是什么经济类型，不论用工形式是固定工还是临时工，也不论其隶属于哪个行业，凡是从事同一性质工作的人都划分为同一类。

填写职业时应注意以下情况：

填写职业要具体、详细。不能笼统地写“工人”“农民”“公务员”“工程师”等，而应具体填写其实际工作种类，如“铸轧工”“捕鱼”“统计人员”“通信工程技术员”等。具有专业技术职称的行政领导人员，应按行政领导职务填写其职业；同时担任两个以上职务的领导干部，应按主要职务填写其职业。工种尚未确定，暂时又无具体工作岗位的，要填写“工种未定”。

C22.未工作原因——指被登记人在普查标准时点前一周没有工作的主要原因。

1.在校学习：指在各级各类学校学习，并有正式学籍的人员。不包括有工作单位，脱产学习的人员。

2.离退休：指已办理离休、退休手续，定期领取离退休生活费，且未从事任何有收入劳动的人。

3.料理家务：指主要在自己家里从事家务劳动，且没有劳动收入的人。离、退休人员从事家务劳动的，选填“2.离退休”。为自家经营的摊位、商店、门市部、工厂工作的人，农村中既料理家务又务农或从事家庭副业的人，在别人家干家务活的临时工或小时工，均属于有工作的人，不选填此项。

4.丧失工作能力：指经专门机构鉴定或虽未鉴定但本人或其法定监护人认为，其因生理或心理疾患已丧失了从事劳动的能力。包括年老体弱生活不能自理的人员，但不包括离休、退休人员，这些人不论是身体残疾还是年老体弱生活不能自理，均选填“2.离退休”。

5.其他：指上述几种以外的原因。

C23.主要生活来源——指被登记人主要依靠什么生活。

如果被登记人同时有几种生活来源，选填其认为最主要的一项。

1.劳动收入：指主要依靠劳动报酬、经营利润或家庭收益（包括现金和实物收入）生活。

2.离退休金/养老金：指办理了离休、退休或退职手续，主要依靠从原工作单位或社会保险经办机构领取的离退休金（包括退职费）生活。

3.最低生活保障金：指建立最低生活保障制度的地区，家庭人均收入低于当地规定的最低生活保障线，主要依靠从政府有关部门或集体领取最低生活保障金生活，以及依靠民政部门发放的烈军属、五保户、残疾人等的生活抚恤金生活。

4.失业保险金：指失业保险经办机构依法支付给符合条件的失业人员的基本生活费用，是对失业人员在失业期间失去工资收入的一种临时补偿。

5.财产性收入：指以资金储蓄、借贷入股以及财产运营、房屋租赁等所取得的利息、股息、红利、租金等收入。

6.家庭其他成员供养：指主要依靠家庭其他成员或亲属的供养和资助生活。

7.其他：指上述几种以外的情况。

C24.婚姻状况——指被登记人在普查标准时点的实际婚姻状况。

1.未婚：指从未结过婚。

2.有配偶：指有配偶，处于婚姻中。

3.离婚：指曾经结过婚，但已办理了离婚手续且没有再婚，或正在办理离婚手续。

4.丧偶：指配偶已去世，且没有再婚。

人口普查的婚姻是指事实婚姻，不是单指法律意义上的婚姻，对不到法定结婚年龄，或未办理结婚手续而同居、实际结婚的人，应根据其在普查标准时点的实际情况，按照被登记人的申报选填。

C25.初婚年月——指被登记人第一次结婚时的年、月。

C26.生育子女数——指截止到普查标准时点，15至64周岁妇女的生育状况。

1.未生育：指被登记妇女没有生育过子女。

2.有生育：指被登记妇女生育过子女，需分别填写生过和存活的子女数。

生过几个孩子：指生育的活产男孩和女孩数，包括产后不久就死亡的婴儿。胎儿脱离母体时（不管孕期长短），凡有过呼吸或心跳、脐带搏动、随意肌收缩等生命现象的，都视为“活产”。这里所说的“子女”是指该妇女的亲生子女，不包括丈夫前妻的子女和领养的子女，但鉴于有些家庭不愿公开领养关系，可尊重申报人的意愿，按亲生子女填报。

其中现在存活几个孩子：指活产子女中，仍然存活的男孩和女孩数，无论是否与父母一起居住。在普查标准时点前已死亡的孩子不包括在内。无存活子女的填写“0”。

C27.过去一年（2019年11月1日—2020年10月31日）的生育状况——指普查标准时点前12个月内，15至50周岁被登记妇女的生育状况。

1.一年内未生育：指过去一年内没有生育过子女。

2.一年内有生育：指过去一年内生育过子女，需选填生育时间和孩子性别。

一年内生育两个以上孩子的，包括两次生育或生育多胞胎，还需填报第二个孩子的状况，第三个或以上的孩子不用填报。

C28.居住状况——指普查标准时点前一个月，60周岁及以上被登记人的主要居住状况。

1.与配偶和子女同住：指与配偶和子女住在一起。

2.与配偶同住：指子女不在身边，与配偶住在一起。

3.与子女同住：指配偶不在身边，与子女住在一起。

4.独居（有保姆）：指本户中只有老人和保姆。

5.独居（无保姆）：指独身一人居住。

6.养老机构：指在提供养老服务的场所，包括敬老院、老年公寓等居住的情况。凡在养老机构居住的老年人，不论与谁同住。

7.其他：指上述几种以外的状况。

C29.身体健康状况——指60周岁及以上被登记人根据自身健康状况，对普查标准时点前一个月能否保证正常生活做出的自我判断。

1.健康：指过去一个月健康状况良好，完全可以保证日常的生活。

2.基本健康：指过去一个月健康状况一般，可以保证日常的生活。

3.不健康，但生活能自理：指普查标准时点前一个月健康状况不是太好，但可以基本保证正常的生活。

4.不健康，生活不能自理：指普查标准时点前一个月健康状况较差，不能照顾自己日常的生活起居，如吃饭、穿衣、自行走动等。

三、港澳台居民和外籍人员普查表

（一）住户项目

F1.户别——与短表H1相同。

F2.住所类型——与短表H5相同。

F3.本户现住房建筑面积——与短表H6相同。

F4.本户现住房间数——与短表H7相同。

（二）个人项目

R1.姓名——填写被登记人的正式姓名。婴儿未起名的，可填“未取名”。外籍人员的姓名最好用中文填写，也可以用其它文字填写。

R2.与户主关系——与短表D2相同。

R3.性别——与短表D4相同。

R4.出生年月——与短表D5相同。

R5.来内地（大陆）或来华目的——指被登记人来中华人民共和国境内居住的原因。

1.商务：指进行各种商务活动的人。

2.就业：指已有工作或正在寻找工作的人。

3.学习：指已经或准备在各类学校学习的人。

4.定居：指在中华人民共和国境内定居但没有工作或上学的人。包括在中华人民共和国境内工作人士的家属。

5.探亲：指探望亲戚或朋友的人。

6.其他：指上述以外的其他原因。

R6.已在内地（大陆）或在华居住时间——指到普查标准时点为止，被登记人在中华人民共和国境内居住的时间。

R7.受教育程度——指被登记人接受教育情况。按照被登记人的申报选填。

R8.身份或国籍——指被登记人是香港特别行政区居民、澳门特别行政区居民还是台湾地区居民。如果是外国人，还应填写国籍。

R9.工作情况——参照长表C18。

R10.行业——指被登记人的工作单位主要生产的产品或提供的服务类别，参照《国民经济行业分类（GB/T4754—2017)》，按标准选项据情选填。

R11.职业——指被登记人所从事的工作类别，按标准选项据情选填。

1.党的机关、国家机关、群众团体和社会组织、企事业单位负责人：指在中国共产党机关，国家机关，民主党派和工商联，人民团体和群众团体、社会组织及其工作机构，基层群众自治组织，企业、事业单位中担任领导职务并具有决策、管理权的人员。

2.专业技术人员：指从事科学研究和专业技术工作的人员。

3.办事人员和有关人员：指在公共管理和社会组织机构中从事行政业务、行政事务、行政执法和仲裁、安全保卫、消防和应急救援等工作的人员。

4.社会生产服务和生活服务人员：指从事商品批发零售、交通运输、仓储、邮政和快递、信息传输、软件和信息技术、住宿和餐饮以及金融、房地产、租赁和商务技术辅助、生态保护、文化、体育和娱乐等社会生产服务与生活服务工作的人员。

5.农、林、牧、渔业生产及辅助人员：指从事农、林、牧、渔业生产活动及辅助生产的人员。

6.生产制造及有关人员：指从事产品生产及设备制造，矿产开采，工程施工和运输设备操作的人员及有关人员。

7.不便分类的其他从业人员。

R12.婚姻状况——参照长表 C24。

四、死亡人口调查表

凡在普查短表户记录 H4 中，登记了 2019 年 11 月 1 日至 2020 年 10 月 31 日期间有死亡人口的户，还要登记死亡人口的具体情况。

S1.姓名——与短表 D1 相同。

S2.公民身份号码——与短表 D3 相同。

S3.性别——与短表 D4 相同。

S4.出生年月——与短表 D5 相同。

S5.死亡时间——指死亡人口死亡时的月份。

S6.民族——与短表 D6 相同。

S7.受教育程度——与短表 D11 相同。

S8.婚姻状况——与长表 C24 相同。

为保证死亡人口的登记质量，普查员在入户登记时应注意以下几点：

1.登记死亡人口时，一般以死亡前的常住地为登记地，而不以死亡发生时的地点（如医院等）为登记地。

2.本户常住人口中有死亡的，不论其与该户有无亲属关系，都应作为该户死亡人口予以登记。

3.对于无法确定死亡人口常住地，或登记时与死亡人口常住地联系不上的，如孤寡老人、流动人口等，一律在死亡发生地登记。

第三部分 附录

附录3 辽宁省第七次全国人口普查公报

辽宁省第七次全国人口普查公报[1]（第一号）

——全省人口情况

辽宁省统计局
辽宁省第七次全国人口普查领导小组办公室
2021 年 5 月 30 日

根据第七次全国人口普查结果，现将 2020 年 11 月 1 日零时全省人口的基本情况公布如下：

一、总人口

全省人口[2]为 42591407 人。

二、人口增长

全省人口与 2010 年第六次全国人口普查的 43746323 人相比，10 年共减少 1154916 人，减少 2.64%。年平均增长率为−0.27%。

三、户别人口

全省共有家庭户[3]17467111 户，集体户 701282 户，家庭户人口为 39914651 人，集体户人口为 2676756 人。平均每个家庭户的人口为 2.29 人，比 2010 年第六次全国人口普查的 2.78 人减少 0.49 人。

四、民族人口

全省人口中，汉族人口为 36169617 人，占 84.92%；各少数民族人口为 6421790 人，占 15.08%。与 2010 年第六次全国人口普查相比，汉族人口减少 933557 人，比重提高 0.11 个百分点；各少数民族人口减少 221359 人，比重降低 0.11 个百分点。

注释：

[1] 本公报数据均为初步汇总数据。

[2] 全省人口是指全省 14 个地级市及沈抚示范区的人口，不包括现役军人和居住在省内的港澳台居民和外籍人员。

[3] 家庭户是指以家庭成员关系为主、居住一处共同生活的人组成的户。

辽宁省第七次全国人口普查公报[1]（第二号）

——地区人口情况

辽宁省统计局
辽宁省第七次全国人口普查领导小组办公室
2021 年 5 月 30 日

根据第七次全国人口普查结果，现将 2020 年 11 月 1 日零时全省的常住人口[2]有关数据公布如下：

一、地区人口

15 个地区中，人口超过 500 万人的地区有 2 个，在 300 万人至 500 万人之间的地区有 1 个，在 200 万人至 300 万人之间的地区有 6 个，少于 200 万人的地区有 6 个。其中，沈阳和大连两地人口占全省人口的比重为 38.69%（见表 1）。

表 1　各地区人口

单位：人、%

地　区	人口数	比重[3]	
		2020 年	2010 年
全　省	**42591407**	**100.00**	**100.00**
沈阳市	9027781	21.20	18.53
大连市	7450785	17.49	15.29
鞍山市	3325372	7.81	8.33
抚顺市	1731864	4.07	4.89
本溪市	1326018	3.11	3.91
丹东市	2188436	5.14	5.59
锦州市	2703853	6.35	7.15
营口市	2328582	5.47	5.55
阜新市	1647280	3.87	4.16
辽阳市	1604580	3.77	4.25
盘锦市	1389691	3.26	3.18
铁岭市	2388294	5.61	6.21
朝阳市	2872857	6.74	6.96
葫芦岛市	2434194	5.71	6.00
沈抚示范区	171820	0.40	–

二、地区人口变化

与 2010 年第六次全国人口普查相比，14 个地市中，仅沈阳和大连两市人口增加。

注释：

[1]本公报数据均为初步汇总数据。

[2]常住人口包括：居住在本乡镇街道且户口在本乡镇街道或户口待定的人；居住在本乡镇街道且离开户口登记地所在的乡镇街道半年以上的人；户口在本乡镇街道且外出不满半年或在境外工作学习的人。

[3]指各地区的常住人口占全省人口的比重。

辽宁省第七次全国人口普查公报[1]（第三号）

——人口性别构成情况

辽宁省统计局

辽宁省第七次全国人口普查领导小组办公室

2021 年 5 月 30 日

根据第七次全国人口普查结果，现将 2020 年 11 月 1 日零时全省人口性别构成情况公布如下：

一、全省人口性别构成

全省人口[2]中，男性人口为 21263529 人，占 49.92%；女性人口为 21327878 人，占 50.08%。总人口性别比（以女性为 100，男性对女性的比例）由 2010 年第六次全国人口普查的 102.54 下降为 99.70。

二、地区人口性别构成

15 个地区中，总人口性别比在 100 以下的地区有 9 个，在 100 以上的地区有 6 个（见表 1）。

表 1　各地区人口性别构成

单位：%

地　区	占总人口比重		性别比
	男	女	
全　省	49.92	50.08	99.70
沈阳市	49.84	50.16	99.34
大连市	49.80	50.20	99.19
鞍山市	50.10	49.90	100.38
抚顺市	49.61	50.39	98.44
本溪市	49.51	50.49	98.06
丹东市	49.72	50.28	98.88
锦州市	49.63	50.37	98.51
营口市	50.39	49.61	101.58
阜新市	49.33	50.67	97.34
辽阳市	49.89	50.11	99.58
盘锦市	49.82	50.18	99.28
铁岭市	50.03	49.97	100.10
朝阳市	50.58	49.42	102.36
葫芦岛市	50.53	49.47	102.14
沈抚示范区	50.13	49.87	100.52

注释：

[1] 本公报数据均为初步汇总数据。

[2] 全省人口是指全省 14 个地级市及沈抚示范区的人口，不包括现役军人和居住在省内的港澳台居民和外籍人员。

辽宁省第七次全国人口普查公报[1]（第四号）

——人口年龄构成情况

辽宁省统计局
辽宁省第七次全国人口普查领导小组办公室
2021 年 5 月 30 日

根据第七次全国人口普查结果，现将 2020 年 11 月 1 日零时全省人口年龄构成情况公布如下：

一、全省人口年龄构成

全省人口[2]中，0–14 岁[3]人口为 4737939 人，占 11.12%；15–59 岁人口为 26899001 人，占 63.16%；60 岁及以上人口为 10954467 人，占 25.72%，其中 65 岁及以上人口为 7417481 人，占 17.42%。同 2010 年第六次全国人口普查相比，0–14 岁人口的比重下降 0.3 个百分点，15–59 岁人口的比重下降 9.99 个百分点，60 岁及以上人口的比重上升 10.29 个百分点，65 岁及以上人口的比重上升 7.11 个百分点（见表 1）。

表 1　全省人口年龄构成

单位：人、%

年　　龄	人口数	比重
总　计	**42591407**	**100.00**
0–14 岁	4737939	11.12
15–59 岁	26899001	63.16
60 岁及以上	10954467	25.72
其中：65 岁及以上	7417481	17.42

二、地区人口年龄构成

15 个地区中，15–59 岁人口比重在 65%以上的地区有 3 个，在 60%–65%之间的地区有 12 个。2 个地区 65 岁及以上老年人口比重超过 20%（见表 2）。

表 2　各地区人口年龄构成

单位：%

地　区	占总人口比重			
	0–14 岁	15–59 岁	60 岁及以上	其中：65 岁及以上
全　省	11.12	63.16	25.72	17.42
沈阳市	11.40	65.36	23.24	15.47
大连市	11.65	63.64	24.71	16.87
鞍山市	10.45	62.29	27.26	18.43
抚顺市	8.94	60.21	30.85	20.27
本溪市	8.99	62.00	29.01	19.11
丹东市	9.79	61.17	29.04	20.00

续表

地　区	占总人口比重			
	0-14 岁	15-59 岁	60 岁及以上	其中：65 岁及以上
锦州市	9.69	61.72	28.59	19.87
营口市	11.56	63.35	25.09	17.30
阜新市	10.42	63.27	26.31	17.41
辽阳市	9.83	62.26	27.91	19.46
盘锦市	12.02	65.31	22.67	15.73
铁岭市	10.02	63.16	26.82	18.49
朝阳市	14.15	61.52	24.33	15.96
葫芦岛市	12.90	61.55	25.55	17.48
沈抚示范区	10.45	67.04	22.51	14.86

注释：

[1]本公报数据均为初步汇总数据。

[2]全省人口是指全省 14 个地级市及沈抚示范区的人口，不包括现役军人和居住在省内的港澳台居民和外籍人员。

[3]0-15 岁人口为 5081142 人，16-59 岁人口为 26555798 人。

辽宁省第七次全国人口普查公报[1]（第五号）

——人口受教育情况

辽宁省统计局

辽宁省第七次全国人口普查领导小组办公室

2021 年 5 月 30 日

根据第七次全国人口普查结果，现将 2020 年 11 月 1 日零时全省人口受教育基本情况公布如下：

一、受教育程度人口

全省人口[2]中，拥有大学（指大专以上）程度的人口为 7758336 人；拥有高中（含中专）程度的人口为 6248324 人；拥有初中程度的人口为 18228529 人；拥有小学程度的人口为 8044767 人（以上各种受教育程度的人包括各类学校的毕业生、肄业生和在校生）。与 2010 年第六次全国人口普查相比，每 10 万人中拥有大学程度的人口由 11965 人上升为 18216 人；拥有高中程度的人口由 14788 人下降为 14670 人；拥有初中程度的人口由 45328 人下降为 42799 人；拥有小学程度的人口由 21407 人下降为 18888 人（见表 1）。

表 1　各地区每 10 万人口中拥有的各类受教育程度人数

单位：人/10 万人

地　区	大学（大专及以上）	高中（含中专）	初中	小学
全　省	**18216**	**14670**	**42799**	**18888**
沈阳市	27565	16741	37147	13144
大连市	23593	16095	35323	18862
鞍山市	13221	14958	51329	15839
抚顺市	14983	17428	46884	15846
本溪市	16567	16233	46548	15908
丹东市	12941	12924	45225	23544
锦州市	15221	12688	47207	20513
营口市	12958	10855	48720	22337
阜新市	13261	17712	46439	17393
辽阳市	14258	13505	47615	20410
盘锦市	18908	16429	41773	17059
铁岭市	9606	10825	49477	25565
朝阳市	11419	11840	41908	27458
葫芦岛市	11904	11718	46723	23607
沈抚示范区	22982	13884	43072	14896

二、平均受教育年限[3]

与 2010 年第六次全国人口普查相比，全省人口中，15 岁及以上人口的平均受教育年限由 9.67 年提高至 10.34 年。

15 个地区中，平均受教育年限在 11 年以上的地区有 1 个，在 10 年至 11 年之间的地区有 7 个，在 10 年以下的地区有 7 个（见表 2）。

表 2　各地区 15 岁及以上人口平均受教育年限

单位：年

地　区	2020 年	2010 年
全　省	**10.34**	**9.67**
沈阳市	11.40	10.68
大连市	10.82	10.09
鞍山市	10.08	9.69
抚顺市	10.18	9.79
本溪市	10.29	9.79
丹东市	9.64	9.07
锦州市	9.96	9.27
营口市	9.73	9.14
阜新市	10.07	9.48
辽阳市	9.96	9.43
盘锦市	10.55	9.81
铁岭市	9.29	8.82
朝阳市	9.37	8.69
葫芦岛市	9.59	8.95
沈抚示范区	10.84	–

三、文盲人口

全省人口中，文盲人口（15 岁及以上不识字的人）为 382208 人，同 2010 年第六次全国人口普查相比，文盲人口减少 461487 人，文盲率[4]由 1.93%下降为 0.90%，下降 1.03 个百分点。

注释：

[1] 本公报数据均为初步汇总数据。

[2] 全省人口是指全省 14 个地级市及沈抚示范区的人口，不包括现役军人和居住在省内的港澳台居民和外籍人员。

[3] 平均受教育年限是将各种受教育程度折算成受教育年限计算平均数得出的，具体的折算标准是：小学=6 年，初中=9 年，高中=12 年，大专及以上=16 年。

[4] 文盲率是指全省人口中 15 岁及以上不识字人口所占比例。

辽宁省第七次全国人口普查公报[1]（第六号）

——城乡人口和流动人口情况

辽宁省统计局
辽宁省第七次全国人口普查领导小组办公室
2021 年 5 月 30 日

根据第七次全国人口普查结果，现将 2020 年 11 月 1 日零时全省人口城乡分布及流动情况公布如下：

一、城乡[2]人口

全省人口[3]中，居住在城镇的人口为 30725976 人，占 72.14%；居住在乡村的人口为 11865431 人，占 27.86%。同 2010 年第六次全国人口普查相比，城镇人口增加 3558048 人，乡村人口减少 4712964 人，城镇人口比重上升 10.04 个百分点。

二、流动人口[4]

全省人口中，人户分离人口[5]为 15670121 人，其中，市辖区内人户分离[6]人口为 5676890 人，流动人口为 9993231 人。流动人口中，省外流入人口为 2847308 人，省内流动人口为 7145923 人。

与 2010 年第六次全国人口普查相比，人户分离人口增加 6360063 人，增长 68.31%；市辖区内人户分离人口增加 2699462 人，增长 90.66%；流动人口增加 3660601 人，增长 57.81%。

注释：

[1] 本公报数据均为初步汇总数据。

[2] 城镇、乡村是按国家统计局《统计上划分城乡的规定》划分的。

[3] 全省人口是指全省 14 个地级市及沈抚示范区的人口，不包括现役军人和居住在省内的港澳台居民和外籍人员。

[4] 流动人口是指人户分离人口中扣除市辖区内人户分离的人口。

[5] 人户分离人口是指居住地与户口登记地所在的乡镇街道不一致且离开户口登记地半年以上的人口。

[6] 市辖区内人户分离人口是指一个直辖市或地级市所辖的区内和区与区之间，居住地和户口登记地不在同一乡镇街道的人口。